영지주의

그 민낯과의 만남

영지주의 — 그 민낯과의 만남

© 한님성서연구소 2014

2014년 5월 19일 교회인가
2014년 6월 30일 초판 1쇄 펴냄
2025년 12월 27일 초판 3쇄 펴냄

지은이: 송혜경
펴낸이: 조병우
펴낸곳: 한님성서연구소
등록: 제85호
주소: 경기도 의정부시 평화로 604
전화: 031)846-3467 팩스: 031)846-3595
카페: cafe.naver.com/biblicum

ISBN 978-89-94359-21-2 93230
책값은 뒤표지에 있습니다.

성경 © 한국천주교중앙협의회, 2025
그리스어 · 히브리어 · 콥트어 · 셈어음역 © Linguistsoftware
(The Greek, Hebrew, Coptic, and Transliteration fonts used in this work are available from www.linguistsoftware.com)

이 도서의 국립중앙도서관 출판예정도서목록(CIP)은 서지정보유통지원시스템 홈페이지(http://seoji.nl.go.kr)와 국가자료공동목록시스템(http://www.nl.go.kr/kolisnet)에서 이용하실 수 있습니다.(CIP제어번호: CIP2014017293)

영지주의

그 민낯과의 만남

송혜경 지음

한님성서연구소
Hannim Biblical Institute

펴내며

『신약 외경』(상·하권; 한님성서연구소 2009·2011), 『신약 외경 입문』(상·하; 바오로딸 2013)에 이어 『영지주의 — 그 민낯과의 만남』을 출간한다. 『영지주의자들의 성서』도 곧 출간될 예정이다.* 『영지주의 — 그 민낯과의 만남』은 『영지주의자들의 성서』를 읽기 위한 준비와 입문 과정에 해당한다. 언뜻 치밀한 계획에 의해 여기까지 온 듯하지만 사실은 그렇지 않다.

연구소에 들어와서 처음 맡은 프로젝트가 신약 외경 입문서였고, 이 입문서를 준비하는 과정에서 먼저 나온 것이 『신약 외경』이다. 입문서를 쓰기 위해 신약 외경에 속하는 작품들 원문을 입수하고 우리말로 옮겨 놓고 보니 숨은 의미를 풀이하는 작업도 필요하였다. 그렇게 해서 마련된 '신약 외경 각권의 본문 번역과 해설'이 한데 모여 『신약 외경』이 되었다. 『신약 외경』은 거꾸로 『신약 외경 입문』을 낼 수 있는 바탕이 되어 주었다. 외경 본문을 읽고 그 배경을 살피면서 입문서가 자연스럽게 탄생하였다. 곧 신약 외경이 생겨난 역사·종

---

* 『신약 외경 상권: 복음서』(2009)는 『신약 외경 1』(2021)로 개정되었고 『신약 외경 하권: 서간·행전·묵시록』(2011)은 『신약 외경 2』(행전; 개정 작업 중)와 『신약 외경 3』(서간·묵시록·설화; 2025 출간)으로 개정된다. 『영지주의자들의 성서』는 2022년 개정판 1쇄가 출간되었다.

교·문화적 배경과 신약 외경 각권에 대한 소개를 한데 엮은 것이 『신약 외경 입문』이다.

이번에 두 책이 나오는 것은 앞서 나온 네 권의 책 덕분이다. 『신약 외경』과 『신약 외경 입문』을 준비하면서 영지주의가 초대 교회 안에서 — 긍정적이든 부정적이든 — 얼마나 중요한 부분을 차지했는지, 그리고 그것이 그리스도교 신학의 발달에 얼마나 큰 영향을 미쳤는지 확인하였기에 영지주의를 본격적으로 공부해야겠다는 마음을 먹을 수 있었다. 영지주의를 배제하고서는 초대 교회의 모습을 제대로 볼 수 없다는 점과 영지주의가 오늘날에도 교회 안팎에서 깊은 영향력을 행사하고 있어 이를 제대로 알아야 한다는 필요성이 크게 다가왔다. 사실 뉴 에이지를 비롯한 각종 신 영성 운동의 저변에 영지주의 사상이 깔려 있거니와(적어도 여러 면에서 공통점을 공유한다) 최근에 발간된 교황 권고 『복음의 기쁨』에서 지적할 정도로 교회 안에서도 영지주의 사조가 눈에 띄게 감지된다. 영지주의는 교회 과거의 한 부분이자 현재의 한 부분이기도 한 것이다. 따라서 영지주의에 대한 지식은 교회의 과거를 제대로 알고 교회의 현재를 제대로 진단하는 데 필수적이라 말할 수 있다.

『영지주의 — 그 민낯과의 만남』에서는 영지주의의 정의와 역사를 더듬어 보고, 18세기 이후에 발견된 사본들을 토대로 영지주의자들의 가르침과 관습을 살펴 본다. 영지주의의 역사에는 고대 영지주의뿐 아니라 현대 영지주의도 포함된다. 이를 통해 영지주의가 과거뿐 아니라 현재에도 속한다는 사실을 확인할 수 있을 것이다. 이 책에서 사용한 전거는 교부들의 인용보다는 주로 영지주의자들이 직접 쓴 글들, 특히 나그 함마디 사본에 담긴 글들이다. 남의 목소리가 아닌 그들 자신의 목소리로 그들의 생각, 그들의 민낯을 들여다보기 위해서였다. 필요할 때는 교부들의 인용이나 비판 글도 참조하였다. 이와 아울러 영지주의에 대한 성찰도 곁들였다. 이 책을 통해 영지주의의 민낯, 날것 그대로의 모습을 만나기 바란다.

조병우 이사장님과 정태현 신부님을 비롯하여 한님성서연구소를 후원하시는 모든 분께 감사드린다. 이분들과 연구소가 없었다면 상업적이지 못한 이 책들이 나올 수 없었을 것이다. 함께 일하는 연구소 동료들에게도 고마운 마음을 전한다. 이들은 힘들 때 말없이 지켜봐 준 친구들이다. 특히 책을 함께 만들며 제목도 같이 정하고 온갖 아이디어와 수고를 아끼지 않은 편집부 이효임 아녜스와, 연구소의 온갖 일을 감당하며 헌신하는 사무국장 강재준 요셉에게 고마움을 표시한다. 따뜻한 마음으로 지켜봐주는 소중한 사람들, 가족들, 하늘나라로 가신 부모님, 온 마음으로 감사합니다. 그리고 나를 봐주시는 그분께도!

2014년 5월
송혜경

일러두기
- 교부 인명이나 지명은 『교부학 인명·지명 용례집』, 하성수 엮음 (분도출판사 2008)을 따랐다.
- 본문을 인용하거나 언급할 때, 토마 복음과 진리의 복음은 『신약 외경 1』, 콥트어 베드로 묵시록, 콥트어 바오로 묵시록, 야고보 첫째 묵시록, 야고보 둘째 묵시록, 마리아 복음, 유다 복음, 야고보의 비전, 용사 토마의 책, 요한의 비전, 필립보 복음, 부활에 대한 논고는 『영지주의자들의 성서』에 실린 우리말 번역을 따르는 것을 원칙으로 하였다. 상황과 문맥에 따라 조금씩 다를 수 있다. 두 책에 실리지 않은 작품에 대해서는 필자가 그리스어나 콥트어 원문에서 바로 우리말로 옮겼다.

차례

펴내며 ··· 4
들어가는 말 ··· 11

제1장
영지주의를 왜 알아야 하는가? ··· 16

신약성경에 나타난 영지주의의 씨앗 ·· 16
교부들과 영지주의 그리스도인들의 논점 ·· 20
논쟁의 이점 ·· 21
영지주의 작품을 읽어야 하는 이유 ·· 23
　　토착화의 관점에서 · 24 / 정통과 이단이라는 관점에서 · 25 / 영지주의는
　　지금도 계속되고 있다는 관점에서 · 28

제2장
영지주의의 정의와 기원 ··· 32

정의 ·· 33
영지주의의 기원 ·· 36
그리스도교와 영지주의의 관계 ·· 39

제3장
영지주의의 역사: 시작부터 오늘날까지 ··· 41

초창기 영지주의 교사들:
사마리아에서 알렉산드리아와 시리아까지 ·· 42
　　시몬 마구스 · 42 / 메난드로스와 사투르니누스 · 45 /

카르포크라테스·47 / 에데사의 바르 다이산·50
영지주의의 절정기 ·· 54
발렌티누스·55 / 바실리데스·59 / 마르키온·62
교부들의 영지주의 비판 ·· 65
최초의 반대자들·67 / 최고의 이단 논박가 리옹의 이레네우스·72 /
테르툴리아누스와 히폴리투스·76 / 알렉산드리아의 교부들·79
영지주의 그리스도교의 쇠락 ·· 86
12세기 영지주의의 재부흥 ·· 88
영지주의와 종교개혁, 그리고 계몽주의 ·· 89
낭만주의와 영지주의 ·· 91
블라바츠키와 신지학 협회 ·· 92
융과 그의 영지주의 심리학 ·· 94
오늘날의 영지주의 현황 ·· 98

제4장
영지주의의 문학적 전거 ··· 103
외경 행전들 ·· 105
18세기에 발견된 영지주의 사본들 ·· 107
나그 함마디 사본 ·· 109

제5장
종교로서의 영지주의 ··· 116
영지주의는 종교인가? ·· 117
영지주의의 체험적 측면 ·· 120
그노시스: 신비주의적 체험 ·· 121
그노시스 체험의 개념화 및 문서화 ·· 126
영지주의와 성사 ·· 127

성사란 무엇인가?: 정통 교회의 가르침·128 / 영지주의자들과 성사·130

제6장
영지주의와 신화 … 138

영지주의 신화 개관 ·· 138
영지주의 신화의 줄거리·140 / 영지주의 신화의 탄생 배경: 구약성경의 재해석·142

대표적 영지주의 창조 신화 ·· 146
셋파 신화·147 / 발렌티누스파 신화·149

영지주의 신화에 대한 고찰 ·· 154
구약의 하느님은 어리석은 창조주인가?·155 / 성선설? 혹은 성악설?·157

제7장
영지주의 모티프 … 159

세계관 ·· 159
개요: 물질 세계과 영적 세계·160 / 특징·162

하느님 ·· 165
최상신과 창조주·165 / 최상신을 창조주와 구분한 까닭은?·169

인간 ·· 171
인간의 실존: 유배와 고립 그리고 결핍·173 / 아담과 하와·175 / 뱀과 인간·176 / 노레아와 셋·178

구원 ·· 180
구원자의 필요성·183 / 구원의 개인적 차원·183

소피아 ·· 184
소피아와 데미우르고스·185 / 소피아 개념의 기원·186 / 소피아 관련 작품들·189

그리스도 ·· 191
　　　　예수: 영지주의 스승·192 / 그리스도: 어둠을 밝히는 빛·194 /
　　　　속량이냐 해방이냐?·196 / 육신의 부활이냐 영적 부활이냐?·199
　　죄와 악 ·· 202
　　　　악의 기원에 대한 다양한 설명·204 / 영지주의자들에게 악이란?·207

제8장
영지주의에 대한 성찰 ··· 212
　　영지주의와 동양의 종교들 ·· 213
　　　　힌두교·215 / 불교·216
　　영지주의자들과 근대 및 근대 후기 사상가들은 무엇이 다른가? ·· 218
　　　　영지주의는 신과 구원자를 추구한다·218 / 영지주의는 하나의
　　　　전통이다·219 / 영지주의자는 극도의 금욕주의에 가까웠다·220
　　영지주의자들은 환상과 미신에 빠진 사람들인가? ·· 221
　　영지주의자들은 허무주의자들인가? ·· 223

나가는 말 ··· 226

부록 1: 용어 사전 ··· 234
부록 2: 참고 문헌 ··· 239
부록 3: 찾아 보기 ··· 246

들어가는 말

영지주의자와 영지주의라는 용어는, '지식'이라는 뜻의 그리스어 그노시스Gnosis에서 유래하였다. 영지주의자Gnostics는 그노시스를 통해 구원을 얻고자 하는 사람으로 정의된다. 이들이 추구하는 그노시스는 이성적·이론적 지식이나 과학적 지식을 가리키는 말이 아니며 특정 대상에 대한 축적된 정보를 가리키는 말은 더더욱 아니다. 그노시스는 직접적 체험을 통해 얻는 지식으로서, 자기 자신에 대한 앎과 궁극적 실재 곧 신적神的 실체에 관한 앎을 포괄하는 직관적 지식을 말한다. 따라서 그노시스는 '지식'이나 '인식'보다는 '통찰'이나 '깨달음'이라 여기는 게 더 낫다.[1] 그리고 이러한 그노시스를 소유하거나 갈망하는 사람이 영지(주의)자이며 이들이 표방한 다양한 사상과 관습을 통틀어 영지주의Gnosticism라 칭한다.

영지주의는 2-3세기경에 교회 안에서 그리스도교 영지주의 형태로 꽃을 피웠으나 교부들의 척결의지와 로마 제국의 통일 정책으로 말미암아 5세기 이후부터는 정통 교회에서 공식적으로 자취를 감추었다. 그 이후 영지주의는 많

---

1) Hoeller, *Gnosticism: New Light on the Ancient Tradition of Inner Knowing*, 2.

은 사람의 기억에서 멀어졌지만 서양 문명과 역사를 관통하여 다양한 형태로 살아남았으며 세계 곳곳에 그 흔적을 남겨 놓았다. 이를테면 영지주의는 마니교와 만다이즘의 형태로 되살아나기도 하고, 중세 성전 기사단과 프리메이슨에게도 영향을 주었다. 그러다가 18세기 계몽주의와 19세기 낭만주의에 의해 영지주의가 재조명되기 시작하여 신지神智학회와 칼 구스타프 융을 통해 재도약하였다. 게다가 18세기 이후부터 20세기까지 고대 영지주의 사본들이 연이어 발견되면서 영지주의는 새로운 관심과 조명을 받게 되었다. 이에 힘입은 영지주의는 20세기 이후, 새로운 영성 운동을 추구하는 사람들 사이에서 영향력을 행사하게 되었다. 특히 깨달음과 내적 각성이 특징인 동양 종교에 눈길을 돌리는 시류와 맞물려 영지주의에 대한 관심이 더욱 증대되었다. 그리고 급기야는 영지주의 교회가 공개적으로 세워지기에 이른다. 19세기 후반 유럽에서 시작하여 20세기에는 미국에도 영지주의 교회가 등장하였다.

오늘날 유럽과 미국에 세워진 영지주의 교회의 숫자보다 더 중요한 것은, 바로 각종 대중 운동과 신흥 종교 속에 스며 있는 영지주의 세계관 혹은 영지주의 가치관이다. 사실 영지주의는 암암리에 현대인들의 삶 속 깊은 곳에 침투해 있다. 일반인들이 쉽게 접할 수 있는 각종 서적과 영화 속에서 저작자의 의도와 상관없이 영지주의의 영향이 감지된다. 그리고 피레네 산맥의 카타르, 중동의 여러 영지주의 운동을 비롯한 여러 신영성 운동들이 고대 영지주의의 전통을 따라 깨달음(그노시스)으로써 얻는 구원을 설파한다. 이처럼 영지주의는 과거 역사의 일부일 뿐 아니라 현재에까지 영향을 미치며 지금 우리와 공존하고 있는 현재의 한 부분, 먼 과거가 아니라 생생한 현실이다.[2]

물론 영지주의가 오늘날에도 존재하는 현상이라고 해서 무조건 위험하니 멀리해야 한다는 말은 아니다. 초대 교부들이 그들을 이단으로 선포했다는 이

---

[2] Churton, *The Gnostics*는 초창기 영지주의자들에서부터 시작해서 영지주의가 유럽 역사를 관통하여 (존 레논에 이르기까지) 어떤 식으로 살아남았는지 보여 주고 있다.

유만으로 아무 질문 없이 영지주의를 피하라고 할 수는 없다. 대신 교부들은 영지주의를 왜 이단이라 선포했는지 알아보고, 그것에 대해 다시 생각해 볼 여지는 없는지 살필 일이다. 영지주의자들의 어떤 점이 '그리스도교'로서 용납될 수 없었는지, 또 어떤 점이 다름을 넘어 틀림으로 나아갔는지 되짚어 볼 일이다. 이 책이 하려는 일이 바로 이것이다.

이 책은 총 8장으로 구성된다. 각 장을 별개로 보아도 되며 굳이 순서대로 읽을 필요는 없다. 책 여기저기에 영지주의 본문을 많이 인용하였다. 영지주의자들의 생각과 삶을 보다 생생하게 접하기 위해서다. 또한 이해를 돕기 위해 필요하다 싶은 곳에 상자를 두어 부가 설명도 곁들였다.

제1장에서는 영지주의를 왜 알아야 하는지, 그들의 책을 왜 읽어야 하는지 살펴볼 것이다. 교부들에 의해 이단이라 불린 책들에도 나름의 의미가 있으며 그 책들을 읽어야 할 까닭이 있음을 확인하게 될 것이다. 2장에서는 영지주의란 무엇이고 어디서 유래했으며 그리스도교와 영지주의의 관계는 어떠한지 살필 것이다. 3장에서는 영지주의의 시작부터 오늘날까지 역사를 살필 것이다. 이를 통해 영지주의가 어떤 식으로 생겨나고 발전하였는지, 지난 2000년 동안 역사의 굴곡을 겪으며 어떻게 살아남았는지, 그리고 여러 시대를 거치면서 어떤 식으로 사람들에게 영향을 미쳤는지 되짚어 볼 것이다. 아울러 오늘날에는 어떤 모습으로 존재하는지도 살펴 볼 것이다. 여기에는 현재 각국에서 새롭게 등장하고 있는 영지주의 교회의 현황도 포함된다. 또한 초대 교부들이 영지주의를 어떻게 바라보고 그들과 어떻게 싸웠는지도 담는다. 반대자의 목소리를 통해 영지주의의 이면을 접할 기회가 될 것이다. 4장에서는 영지주의자들이 남긴 흔적을 어디서 찾을 수 있는지, 곧 그들의 글을 어디서 읽을 수 있는지 그 전거들을 살펴볼 것이다. 5장에서는 영지주의의 종교적 측면을 살핀 뒤 영지주의 성사에 대해서 알아볼 것이다. 6장에서는 영지주의 신화에 대해서 간단히 살핀 다음 7장에서 영지주의의 주요 모티프들을 살펴볼 것

이다. 8장에서는 영지주의에 대한 성찰을 담는다. 영지주의와 동양 종교의 유사점은 무엇인가, 그리고 근대 후기 사상과의 차이점은 무엇인가, 그들은 환상과 미신에 빠진 사람들인가, 그들은 허무주의자들인가 등의 문제를 짚어 볼 것이다.

이 책은 영지주의 사상과 그 작품 세계로 들어가는 지도 구실을 하고자 한다. 영지주의라는 세계를 보다 멀리서 바라보려 애쓸 것이다. 그리고 영지주의에 대해 가능한 한 객관적인 시각을 유지하려 노력하면서 영지주의자라는 아직은 익숙지 않은 낯선 사상과 개념들을 조금씩 풀이해 나가려 한다.

"텍스트 주석가들은 언제나 부정직해요. 물론 의도적인 것은
아니지만요. 주석가들은 자기 자신의 역사적 틀에서 벗어날 수가
없으니까요."

원전으로 되돌아가는 것이 핵심임을 깨닫고서 고전문헌학을 전공했다는 니체의 말이다. 물론 소설 속 이야기다.[3] 이 말을 들은 사람이 "니체 교수님, 모든 주석가가 자신의 자전적인 틀에 의해 제약받는다면 교수님은 어떻게 그런 한계로부터 벗어날 수 있을까요?" 하고 되묻자 니체가 답한다.

"첫째, 한계를 인정해야지요. 그 다음, 거리를 두고 자신을 보는 법을
배워야 합니다."

이 책을 쓰는 내내 니체의 말을 명심하려 애썼다. 영지주의에 대해 무조건 공감하지도 무조건 거부하지도 않으면서 '가능한 한' 편견 없이 바라보고자

---

[3] 어빈 얄롬, 『니체가 눈물을 흘릴 때』, 105.

하였다.[4]

영지주의자들은 묻는다. 너는 누구인가? 너는 어디서 왔는가? 너는 어디로 가는가? 너는 어떤 하느님을 믿는가? 십자가에 달린 예수는 누구인가? 이 세상의 지배자는 누구인가? 이 세상에 악은 왜 존재하는가? 죄는 무엇이고 구원은 무엇인가? 이 질문에 무엇이라 답하겠는가?

---

[4] 그러나 현대 그리스도교 환경에서 가톨릭 신학을 배운 필자의 한계가 책 곳곳에서 드러날 터이다. 필자의 잣대는 어쩔 수 없이 현대 가톨릭 신학, 조금 더 넓게 보아 그리스도교 신학일 수밖에 없기 때문이다.

제1장
영지주의를 왜 알아야 하는가?

교부들 비판의 가장 큰 표적이 되었던 영지주의를 굳이 알아야 할 필요가 있을까? 사도들로부터 전해져 오는 참된 가르침이 아니며 거짓으로 꾸며낸 이야기에 지나지 않는다는 영지주의 본문을 왜 읽어야 할까? 참된 그리스도교 가르침이 아니라는데 굳이 읽어야 할 필요가 있을까? 그보다 먼저, 교부들은 왜 영지주의자들을 그토록 반대했을까? 이에 답하기 위해서 우선 신약성경이 영지주의에 대해 어떤 암시와 힌트 들을 남겨놓았는지부터 살펴볼 것이다. 다음으로 교부들이 어떤 문제를 두고 영지주의자들과 설전을 거듭했는지 알아볼 것이다. 그리고 그러한 설전에도 이점이 있었음을, 곧 영지주의자들과의 논쟁이 초대 그리스도교 교리를 발전시키는 데 간접적으로 기여했음을 살필 것이다. 마지막으로 영지주의 작품을 읽어야 하는 이유를 생각해 볼 것이다.

신약성경에 나타난 영지주의의 씨앗

영지주의는 일찍부터 교회 안에 들어오기 시작하였다. 신약성경 낱권 가운데 가장 먼저 만들어진 편에 속하는 바오로 서간들에서 이미 영지주의자들의 씨앗을 발견할 수 있다.[1] 바오로는 콜로새서 등 다양한 서간을 통해 자신의 가르침과는 다른 사상과 관습을 가르치는 사람들을 자주 언급한다.

코린토 1서가 좋은 예가 된다. 바오로 사도는 코린토 교회 공동체 안에 자신을 영적이고 완전하다고 믿는 사람들이 있음을 알아챈다. 코린토 교회의 일원인 이 사람들은 자신이 '지식'γνῶσις을 얻었다고 확언한다. 그러나 바오로 사도는 '지식'과 '사랑'ἀγάπη을 대비시켜 '지식'은 사람을 오만하게 만든다고 지적하면서 '사랑'의 우위를 주장한다. 바오로 사도에 따르면, 자신이 지식을 얻었다고 주장하는 사람들 — (초기) 영지주의자들도 여기 속한다 — 은 정작 알아야 할 것은 알지 못한다. "'우리 모두 지식γνῶσις이 있다'는 것을 우리도 압니다. 그러나 지식은 교만하게 하고 사랑ἀγάπη은 성장하게 합니다. 자기가 무엇을 안다고 생각하는 사람은 마땅히 알아야 할 것을 아직 알지 못합니다. 그러나 하느님을 사랑하는 사람은, 하느님께서도 그를 알아주십니다"(1코린 8,1-3).

이 밖에도 바오로 사도는 "누구나 다 지식이 있는 것은 아"니라는 말이나 "지식이 있다는 그대"라는 표현을 쓰면서 '지식'을 주장하는 이들의 오만을 경계한다(1코린 8,7.10). 사도는 기존의 관습이나 전통에 대해 지나치게 자유로웠던 이들(영지주의자?)의 경솔함에 경종을 울렸다. 우상의 신전에서 음식을 먹는 등 지식이 있다는 사람의 자유로운 처신이 믿음이 약한 이들에게는 장애가 될 수 있기 때문이다.[2] 바오로 사도가 윤리적으로 자유분방한 사람들을 경고하는 다른 구절에서도 영지주의자들의 그림자를 감지할 수 있다(1코린 10,23).[3] 바

---

[1] 패걸스는 바오로 서간에서 영지주의의 씨앗을 감지한다. 저자는 바오로 사도를 (초기) 영지주의의 반대자가 아니라 선구자로 본다: Pagels, *The Gnostic Paul: Gnostic Exegesis of the Pauline Letters*.

[2] "여러분의 이 자유가 믿음이 약한 이들에게 장애물이 되지 않도록 조심하십시오"(1코린 8,9).

[3] "'모든 것이 허용된다.' 하지만 모든 것이 유익하지는 않습니다. '모든 것이 허용됩니다.' 그러나 모든 것이 성장에 도움이 되지는 않습니다."

오로 사도는 죽은 이들의 부활이 없다고 말하는 사람들에 대해서도 언급하는데(1코린 15,12), 영지주의자들도 이 부류에 해당한다. 바오로 친서는 아니지만 그와 연관이 있는 **사목 서간**들에서도 영지주의의 씨앗을 찾을 수 있다.

사목 서간 바오로의 서간들 가운데 티모테오 1·2서, 티토서 이렇게 세 편지는 나머지 편지들과 달리 수신자가 공동체가 아니라 교회 지도자로 되어 있다. 그래서 이 세 편지는 사목 서간이라 불린다. 티모테오와 티토는 바오로의 동반자이자 동료였으며 바오로 사도는 종종 그들에게 공동체 지도 등 주요 선교 사명을 위임하였다. 사목 서간은 다른 서간들에 비해 공동체의 관리와 지도자의 사명, 가르침의 임무 등에 더 집중한다.

물론 바오로 서간에 반영된 코린토 교회의 분쟁을 영지주의 사상과 정통 그리스도교 사상의 충돌로 보는 것은 너무 앞선 감이 있다. 그러나 이미 바오로 사도 시대에 '지식'을 가졌다고 강변하는 사람들이 코린토 교회 안에 논란을 일으키고 있었던 것은 분명하다. 이는 당시에 벌써부터 영지주의의 씨가 배태되어 있었다는 방증이 된다.

바오로 서간 외에도 영지주의자들의 씨앗을 발견할 수 있는 구절은 많다. 사도행전에는 교회 안에 일어났던 여러 논쟁이 암시되어 있는데, 이런 논쟁에 영지주의의 선구자들이 연루되었을 법하다. 이를테면 사도 8장에 마술을 부리며 많은 사람을 현혹하였다는 시몬(시몬 마구스)의 일화가 소개되는데 많은 교부들이 그를 영지주의의 시작으로 간주했다(이레네우스『이단 논박』1.30.15).[4] 시몬 마구스는 자신이 하느님, 혹은 하느님의 힘이라고 주장했으며 많은 추종자를 거느리면서 로마에서 베드로와 경쟁했다고 한다(사도 8,10; 에우세비우스『교회사』2.13.6). 사도 20장에는 바오로 사도가 에페소의 원로들에게 작별 인사를 하면서 자신이 떠난 뒤에 사나운 이리들이 그들 가운데로 들어가 양 떼를 해치리라 경고하는 대목이 나온다(20,29-30). 사도는 그 사나운 이리들을 두고 "진리를 왜곡하는 말을 하며 자기를 따르라고 제자들을 꾀어내는 사람들"이라 표현하는데 이들은 다름 아닌 초창기 영지주의자들이었을 법하다.

---

4) Haar, *Simon Magus: The First Gnostic?*, 90 참조. 같은 책, 22-23, 각주 27도 참조.

요한계 문헌, 특히 요한 복음과 요한 1서에서도 당시 그리스도교 공동체에 퍼져 있던 영지주의 사고방식의 흔적이 감지된다. 가령, "'나는 그분을 안다' 하면서 그분의 계명을 지키지 않는 자는 거짓말쟁이고, 그에게는 진리가 없습니다"(1요한 2,4)라는 비판은 나중에 교부들이 영지주의자들을 두고 한 말과 매우 비슷하다. "(그리스도의 적들)은 우리에게서 떨어져 나갔지만 우리에게 속한 자들은 아니었습니다. … 누가 거짓말쟁이입니까? 예수님께서 그리스도이심을 부인하는 사람이 아닙니까? 아버지와 아드님을 부인하는 자가 곧 '그리스도의 적'입니다"(1요한 2,19.22)라는 구절도 (초세대) 영지주의자들을 직접 겨냥하는 듯하다. 그들이야말로 예수님이 그리스도임을 부인했던 장본인들이기 때문이다. "예수 그리스도께서 사람의 몸으로 오셨다고 고백하는 영은 모두 하느님께 속한 영입니다. 그러나 예수님을 믿는다고 고백하지 않는 영은 모두 하느님께 속하지 않는 영입니다"(1요한 4,2-3)라는 구절은 초기 가현주의자들을 겨냥하는 듯하다. 영지주의자들 역시 가현주의를 따르며 그리스도는 사람의 몸을 지닌 것처럼 보였을 뿐 실제로는 그렇지 않다고 믿었다.

이 모든 사실을 감안할 때 영지주의는 초세대 그리스도인들 사이에 이미 그 씨앗이 자라고 있었으며 교회 안에 각종 논란의 원인을 제공하고 있었음을 알 수 있다. 그 정황이 신약성경에 고스란히 담겨 있다.[5] 사도들과 초세대 영지주의자들의 논란은 후대에 이르러 교부들과 영지주의 지도자들 사이의 싸움으로 발전한다.

> **요한계 문헌** 신약성경 낱권 가운데 요한 복음, 요한 1·2·3서, 요한 묵시록 이렇게 다섯 작품이 요한계 문헌으로 분류된다. 이 작품들은 대개 제베대오의 두 아들 가운데 하나인 요한 사도가 쓰거나 그와 관련된 인물이 쓴 것으로 추정된다. 요한 묵시록에만 저자의 이름이 명시되어 있고 나머지는 익명으로 되어 있지만 초대 교회 때부터 이 작품들은 사도 요한과 연결지어 생각되었다. 현대의 성서학자들은 대개 다섯 작품 가운데 어느 하나도 요한 사도가 직접 썼을 것으로 생각하지 않는다.

---

5) Perkins, *Gnosticism and the New Testament*을 참조하라. (초기) 영지주의를 바라보는 신약성경 저자들의 시각을 엿볼 수 있다.

교부들과 영지주의 그리스도인들의 논점

신약성경 이후 사도들의 뒤를 이은 교부들도 영지주의자들을 반박한다. 교부들이 이끄는 교회가 주류로 부상하면서 영지주의자들에 대한 비판의 강도가 더욱 거세진다. 영지주의자들과 주류 그리스도인들 사이에 일어난 논쟁들을 살펴보면 당시 교회가 안고 있던 문제가 무엇인지, 그리고 둘 사이의 신학적 차이가 어떠했는지 좀 더 분명해진다.

사실 주류 그리스도인들과 영지주의 그리스도인들은 하느님, 인간, 세상, 악의 기원, 그리스도와 구원 등 근본적인 문제에서 서로 판이하게 다른 입장을 고수하였다. 근본이 다른 한 거기에서 파생되는 온갖 세부 사항들도 달라질 수밖에 없다. 둘의 갈등과 논쟁은 불가피한 일이었을 터이다.

이를테면 이 세상에 악이 존재하는 이유를 두고 정통 그리스도인들과 영지주의자들은 서로 다른 설명을 내놓았다. 사실 악이 왜 존재하는가, 하는 질문은 인류가 시작된 이후 시대와 장소를 불문하고 끊임없이 제기되었다. 정통 그리스도교는 악의 존재를 원조의 불순종으로 인해 하느님과 인간 사이에 일치가 파괴되었기 때문으로 설명한다.

영지주의자들은 이와는 사뭇 다른 답변을 내놓는다. 그들은 참하느님과 이 세상의 창조자를 완전히 구분한다. 그들에 따르면, 하느님은 이 세상의 창조주가 아니시다. 죄와 악, 고통과 질병 등 온갖 비극과 재앙의 책임은 하느님께 있지 않다. 그렇다고 우리 인간의 잘못도 아니다. 이 모든 책임은 바로 창조주에게 있다. 창조주 자체가 실수로 생겨났으며 따라서 그가 만든 세상도 불완전하다. 이처럼 불완전한 창조주의 지배 아래 불완전한 세상에서 살고 있는 인류가 온갖 문제에 둘러싸여 죄를 짓는 현실이 전혀 놀랄 일은 아니라는 것이다. 사실 영지주의자들은 인간의 죄를 문제 삼지 않는다. 그들에 따르면 인간의 근본적 문제는 죄가 아니라 무지다. 무지야말로 하느님과 인간 사이를 가로 막는 적이며 싸워 없애야 할 대상이라고 한다. 이처럼 영지주의자들은 악에 대해서도 죄에 대해서도 정통 교부들과 다른 관점을 보였다.

그리스도에 대한 관점도 완전히 다르다. 영지주의자들에 따르면 십자가에 달린 예수는 그리스도가 아니다. 기껏해야 그리스도의 대체물이거나 그리스도가 지상에 머무는 동안 잠시 빌린 옷에 불과하다. 따라서 십자가 죽음도, 그 뒤에 있는 부활도 그들에게는 아무 의미가 없다. 인간이 구원되는 것은 예수님의 대속적 죽음 덕분이 아니라 우리 자신의 지식(그노시스)의 획득, 깨달음 덕분이다.

이런 신학적 차이들은 결국 주류 그리스도인들과 영지주의 그리스도인들의 완전한 결별을 가져왔다. 교부들과 영지주의자들의 논쟁을 교회 지도자들 사이에 벌어진 패권 다툼쯤으로 보아서는 안 된다. 참된 그리스도교를 고수하려는 양자 간의 피나는 노력이었던 것이다.

논쟁의 이점

영지주의적 사고방식은 이미 신약성경이 쓰이던 1세기말부터 교회 안에 배태되기 시작했다. 영지주의자들은 그리스도교가 배출한 첫 신학자들 가운데 포함시켜도 손색이 없다. 그들은 그리스도교 이야기를 로마 제국 내 일반 대중이 이해하기 쉬운 형태로 바꾼 사람들 가운데 하나라 할 수 있다. 그런 그들이 왜 문제가 되었을까?

사실 이런 토착화 작업을 영지주의자들이 처음 시도한 것은 아니었다. 일찍부터 바오로 사도를 위시한 초대 그리스도인들이, 예수님에 관한 이야기와 가르침들을 유다교 배경에서 자라지 않은 이방인들이 알아들을 수 있는 개념과 용어로 바꾸는 작업을 시도하였다. 그들은 모세나 예언자들의 이야기가 아닌 그리스-로마 신화와 철학의 토양에서 자라난 사람들과도 소통하려 애썼다. 이때 사도들의 가르침은 이방인들이 알아들을 수 있는 형태로 바뀌긴 했지만 그 핵심은 여전히 유다교 유일신 신앙의 범위를 벗어나지 않았다.

그러나 영지주의자들은 사도들보다 한 걸음 더 나아갔다. 그들은 그리스-로마 문화의 여러 요소들을 여기저기서 조금씩 빌려오는 데서 그치지 않고 신화라고도 부를 수 있고 철학이라고도 부를 수 있는 새로운 이야기를 만들었다. 그들의 이야기에서도 그리스도가 중심이기는 하였지만 그들은 그리스도 사건에서 멈추지 않고 당시 사람들의 마음을 차지하고 있던 문제들, 곧 악의 기원이라든가 인류와 우주의 기원 등에 관한 근원적 문제를 다루면서 그리스도 사건을 완전히 새로운 이야기, 새로운 신화로 바꾸었다. 영지주의자들은 신화라는 수단을 이용하여 자신들 고유의 세계관을 새롭게 제시했다. 신학적 차이는 차치하고라도 교부들에게는, 영지주의자들이 종교적 가르침을 전하는 데 신화를 수단으로 삼는다는 점도 거슬렸다. 사실 영지주의자들의 가르침은 물질계의 기원과 인류의 구원에 관한 신화적 이야기들로 가득 차 있다.[6]

그래도 처음에는 주류 교회와 영지주의자들 사이에 큰 충돌이 없었지만 2세기 말엽 즈음에는 이들의 충돌과 갈등이 가시화되기에 이르렀다. 그런데 대립과 갈등이 언제나 나쁜 것만은 아니었다. 대립은 지중해 전역의 그리스도인들이 로마 교회를 중심으로 똘똘 뭉치는 계기가 되기도 하였다. 그리고 주류 그리스도인들은 충돌과 논쟁을 겪으면서 영지주의자들의 방법론을 배우고 모방하기도 했다. 이레네우스는 영지주의 집단의 확산을 막기 위해 『이단논박』을 집필하면서 영지주의자들의 서술 방식을 빌려오기도 하였다. 오리게네스는 영지주의 교사 헤라클레온의 작품에 대한 비판으로 『요한 복음서 강해』를 저술하면서 그 역시 헤라클레온의 해석 방법을 채택하였다.[7]

---

6) 영지주의자들이 신화를 통해 이야기하고자 했던 핵심이 무엇인지 들여다보지 않는다면 오늘날 독자들의 눈에도 그들의 이야기는 황당무계한 헛소리에 지나지 않을 것이다. 신화라는 꺼풀을 벗겨내고 그것이 상징하는 바를 읽는다면 그들의 이야기가 그처럼 허무맹랑하게는 들리지 않을 것이다.

7) Berglund, *Origen's References to Heracleon*, 73-76 참조. 이후 교회 안에 불거진 예수 그리스도의 본성, 성삼위 안에서 각 위격들 사이의 관계, 자유 의지와 섭리의 관계를 둘러싼 논란들 속에서 영지주의자들과의 논쟁의 여파가 감지되기도 한다.

초대 교회 교부들은 영지주의자들에 반응하면서 신학적으로 더욱 성숙할 수 있었다. 결국 이러한 논쟁 덕분에 초대 그리스도교의 신학적 수준이 한 차원 높아졌다고 말할 수 있다. 사실 논쟁 없이 신학이 발전할 수 있었을까? 이 질문에 그렇다고 대답할 수 있는 사람은 별로 없을 터이다. 영지주의자들이 정통 그리스도교의 모습을 형성하는 데 깊은 영향을 준 사실은 누구도 부인할 수 없다.

주류로 자리 잡은 정통 그리스도교 공동체는 영지주의자들을 비롯한 여러 집단과의 논쟁과 충돌을 거치면서 그리스도교 신앙의 내용을 확정지을 필요성을 절감하고 권위의 중심을 확립하는 데 박차를 가하였다. 그 일환으로 정통 교회는 수없이 쏟아져 나오던 초대 그리스도교 작품 가운데 어떤 것을 신약성경에 포함시킬지 선별하는 작업과 초대 그리스도교 문헌에 나타난 교회의 핵심 가르침을 요약·정리하여 신경으로 확정하는 작업에 몰두하였다. 신경Credo 및 정경Canon의 확정과 더불어 중요했던 것이 성직자의 권위를 견고하게 만드는 일이었다. 그리하여 교회는 성직자에게 성경과 성전의 권위 있는 해석자 역할을 부여하였다.

신경과 정경을 확정하고 교계 제도를 정비함으로써 전체 교회의 통일성을 도모하려는 교회의 노력은 영지주의자들과의 갈등이 본격화되기 전부터 있었다. 그러나 영지주의자들을 비롯한 이른바 이단 집단들과의 논쟁과 갈등은 교회의 가르침과 전통을 명확히 할 필요성을 더욱 증진시켰고 이것이 신학의 발전과 교계 조직의 체계화를 한층 가속화시켰다.

영지주의 작품을 읽어야 하는 이유

영지주의 작품을 읽는다고 해서 반드시 영지주의에 호감을 갖게 되지는 않을 것이다. 어쩌면 2-3세기 교부들처럼 그들에 대해 적대적인 입장을 취하게 될지도 모른다. 영지주의 작품을 읽는 목적은 그것에 대해 호감을 가지려는 것도 반감을 가지려는 것도 아니다. 초세기 그리스도교에 대한 한 가지 그림만을 고수하지 않고 다양한 그림을 보면서 초대 교회의 모습을 다각도로 살펴보자는 것이다.

토착화의 관점에서

영지주의를 그리스도교 신앙의 재해석 혹은 토착화라는 관점에서 바라볼 때 그에 속하는 작품들을 읽을 이유가 분명해진다.

 1세기 이후 그리스도교는 팔레스티나에서부터 로마 제국 전역에 전파되어 급속히 성장하고 있었다. 당시 로마 제국은 동쪽으로는 페르시아와 인도, 서쪽으로는 이집트와 에티오피아에 이르기까지 지중해 전역을 차지하고 있었다. 지중해 지역은 이미 알렉산드로스 대왕의 정책에 힘입어 그리스 문명이 각 지역 문명과 결합하여 새롭게 탄생한 헬레니즘 문명의 혜택을 누리고 있었다. 따라서 그리스도교의 확산은 교회가 유다교 배경에서 헬레니즘 배경으로 넘어감을 뜻했다. 그리스도교를 처음 만난 사람들은 자기네 문화와 역사의 렌즈로 그리스도교를 바라보고 자기네 관점으로 새롭게 해석하였다. 영지주의 그리스도교도 그러한 토착화 과정에서 생겨난 산물로 볼 수 있다.

 그런데 그리스도교 신앙이 새로운 문화와 만나 새로운 눈으로 읽히고 재해석되는 과정에서 그 한계와 범위가 어디까지 허용되는지 논란이 일어날 수밖에 없었다. 어느 선까지 그리스도교 복음이 될 수 있고 어느 선에서부터 그리스도교 복음이 될 수 없는지 판단하는 것은 참으로 어렵지만 피할 수 없는 문제였다. 2세기부터 3세기 사이에 영지주의자들과 정통 그리스도인들 간에 일어난 논쟁과 갈등은 결국 대부분 토착화 문제와 관련된 것이라 볼 수 있다. 사실 오늘날에도 신앙의 토착화를 둘러싼 문제는 여전하다. 지역적 색채로 토착화된 신학이 때로 정통 교회의 눈에는 '다르게' 보일 수 있기 때문이다. 그리스도교가 새로운 지역으로 전파되어 새로운 문화와 만나는 한 그리스도교 신앙의 재해석 범위와 한계 문제는 사라지지 않을 것이다. 재해석이 허용되지 않는 선교는 일방적 이식이라고 말할 수 있을지도 모른다. 이런 식의 선교는 민족주의자들의 입장에서 볼 때 문화 식민지화의 일환일 뿐이다. 그리스도교 신앙의 핵심을 거스르지 않는 선에서 재해석은 항상 허용되어야 한다. 토착화의 중요성을 인정하는 한 그 산물의 하나인 영지주의 작품을 읽을 이유는 명백하다.

정통과 이단이라는 관점에서

그리스도교 역사가 시작된 이래 처음부터 그리스도인들은 자신이 누구인지 그리고 그들의 믿음은 무엇인지 정의내리기 위해 애썼으며 논쟁과 논란은 항상 끊이지 않았다. 올바름을 뜻할 때는 '정통'orthodox을, 다른 가르침을 가리킬 때는 '이단'heresy이라는 말을 쓰지만 1세기에서 2세기까지는 정통과 이단을 논하는 것이 적절치 않다.

'이단'을 뜻하는 Heresy는 '선택'을 뜻하는 그리스어 $\alpha\H{\iota}\rho\epsilon\sigma\iota\varsigma$(haeresis)에서 유래하였다. 이 단어는 본디 여러 의견 가운데 어느 하나를 선별하는 것을 뜻하는 중립적 용어였다. 이 단어에 부정적 의미를 부여한 사람은 다름 아닌 바오로 사도였다. 바오로 사도는 갈라 5,19-20에서 육의 행실 가운데 하나로 haeresis를 든다. 불륜, 더러움, 방탕, 우상 숭배, 마술, 적개심, 분쟁, 시기, 격분, 이기심, 분열, 질투, 만취, 흥청대는 술판과 더불어 haeresis(분파)가 육의 행실이라는 것이다. 코린토 1서에서는 사도가 공동체에 생긴 분열$\sigma\chi\acute{\iota}\sigma\mu\alpha$과[8] (이

---

[8] '이단 (분파)'와 '분열' 사이에는 결정적 차이가 있다. '분열'이 교회에서 완전히 떨어져 나와 자신들만의 관점을 따르는 것이라면, '이단 (분파)'는 교회 안에 머물면서 자신들의 관점을 고집하는 사람들을 가리킨다.

단) 분파 αἵρεσις를 언급하는데(11,18-19), 여기서 분파는 참된 이들과 의견 대립을 보인 사람들을 가리킨다. 베드로의 둘째 서간에서는 거짓 교사들이 파멸을 가져오는 이단 αἵρεσις을 끌어들일 뿐 아니라 주님을 부인하기도 한다고 비판한다(2베드 2,1). 바오로와 베드로를 따라 주류 교회는 이 단어를 공식적인 그리스도교 가르침에서 벗어나 다른 믿음과 관습을 따르는 사람이나 집단을 가리키는 데 사용한다. 이처럼 Haeresis가 본격적으로 이단이라는 뜻으로 사용되기 시작한 때는 2세기경부터였다. 곧 교회가 통일과 일치를 도모하면서 마르키온주의, 유다계 그리스도교, 영지주의 등을 이단으로 선포했던 시기다.[9]

'정통' 혹은 '주류'라는 말은 결국 논쟁에서 승리하여 주도권을 쥔 집단에게 돌아갔다. 사도들의 전통을 이은 교부들이 주축이 되었으며 후에 가톨릭 교회로 발전하였다. 그들은 영지주의자들과 여러 문제를 두고 싸웠지만 결국 이 둘의 운명을 가른 것은 특정 신조라기보다는 어떤 믿음이 믿을 만한 것이며 어떤 것은 그렇지 않은지 결정하는 방식에 있었다. 곧 정경의 범위와 신앙의 규범에 충실한가, 교계제도를 인정하는가 등이 정통과 이단을 가르는 주요 수단이 되었다. 곧 초대 그리스도교 저작물들 가운데 선별된 것들(이것은 신약성경이라 불린다)과 히브리 성경(이것은 구약성경이라 불린다)을 합친 것을 그리스도교의 권위 있는 성경으로 믿고 받아들인다. 그리고 신약성경의 긴 가르침을 요약한 '신앙의 규범' Regula fidei 에 충실해야 한다. 예수님과 사도들의 진정한 가르침을 수호하는 성직자가 이끄는 교회 공동체를 인정해야 한다. 이 세 조건을 모두 만족시켜야 정통이다.[10]

정통이니 이단이니 영지주의니 하는 식으로 구분해서 표현하지만 초대 그리스도교 공동체가 정통과 이단으로 확연히 구분된 집단으로 존재했다고 생

---

9) Le Boulluec, "Hétérodoxie et orthodoxie", 267-272 참조.

10) Le Boulluec, "Hétérodoxie et orthodoxie", 270. 오늘날 거의 모든 로마 가톨릭, 개신교, 동방 그리스도교 전통은 위 세 가지 사항에 충실히 머문다.

각하면 심각한 오판이다. 2-3세기의 사람들은 아직 영지주의 관점과 정통 관점을 명확히 구분하지 않았고 자신의 것으로 소화하지도 못했다. 정통 교회 안에서도 다양성은 존재했고 영지주의 공동체 안에서도 마찬가지였다. 정통 그리스도인들 중에는 주류 교회의 입장보다 영지주의자들의 입장에 더 우호적인 경우도 있었겠고 그 반대도 있었을 것이다. 정통과 이단을 흑백을 가르는 범주라기보다는 일반적 특성을 가리키는 말로 이해하는 것이 더 나을 듯하다.

실제로 영지주의 요소라 불리는 것이[11] 신약성경 작품 안에서도 발견된다. 영지주의자들 고유의 요소로 여겨지는 '하느님에 대한 지식'(그노시스) 개념이나 빛의 자녀와 어둠의 자녀를 양분해서 바라보는 시각들이 신약성경에도 나온다는 사실은 이 개념들이 영지주의자들만의 생각이 아니라 초대 그리스도교 공통의 것이었음을 방증한다. 영지주자들이 그노시스를 그들 특유의 '지식' 개념으로 발전시킨 것은 그 이후의 일이다. 그러므로 지식 개념이나 이분법적 사고가 엿보인다고 해서 무조건 이단이라고 판단해서는 안 된다. 또한 영지주의자들과의 논쟁이 나중에 교회가 표준을 마련하는 밑거름이 되었음을 잊지 말아야 한다. 따라서 영지주의 작품도 그리스도교 신학 발전 과정의 일부로서 읽어야 한다.

---

11) 영지주의 요소라 함은, ① 참하느님, 예수 그리스도의 아버지 하느님은 구약성경의 창조주와 다른 분이시다. 참하느님은 창조주보다 앞서 계시고 그 위에 계시다. ② 우리가 살고 있는 물질계는 창조주의 실책으로 생겨났으며 그 존재 자체가 실수다. ③ 인간의 육신은 창조주가 만들었지만 그 영은 본디 하느님에게서 유래하였다. 창조주가 만든 육체에 신적 섬광인 영이 갇혀 있는 셈이다. ④ 진정한 구원은 죄의 용서에 있는 것이 아니라 무지로부터 해방되는 데 있다. 무지의 타파는 자신이 하느님으로부터 유래했음을 깨닫는 지식 곧 그노시스 체험으로 이루어진다. 이와 같은 신관, 세계관, 구원관 외에도 영지주의를 특징짓는 요소들이 더 있지만 위 네 가지가 최소한의 요건이라 할 수 있다. 2세기 영지주의 그리스도교의 작품에서 위 요소를 공통적으로 발견할 수 있으며 명시되지 않은 경우라도 암묵적으로 전제되어 있다: Holroyd, *The Elements of Gnosticism*을 참조하라. 영지주의의 역사와 문학, 그리고 그 가르침들을 쉽게 개관하고 있다.

영지주의는 지금도 계속되고 있다는 관점에서

셋째 이유는 아마 가장 현실적인 이유가 될 것이다. 어떤 이들은 영지주의를 과거의 유산 혹은 과거사의 일부쯤으로 생각하지만 결코 그렇지 않다. 영지주의는 지금도 살아 있는 현실이다. 근자들어 학자들은 물론 일반인들까지도 영지주의에 대한 관심이 크게 늘었으며, 실제로 영지주의 교회가 세워지고 있기도 하다. 미국 로스 엔젤레스의 영지주의 교회 Ecclesia Gnostica는 홈페이지를 운영하면서 각종 영지주의 문헌의 본문을 공개하고 웹상에서 강의도 실시하며 영지주의 관련 서적도 판매하고 있다.[12]

이보다 더 중요한 것은 영지주의 사고방식이 알게 모르게 현대인들의 삶 곳곳에 침투해 있다는 점이다. 사실 영지주의는 뉴 에이지 운동을 매개로 급속도로 대중의 삶 속에 파고들 수 있었다.[13] 그리하여 누구나 쉽게 접할 수 있는 책, 영화, 드라마, 신흥 종교 등 각종 문화 운동 속에서 오늘날 영지주의의 영향이 어렵지 않게 감지된다.[14]

일례로 2012년에 하버드 신경외과 의사인 이븐 알렉산더 박사가 자신의

---

12) 로스 엔젤레스 영지주의 교회가 운영하는 웹사이트(http://www.gnosis.org)를 통해 다른 영지주의 공동체로도 쉽게 접속할 수 있다.

13) K.J. Grimstad, "Introduction: Thomas Mann and Gnosticism in the Cultural Matrix of His Time", http://www.ntslibrary.com/Introduction%20Thomas%20Mann%20and%20Gnosticism.pdf.

14) C.A. Raschke, *The Interruption of Eternity: Modern Gnosticism and the Origins of the New Religious Consciousness* (1980); Robert Galbreath, "Problematic Gnosis: Hesse, Singer, Lessing and the Limitations of Modern Gnosticism", *Journal of Religion 61* (1981), 20-36; J. Donovan, *Gnosticism in Modern Literature: A Study of the Selected Works of Camus, Sartre, Hesse, and Kafka* (1990); J. Goodall, *Artaud and the Gnostic Drama* (1994); D. Middleton and John Finlay, *Hermetic Light: Essays on the Gnostic Spirit in Modern Literature and Thought* (1994); A.D. Nuttall, *The Alternative Trinity: Gnostic Heresy in Marlowe, Milton, and Blake* (1998); C. O'Regan, *Gnostic Return in Modernity* (New York 2001).

임사체험을 토대로 영혼과 사후세계가 실재함을 강변하면서 영적 각성을 독려하는 책을 발간하였다. 이 책은 저자가 뇌사상태에서 죽음 이후의 세계를 여행한 뒤 얻은 깨달음과 통찰을 담았는데, 그 내용이 마치 고대 영지주의의 한 본문을 보는 듯한 착각을 불러일으킨다. 저자는 임사상태에서 자신의 영혼이 육체를 떠나 저 위로 상승하였다고 한다. 그리고 여러 신적 존재들을 만나고 관문Gateway을 통과하여 중심근원The Core에서 마침내 신을 직접 뵈었다고 한다.[15] 그래서 책의 제목도 *Proof of Heaven* 곧 '천국의 증거'라고 붙였다.[16] 이 책은 한마디로 현대판 영지주의 천계여행담이라 할 수 있다. 실제로 고대 영지주의 작품 가운데 영혼의 천계여행을 담은 글이 수없이 많다. 마리아 복음서, 콥트어 바오로 묵시록, 야고보의 비전, 여덟째와 아홉째에 대한 담화 등 수많은 본문이 영혼의 상승과 천계여행 및 하느님 직관 체험을 묘사하고 있다. 알렉산더 박사는, 영지주의 본문의 저자들과 마찬가지로 자신이 이 체험을 통해 특별한 '지식'과 통찰을 얻었으며 이로써 정신적·육체적으로 완전히 치유되었다고 고백한다. "지금은 알 수 있다. 내가 신성의 일부이며 그 무엇도, 결단코 그 무엇도 이 사실을 부정할 수 없음을 이해한다. 우리가 신으로부터 분리될 수 있다는 (거짓) 의혹은 이 세상 모든 종류의 불안 심리의 근본원인이며, 이에 대한 치유는(나는 관문에서 부분적으로, 그리고 중심근원에서 완전히 치유되었는데) 그 무엇도 우리를 신으로부터 떼어낼 수 없다는 앎을 통해 이루어진다. 이 앎은 내가 배운 그 어떤 것보다도 더 중요한 최고의 지식인데, 그 덕분에 나는 지렁이 시야의 세계에 대한 공포가 사라졌고 그 세계를 있는 그대로 볼 수 있게 되었다."[17]

저자가 "우리의 영원한 영적 자아는 물리적 세계에서 인식되는 그 무엇보

---

15) 저자는 대개 하느님은 옴Om, 그분이 계시는 곳은 중심근원The Core이라 부른다.

16) 우리나라에서는 다른 제목으로 출간되었다: 이븐 알렉산더, 『나는 천국을 보았다』, 고미라 옮김 (김영사 2012).

17) 이븐 알렉산더, 『나는 천국을 보았다』, 107-108.

다도 실재하며, 신의 무한한 사랑과 신성하게 연결되어 있다는 심오하고 위안을 주는 진실"에[18] 대한 앎이라 표현하는 '지식'은, 영지주의자들이 말하는 지식(그노시스) 개념과 거의 똑같다. 저자는 "나는 신을 믿게 되었다기보다는, 신을 알게 되었다"고 말하면서 지금도 일종의 명상 훈련을 통해 임사체험과 유사한 영적 각성 체험을 재현하고 있다고 한다. 이 모든 진술이 저자의 책이 현대판 영지주의 본문임을 방증한다. 실제로 알렉산더 박사는 고대인들 가운데도 자신과 비슷한 체험을 한 사람들이 있으며 그것이 글로 남겨져 있다고 하는데, 저자가 밝힌 참고 문헌에 영지주의 복음서들도 포함된다.[19]

물론 알렉산더 박사의 책에 담긴 모든 내용이 고대 영지주의 사상과 똑같지는 않다. 가령 저자는 고대 영지주의자들과 달리 최상신과 창조주를 구분하지 않으며 창조주를 저급한 존재로 제시하지도 않는다. 저자 자신이 가톨릭 신자이기도 하며 이 체험을 통해 그전에 받았던 종교적 가르침을 참으로 이해하게 되었다고 한다. 사실 책 내용 중에 딱히 틀렸다고 꼽을 만한 것이 별로 없다. 다만 인간을 통합적 존재로 보기보다는 영혼과 육체가 완전히 구분된 존재로 본다는 점이라든가(인간을 육체라는 감옥에 갇힌 영적 존재라 표현한다), 환생의 가능성에 여지를 두는 점, 천계여행 안내자가 저자에게 알려 주었다는 "그대가 저지를 수 있는 잘못은 없어요!"라는 말이 자칫 인간의 죄를 부정하는 것으로 들릴 수 있다는 점 등이 걸릴 뿐이다. 어쩌면 그래서 이런 부류의 책들이 위험한지 모른다. 저자의 체험이 지극히 개인적인 것이기에 진위여부를 논할 수도 과학적으로 입증할 수도 반박할 수도 없다. 사실 필자도 이 책을 매우 감동스럽게 읽었다. 영지주의 신자라면 이 책이 마치 교과서처럼 읽힐 것이다. 고대 영지주의 본문을 현대 실정에 맞게 재구성한 책이라 해도 될 정도다.

문제는 이런 식으로 일반인들이 자기도 모르게 영지주의 사상을 흡수한

---

18) 이븐 알렉산더, 『나는 천국을 보았다』, 196.

19) 저자는 Pagels, *The Gnostic Gospels*를 참고 문헌에 포함시켰다.

다는 점이다. 영지주의에 대해 알아야 자신이 접하고 있는 것이 무엇인지 판단할 수 있다. 고대 영지주의 본문들은 현대 영지주의 운동의 근원이자 경전이라 할 수 있다. 실제로 영지주의 전문가인 카렌 킹 교수는 자신의 강좌에 영지주의교 신자가 출석하고 있다고 한다. 자기네 종교의 뿌리를 알기 위해서라는 것이다.[20] 오늘날 그리스도교 신자들에게 신구약성경이 있다면, 현대 영지주의교 신자들, 그리고 갖가지 뉴 에이지 운동가들에게는 영지주의 성서가 있다. 여러 영지주의 본문들이 그들의 경전인 셈이다. 이 사실만으로도 영지주의 작품을 읽고 영지주의에 대해 올바로 알아야 할 이유는 충분한 듯하다.

---

20) King, *What Is Gnosticism?*, 9.

제2장
영지주의의 정의와 기원

영지주의란 무엇이며 어디에서 유래했는가 하는 문제를 두고 학자들은 매우 다양한 이론을 내놓았다. 학자들마다 그리고 학자들이 펴내는 책마다 다른 입장을 보이곤 한다. 그러나 4세기 이후의 역사가들은 대개 리옹의 이레네우스나 테르툴리아누스 등 주류 교회 교부들이 제시한 영지주의 개념을 거의 무비판적으로 받아들여 영지주의를 정통 신앙과 다른 그릇된 사조로 여긴다. 곧 영지주의가 그리스도교 신앙에서 파생된 것이기는 하지만 헬레니즘 문화, 특히 그리스 철학의 영향을 많이 받아 신앙의 바른 길에서 벗어났다는 것이다.

그러나 최근에는 이러한 관점에 변화가 일고 있다. 특히 18세기 이후 이집트 등지에서 브루스 사본, 베를린 사본, 아스큐 사본, 나그 함마디 사본 등 영지주의 작품을 담은 다양한 문헌이 발견되고 이와 더불어 새로운 접근법도 발달하였다. 그러면서 영지주의에 대한 연구가 획기적인 성과를 거두고 영지주의의 본질과 범위, 영지주의 신앙을 고수하던 공동체들에 대한 지식이 크게 증가하였다. 또한 2세기에 정통으로 자리매김한 주류 교회와 영지주의 집단의 관계에 대해서 짐작할 수 있는 바도 더 늘었다. 이와 같은 새로운 연구 결과를 바탕으로 과연 영지주의가 무엇이고 어디에서 유래했으며 정통 그리스도교와의 관계는 어떠했는지 살펴보자.

정의

　　영지주의를 정의하는 일은 항상 어려웠으며 학자들은 영지주의에 대한 정의를 저마다 다르게 제시하였다. 그러나 오늘날 가장 보편적으로 받아들여지는 정의는 "초대 그리스도교 시대에 나타난, 물질세계는 악하며 그노시스(지식)를 통해 물질세계를 벗어날 수 있다고 믿은 여러 종교집단의 사상과 관습들"일 것이다.[1] "그리스도교와 그리스 철학 및 동양 철학이 결합하여 생겨난 종교·철학적 신비주의 가르침 체계. 초대 그리스도교의 다양한 분파들이 주창하였으며 나중에 이단으로 배척되었다"는 정의도 있다.[2] 이것 말고도 영지주의에 대한 정의를 수없이 많이 만날 수 있지만 그 어느 것도 정확하다고 말할 수 없다. 영지주의의 다양성을 고려할 때 영지주의는 아예 없다고 말하는 편이 더 낫다는 말까지 나오기도 한다.[3] 최근 들어 영지주의에 대한 해석이 더욱 다양하게 이루어지면서 정의에 대한 혼란은 한층 가중되었다. 영지주의가 이성의 논리보다는 영적 체험에 기초를 둔데다[4] 너무도 다양한 신조를 아우르기에 특정한 틀에 넣어 정의를 내리는 일이 어려울 수밖에 없다. 게다가 영지주의 연구자들이 대개 그리스도교 문화 속에서 나고 자란 이들이라서 영지주의를 현대 그리스도교 신학의 잣대에 따라 판단하는 경우가 많다. 그러나 고대 영지주의와 현재의 그리스도교는 뿌리는 같았을지언정 그 간극이 너무나 벌어져서 다시 좁혀질 수 없을 정도다. 신론에서부터 시작하여, 세계

---

1) www.merriam-webster.com/dictionary/gnosticism.

2) Guralnik/Friend, "Gnosticism", 619.

3) 영지주의의 정의에 대한 역사는 Williams, *Rethinking "Gnosticism": An Argument for Dismantling a Dubious Category*; Marjanen, "What is Gnosticism? From the Pastorals to Rudolph", 1-53; King, *What Is Gnosticism?*, 5-19을 참조하라.

4) Merkur, *Gnosis: An Esoteric Tradition of Mystical Visions and Unions*을 참조하라. 저자는 영지주의가 일종의 영적 체험에서 유래했다고 주장한다.

관과 인간관, 악의 기원 문제와 구원론에 이르기까지 이 둘은 서로 너무나 상반된 가르침을 내놓고 있다. 따라서 영지주의는 현대 그리스도교 신학과 다른 기준으로 정의 내려야 한다.[5]

실제로 영지주의를 정의하기는 어렵지만 불가능하지도 않다. 여러 본문에서 소위 영지주의라 이름붙일 수 있는 공통점이 추출되기 때문이다. 어떤 작품이 대략 다음과 같은 특징을 가질 때 영지주의라 부를 수 있다. 거꾸로 영지주의는 다음과 같은 특징을 가진다고 말할 수 있다.[6]

첫째, 최상신이 있다고 믿는다. 최상신은 초월적이고 영적인 존재로서 단 한 분이시다. 이 최상신에게서 여러 신적 존재들이 유출되었으며 이들이 모두 함께 천상계를 이루고 있다.

둘째, 인간을 포함한 물질 세계는 최상신에 의해서가 아니라 그보다 하등한 존재에 의해 창조되었다.

셋째, 인간은 복합적인 존재다. 물질로 이루어진 몸은 하급신인 창조주의 작품이고, 그 내면은 최상신의 신적 섬광으로 이루어져 있다. 다시 말해 인간은 하급신에 속하는 육체와 최상신에 속하는 영으로 이루어진 존재다.

넷째, 신적 섬광, 곧 영이 육체 안에 갇힘으로써 인간의 참자아인 영이 신에게서 멀어졌다. 그리고 그 영은 자신의 기원을 망각하고 잠에 빠져 버렸다.

다섯째, 인간 안에 깃든 신적 섬광(영)이 깨어나는 것은 구원의 지식, 곧 그노시스를 통해서다. 그노시스는 믿음이나 착한 행실이나 계명의 준수로 얻게

---

5) 학자들 사이에서 그노시스와 영지주의를 구분해야 한다는 제안이 나왔지만 유럽에서는 이 제안이 아직 받아들여지지 않는 편이다. 사실 그노시스 자체와 영지주의Gnosticism는 구분해야 한다. 그노시스가 의식의 상태를 가리킨다면 영지주의는 하나의 체계를 가리킨다.

6) Jonas, *The Gnostic Religion: The Message of the Alien God and the Beginnings of Christianity*, 42-47 참조. 다른 학자들도 영지주의의 특성/요소를 한스 요나스와 비슷하게 제시한다. 이에 대해서는 Berglund, *Origen's References to Heracleon*, 19-20, 특히 각주 47을 참조하라. 이 책(영지주의 민낯), 27, 각주 11도 참조.

되는 것이 아니다. 이것들은 기껏해야 그노시스를 얻도록 사람을 준비시키는 역할을 할 뿐이다.

여섯째, 잠든 영을 깨우려 신의 사절이 천상에서 지상으로 파견되었다. 빛의 사절 곧 구원자가 파견된 것은 사람의 영혼에 그노시스를 주기 위해서다.

이상이 영지주의의 일반적 특징이다. 이에다 특별히 그리스도교적이라고 이름붙일 수 있는 특징도 더 있다. 이제 구원자가 그리스도로 제시되는 것이다. 이에 따르면 빛의 사절들 가운데 가장 위대한 이가 하느님의 로고스, 예수 그리스도다.[7] 예수는 지상에서 그노시스의 길을 가르치는 스승으로서, 그리고 신비를 거행하는 이로서 활동하였다. 예수가 보여 준 신비들, 혹은 성사들은 사람들을 그노시스로 인도하기 위함이며 사도들과 그 계승자들에게 위임되었다. 신비 혹은 성사의 거행을 통해 그리고 그노시스를 향한 노력을 통해 인간은 끊임없이 모든 한계와 구속에서 벗어나 해방으로 나아갈 수 있다. 다시 말해, 성사 거행과 그노시스 획득의 궁극적 목표는 물질적 실존에서 벗어나 최상신인 하느님께 되돌아가는 것이다.

이상이 영지주의와 그리스도교 영지주의를 특징짓는 요소들이다. 영지주의 성향의 작품들이 위에 열거한 요소를 다 지닌 것은 아니며 이 요소들을 다 갖추어야 영지주의라 부를 수 있는 것도 아니다. 작품에 따라 어떤 요소는 강하게 그리고 어떤 요소는 중요하지 않게 취급되기도 한다. 그리고 세세한 사항에서는 작품마다 판이하게 제시되기도 한다. 구원자의 이름도 다르고, 창조주의 이름이 다른 경우도 있다. 천상계 구조라든가 창조주가 사는 영역도

---

[7] '예수 그리스도'라는 말을 썼지만 영지주의자들은 예수와 그리스도를 구분한다. 이들에 따르면, 천상의 영적 존재인 그리스도가 예수의 몸을 빌려 지상에 내려왔으며 예수가 십자가형을 당하기 직전에 예수의 몸을 떠나 천상 세계로 돌아갔다. 따라서 그리스도는 죽지 않았다. 당연히 그리스도의 죽음을 통한 대속 개념도 거부된다.

작품에 따라 달리 제시된다. 그러나 크게 보아 위의 요소들을 갖추고 있을 때 영지주의라 부를 수 있다. 거꾸로 영지주의란 위의 요소들을 갖춘 사상체계라고 말할 수 있을 것이다.

그러나 여기서 유의해야 할 점은, 영지주의는 결코 일관된 사상체계가 아니었다는 것이다. 다양성과 혼합주의라는 표현이 잘 어울릴 정도로 영지주의는 집단마다 서로 다른 가르침과 관습을 표방하고 있었다. 현대 그리스도교처럼 모두가 따르고 믿어야 할 교리 같은 것도 없었다. 따라서 앞에 예시한 요소들은 모든 영지주의 집단에 일률적으로 적용되는 것이 아니라 여러 집단 사이에 어느 정도 보편화된 요소들이라는 의미로 받아들여야 한다.

영지주의의 기원

영지주의의 기원에 대해서도 학자들은 여러 상반된 의견을 내놓는다.[8] 영지주의 자체는 그리스도교보다 먼저 생겼다. 여기서 관심을 두는 것은 그리스도교 영지주의다.

여러 학자들은 그리스도교 영지주의가 유다이즘에서 나왔다고 제안하였다.[9] 이러한 주장을 펼친 사람들이 제시한 근거는 다음과 같다. 영지주의자들은 천사들의 위계, 주술과 주문, 이름들이 지니는 상징적 의미 등에 관심을 가졌는데, 이 모든 요소들은 2세기 유다이즘에서 공통적으로 찾아볼 수 있다. 이미 알렉산드리아의 필론을 위시한 유다교 학자들은 히브리 성경을 그리스 철학적 방법론으로 해석하는 기초를 마련해 놓았다. 당시 사람들에게 익

---

8) Lester, *The Everything Gnostic Gospels Book: A Complete Guide to the Secret Gospels*, 20-28을 참조하라.
9) 죠지프 댄, 『유대교 신비주의 카발라』, 44-47; King, *What is Gnosticism?*, 175-181 참조.

숙한 용어와 개념으로 유다교 성경을 해설하는, 이른바 성경의 재해석 과정의 토대가 닦인 것이다. 게다가 원래는 유다교 문헌이었지만 나중에 그리스도교 색채로 윤색된 작품들이 속속 발견되었다. 영지주의 문헌의 대표작으로 꼽을 수 있는 요한의 비전도 본디는 구약성경의 창세기를 바탕으로 저술된 유다교 문헌이었지만 나중에 그리스도교의 옷으로 갈아입은 것으로 추정된다. 진리의 증언도 마찬가지다. 이는 영지주의가 유다교에서 나왔으며 나중에 그리스도인들이 이를 받아들여 그리스도교 영지주의로 발전시켰다는 방증이 된다.[10]

    영지주의가 유다교의 영향만 받은 것은 아니다. 다른 종교와 철학도 영지주의자들과 같은 문제 곧 신과 인간의 본성이라든가 악의 문제, 고통과 죽음 문제에 관심을 가지고 해답을 추구하였다. 영지주의는 유다교 이외에 다른 철학이나 종교에서도 인간의 문제를 푸는 데 적합하다고 생각되는 개념들을 자유롭게 빌려왔다.[11] 고대 그리스의 오르페우스교Orphism도 그 가운데 하나다. 오르페우스교는 기원전 6-5세기부터 시작된 신비종교로서 에우리디케를 찾아 지옥까지 찾아 갔던 그리스 신화의 시인 오르페우스를 숭배한다. 오르페우스교가 영지주의 신학과 중요한 유사점을 공유하는 것은 잘 알려져 있다. 가령 인간의 영혼이 물질세계에서 고통을 겪는 것은 신들의 시대에 일어난 비극적 사건 때문이라고 보는 점이 그렇다. 타이탄들에게 찢긴 디오니소스의 영의 파편들(신적 요소)이 육체(육적 요소)에 들어가게 되었으며, 그리하여 육체는 영혼의 무덤이 되었다고 한다. 그리고 영혼은 감옥에 갇힌 수인처럼 육체에 갇혀 윤회의 바퀴를 돌고 있다고 한다. 그리고 올바른 삶을 살고 육식을 멀리한 "입문자들"만이 이 윤회의 사슬에서 벗어날 수 있으며 악인의 영혼은 환생을

---

10) Scholem, *Jewish Gnosticism, Merkabah Mysticism, and Talmudic Tradition*, 6-8 참조.

11) Stoyanov, *The Other God: Dualist Religions from Antiquity to the Cathar Heresy*를 보라. 저자는 영지주의가 고대 이집트 종교와 조로아스터교에 기원을 두었을 가능성을 제기한다.

거듭하다가(이는 보통 "영혼의 이주"transmigration of the souls라 불린다) 결국 지옥의 처벌을 받는다는 것이다. 영혼의 운명에 대한 오르페우스교의 설명은 영지주의 신화의 관점과 그 틀이 거의 똑같다.[12]

이집트 알렉산드리아 출신의 영지주의 교사들은 플라톤의 사상과 개념에 특별히 더 익숙했다. 가령 그들은 하느님이 전지전능하시고 지고지선하시기에 인간과 세상의 고통과 악에 책임이 있을 수 없다는 플라톤의 생각에 동의하였다. 플라톤의 하느님은 초월적 존재로서 물질계와는 관계를 맺을 수 없는 분이시라는 점에서 영지주의자들의 최상신 개념과 동일하다. 창조주 개념도 플라톤의 데미우르고스 개념에 영향을 받은 것이 틀림없다. 무엇보다 창조주의 작품인 물질 세계는 아무 의미가 없으며 영적 세계인 천상계만이 참된 세계로서 인간의 영이 돌아가야 할 본향으로 제시되는 점이 플라톤의 영향을 짐작케 한다.[13]

헤르메스주의 작품들에서도 영지주의와 비슷한 점이 상당히 발견된다.[14] 헤르메스주의 작품에서는 그노시스에 대한 강조 말고도 인간의 영혼이 물질계를 떠나 천상으로 비상하여 하느님을 직관하는 이른바 Visio Dei 개념이 자주 발견된다. 영혼이 신비주의적 방법으로 비상하여 하느님과 합일하는 것은 영지주의 작품에서도 자주 다뤄지는 주제다.[15]

---

12) Rudolph, *Gnosis: The Nature and History of Gnosticism*, 286.

13) Pearson, *Ancient Gnosticism: Traditions and Literature*, 15-18을 참조하라.

14) Rudolph, *Gnosis: The Nature and History of Gnosticism*, 25-26, 285. 헤르메스주의는 이집트 신 토트와 그리스신 헤르메스가 만나 이루어진 이집트의 전설적 신, 헤르메스 트리스메기스투스와 관련된 철학과 주술의 조합을 일컫는다. 코덱스 헤르메티카에 상당수의 헤르메스주의 작품이 간직되어 있다. 나그 함마디 문헌 가운데 '여덟째와 아홉째에 대한 담화'와 '감사의 기도'가 헤르메스주의 경향을 띤다. 두 작품은 헤르메스주의의 영향을 받은 영지주의 집단에서 만들어졌을 것이다.

15) '여덟째와 아홉째에 대한 담화'를 보라. 지식에 대한 강조는 물론이고 영혼이 비상하여 하느님을 뵙고 합일을 이루는 내용이 중심 주제이다. 영지주의 신앙의 발전에 대한 알렉산드리아와 헤르메스주의의 기여도를 고려할 때 수많은 영지주의 문헌들이 이집트

영지주의자들은 페르시아와 인도의 종교와 철학과도 유사점을 공유한다. 깨달음을 강조한다든가 영혼의 윤회를 믿는 점은 힌두교나 불교와 비슷하다. 영지주의 이론론은 페르시아 종교의 이원론과 비슷하다. 물론 페르시아 종교는 이 세상을 선과 악의 대결구도로 본다는 점에서 영지주의 이원론과는 조금 다르다. 영지주의자들은 영적 세계인 천상계와 물질적 세계인 지상계를 구분한다는 점에서 플라톤의 형이상학적 이원론에 더 가깝다.

그리스도교와 영지주의의 관계

영지주의는 유다교, 그리스 철학, 헤르메스주의, 페르시아와 인도 철학 등 다양한 방면에서 영향을 받았다. 그렇다면 다음과 같은 의문이 생긴다. 영지주의와 그리스도교는 무슨 관계일까? 그리스도교가 없었더라도 영지주의가 그처럼 발전할 수 있었을까? 예수님 사건이 영지주의 세계관에 반드시 필요한 요소였을까? 신약성경에서 확인되는 하느님과 구원자에 대한 그리스도교 신앙이 없이도 영지주의는 당시와 별 차이 없는 형태로 발전했을까?[16]

영지주의는 예수님의 이야기와 관련이 있지만 그리스도교 이외에 다양한

에서 발견된 것이 전혀 놀랍지 않다. 이집트야말로 영지주의가 꽃을 피울 수 있는 가장 훌륭한 토양이 되었기 때문이다. 특히 알렉산드리아는 헬레니즘 최대의 도시로서 상업적 교류와 더불어 다양한 사상과 종교의 교류가 활발히 이루어지던 문화도시였다. 자유로운 사상적 분위기와 함께 조상으로부터 물려받은 문화적 소양은 영지주의가 발전하기에 더없이 좋은 자산이었던 것이다.

16) 영지주의와 초대 그리스도교의 관계는 Hedrick/Hodgson, *Nag Hammadi Gnosticism and Early Christianty*를 보라. 나그 함마디에서 발굴된 영지주의 문헌들에 대한 전문가들의 주해가 실려 있다. Perkins, *Gnosticism and the New Testament*; Roukema, *Gnosis and Faith in Early Christiany*도 참조하라.

신조와 철학에서 영향을 받은 것이 사실이다. 실제로 그리스도교 이전에 영지주의의 씨앗은 이미 배태되어 있었다. 그러나 영지주의가 꽃을 피운 때는 그리스도교와 만나면서부터였다. 곧 유다교나 그리스 철학과 헤르메스주의 등 다양한 사조의 영향을 받은 영지주의자들이 그리스도교 신앙을 만나 이를 자기 것으로 소화하는 과정에서 태어난 것이 그리스도교 영지주의, 혹은 영지주의 그리스도교였다. 그리고 영지주의 역사상 가장 큰 꽃을 피웠던 형태가 바로 그리스도교 영지주의였다. 영지주의가 그리스도교를 만나지 않았더라면 그처럼 발전하지 않았을지도 모르는 일이다.

여기서 품게 되는 의문점은 예수님 혹은 예수님의 가르침 자체가 영지주의 성향을 가졌느냐 하는 것이다. 다시 말해 영지주의 복음서들이 과연 예수님의 가르침을 반영하느냐는 문제다. 아니면 후대의 영지주의자들이 자신들의 생각을 예수님께 소급하여 그분의 가르침인 양 위장하였느냐는 것이다. 정통 교부들은 후자라고 주장하였다. 영지주의자들이 전하는 예수님의 모습은 결코 예수님의 참모습이 아니며, 예수님은 결코 그들의 가르침과 같은 가르침을 주신 적이 없다는 것이다. 그들이 자기네 가르침을 예수님의 입에 옮긴 것에 불과하다는 말이다.

교부들의 비난이 사실일지라도 영지주의 그리스도교를 단순히 이단으로 치부하고 말 수는 없다. 그리스도교 영지주의는 헬레니즘 세계의 이방인들이 그리스도교 신앙을 자신이 이해할 수 있는 언어로 바꾸는 과정에서 생긴 재해석의 결과이기도 하기 때문이다. 따라서 영지주의 그리스도교는 초대 교회 안에서 생겨난 여러 경향 가운데 하나로 보아야지 교회 바깥의 이단 집단으로 보아서는 안 된다. 영지주의 그리스도교도 긍정적이든 부정적이든 초대 교회 역사의 일부인 셈이다.

제3장
영지주의의 역사: 시작부터 오늘날까지

초창기 영지주의 교사들에게 가르침을 어디서 얻었는지 묻는다면 그들은 무어라 대답할까? 자신이 예수나 셋, 아담과 같은 천상에서 파견된 사절 혹은 계시자를 통해 비밀 가르침을 얻었다고 답하지 않을까? 그리스도인들은 신구약성경을 인간 저자가 성령의 영감을 받아 기록했다고 믿는다. 마찬가지로 영지주의 교사들은 자신이 천상적 존재에게서 계시 받은 내용을 가르치고 기록하였다고 주장한다. 자신의 가르침이 이 땅의 다른 인간에게서 배운 내용이 아니라는 것이다. 그러나 영지주의자들 역시 시대와 문화의 자녀들이었다. 그들의 가르침도 어느 한순간 하늘에서 뚝 떨어진 것이 아니라 그 시대 역사와 문화의 산물이었다. 그런 의미에서 영지주의 사상을 역사적으로 추적하는 것이 의의가 있다.[1] 따라서 영지주의의 시작부터 오늘날까지 그 역사를 살펴보고자 한다. 영지주의의 시작에 대한 역사는 유명한 영지주의 교사들에게서부터 출발한다.

---

[1] 영지주의의 역사에 대해서는 Filoramo, *A History of Gnosticism*을 보라. 영지주의 작품에 대한 주석도 곁들여져 있다. Hoeller, *Gnosticism: New Light on the Ancient Tradition of Inner Knowing*, 93-127; Pearson, *Ancient Gnosticism: Traditions and Literature*, 25-33, 134-189도 참조하라.

초창기 영지주의 교사들:
사마리아에서 알렉산드리아와 시리아까지

역사적·지리적 측면에서 바라볼 때 영지주의는 초대 그리스도교와 같은 시대 같은 장소에서 생겨나고 발전했다. 더 정확히 말해 그것은 초대 그리스도교 안에서 영지주의 사조를 추앙하는 분파로 자라나고 발전하였다. 신학의 차이가 영지주의자들을 원-정통 교회에서 분리되어 나오게 했지만 그전까지는 모두 다 그리스도를 믿는 한 형제자매였다. 영지주의 그리스도교 역시 원-정통 교회와 함께 팔레스티나, 시리아, 사마리아, 아나톨리아(소아시아)와 이집트를 아우르는 넓은 지역에서 생겨나고 자라났다.

영지주의의 기원을 이란과 인도의 종교와 사상에서 찾는 학자들도 있었으나 지금은 이들의 주장이 받아들여지지 않는 추세다. 묵시주의와 계시, 메시아 대망 사상, 신비주의적 금욕 공동체들로 특징지을 수 있는 이집트와 중동 땅이 영지주의가 탄생하고 발전한 요람이었다고 보는 것이 가장 옳을 듯하다.

시몬 마구스

역사적으로 알려진 최초의 영지주의 교사는 마술사로 불린 시몬 마구스다.[2] 시몬은 사마리아의 기타에서 태어났다. 그를 비난하는 사람들 중에는 그가 날 때부터 이단이었다고 말하는 사람도 있었다. 그가 태어난 사마리아에서는 예루살렘 성전을 거부하고 그곳에 있는 거룩한 산(그리짐 산)에서 예배를 드

---

[2] 시몬 마구스에 대한 전반적 정보와 연구 현황은 Haar, *Simon Magus: The First Gnostic?*을 보라. 사도행전 및 여러 교부들의 시몬 마구스에 대한 시각과 묘사는 같은 책, 71-131 참조. Rudolph, *Gnosis: The Nature and History of Gnosticism*, 293-298도 참조.

렸다. 시몬은 세례자 요한의 제자였을 가능성이 있다(참조: 차명-클레멘스 『강론』 2.23).[3] 시몬 마구스의 삶과 가르침에 대해 알려 주는 자료들 가운데 가장 오래된 것은 사도 8,9-12의 짤막한 구절이다.

"그 고을(사마리아)에는 전부터 시몬이라는 사람이 살고 있었는데, 그는
마술을 부려 사마리아의 백성을 놀라게 하면서 자기가 큰 인물이라고
떠들어 댔다. 그리하여 아이에서 늙은이에 이르기까지 모두,
'이 사람이야말로 위대한 힘이라고 하는 하느님의 힘이다' 하며 그의
말에 귀를 기울였다. 사람들이 그의 말에 귀를 기울인 것은 그가
오랫동안 마술로 그들을 놀라게 하였기 때문이다."

이어지는 대목에서 시몬은 필리포스에게 감화되어 세례를 받았으며, 사도들의 안수로 사람들에게 성령이 주어지는 것을 보고 놀라 그들에게 돈을 가져다 바치면서 "저에게도 그런 권능을 주시어 제가 안수하는 사람마다 성령을 받을 수 있게 해 주십시오" 하고 간청했다고 전한다(사도 8,13-21).[4]

순교자 유스티누스에 따르면 시몬은 클라우디우스 황제 재임(41-54년) 때 활동했으며 사마리아와 로마 등지에서 수많은 추종자를 거느리면서 신적 존재로 추앙받았다(『1호교론』 26).[5]

영지주의의 최대 반대자인 리옹의 주교 이레네우스는 시몬에 대해 비교적 긴 기록을 남겼다(『이단 논박』 1.23.1-5). 반대자의 기록이 시몬의 사상을 후대에까지 전하는 수단이 되었던 셈이다. 시몬의 가르침은 체계적 우주론을 갖춘 후

---

3) Hoeller, *Gnosticism: New Light on the Ancient Tradition of Inner Knowing*, 94 참조.

4) 이에 베드로가 시몬에게 하느님의 선물을 돈으로 살 수 없으며 그가 돈과 함께 망할 것이라고 경고한다. 그리고 시몬은 악을 버리고 회개하여 주님께 간구하라는 베드로의 말을 듣고 그에게 자기를 위하여 주님께 빌어달라고 청한다(사도 8,22-24).

5) Haar, *Simon Magus: The First Gnostic?*, 87-89 참조.

대의 영지주의와는 조금 달랐다. 이레네우스가 전하는 시몬의 가르침은 다음과 같다.[6]

궁극적 실재인 하느님이 존재하신다. 이 하느님이 첫 번째 생각인 엔노이아Ennoia를 방출하였다. 여성인 엔노이아는 만물의 어머니로서 하느님의 계획에 따라 천사와 대천사들을 창조한다. 세상의 창조자로서 엔노이아는 세상의 영혼이기도 하다. 그런데 그녀가 창조한 천사와 대천사들 가운데 몇몇이 그녀에게 등을 돌려 그녀를 가두고 모욕한다. 질투와 무지에 사로잡힌 그들은 자신들의 어머니를 알아보지 못하고 그들보다 위에 계신 하느님의 존재도 알지 못한다. 엔노이아는 자신이 몸소 낳은 세력들에 의해 수감자로 전락했다가 결국에는 인간의 몸속에 갇히게 된다. 인간의 몸이 엔노이아에게 최후의 감옥이 된 셈이다. 엔노이아는 이 몸에서 저 몸으로 옮겨 다니는 고통스런 환생 과정에서 트로이의 헬레나로 태어나 고대 세계 최대의 전쟁인 트로이 전쟁의 원인이 되기도 한다. 마침내 최상신은 엔노이아를 구하기 위해 자신의 일부를 보낸다(이레네우스 『이단 논박』 1.23.1-2).

이 이야기에서 소피아 신화의 탄생이 감지된다. 데미우르고스 같은 존재는 언급되지 않지만 사악한 천사들과 대천사들이 데미우르고스와 그의 아르콘들과 비슷한 역할을 한다. 시몬의 구원론에도 예수가 포함되었던 것 같다. 시몬의 제자들이 하느님께서 당신의 아들을 처음에는 예수의 형상으로 이 땅에 보내셨다고 주장했기 때문이다. 나중에는 하느님의 아들이 사마리아 땅에는 시몬으로, 다른 나라들에는 성령으로 나타났다는 것이다.

이레네우스가 전하는 시몬의 이야기에는 연애담도 포함되어 있다. 시몬은 헬레나라는 창녀를 만나 자신의 동반자로 삼는다. 시몬은 트로이의 헬레나가 환생한 사람이 바로 창녀 헬레나이며 자신은 위대한 힘, 곧 하느님의 현현이라 선언한다. 이후 시몬과 헬레나는 영지주의자들에게 이상적인 남녀 한 쌍으

---

6) Haar, *Simon Magus: The First Gnostic?*, 89-94 참조.

로 제시된다. 시몬의 이야기는 영지주의 신화의 초창기 버전이라 할 수 있다. 그 기본 구조는 다음과 같다. 남녀양성동체의 분리, 여성인 신적 존재(엔노이아)의 하강과 고립 및 물질세계의 창조, 엔노이아의 추락과 수감, 엔노이아를 구원하기 위해 하느님의 대리자가 구원자로서 파견됨 등이다(참조: 히폴리투스 『이단논박』 5.14).

시몬 마구스는 외경인 베드로 행전과 『차명-클레멘스』에도 등장한다.[7] 여기서 시몬 마구스는 하늘을 나는 능력이 있었으며 그러한 능력을 이용하여 사람들을 현혹한 것으로 묘사된다. 시몬이 하늘을 날아다녔다는 것은 물리적 사건으로 이해할 수도 있지만 이를 하나의 비유로 받아들일 때 그 뜻이 분명해진다. 하늘을 난다 함은 무엇보다 영혼과 영이 육체라는 올가미에서 벗어나 자유롭게 비상하는 것, 곧 해방을 의미한다. 영지주의자들의 관점에서 영이 비상하여 천계를 비행하는 것은 그노시스를 획득할 때 일어나는 해방의 체험이다. 따라서 시몬이 하늘을 날아다녔다는 것은 그가 물리적으로 새처럼 날아다녔다는 뜻일 수도 있지만, 그노시스를 얻음으로써 자유로워진 그의 영이 하늘 위로 비상하였다는, 이른바 '영(혼)의 상승' ascent of the soul 체험을 은유적으로 표현한 말일 수도 있다. 이러한 영혼의 상승 능력은 영지주의자들의 선각자라는 시몬의 역할을 잘 드러낸다.

메난드로스와 사투르니누스

사마리아 출신의 영지주의 교사들 중에 메난드로스도 있다.[8] 그는 시몬 마구스나 다른 원-정통 교회 사도들과 같은 시대를 살았다. 그의 중심 활동지는

---

7) Haar, *Simon Magus: The First Gnostic?*, 109-116 참조.

8) Rudolph, *Gnosis: The Nature and History of Gnosticism*, 298 참조.

안티오키아였다. 그곳은 베드로와 바오로 사도에 힘입어 일찍부터 그리스도교 공동체가 발달한 곳이기도 하였다. 시몬과 마찬가지로 메난드로스도 마술사로 유명했으며, 인간은 믿음에 의해서가 아니라 그노시스(깨달음)에 의해 구원된다고 가르쳤다. 그리고 물질 세계를 창조한 하급신과 최상신을 따로 구분하여 설명하였다. 순교자 유스티누스는 메난드로스가 시몬의 제자였으며 수많은 추종자를 거느렸다고 한다. 그리고 그가 죽은 뒤에도 그의 추종자들이 소아시아에서 활발한 활동을 벌였다고 전한다(『1호교론』 26).

유스티누스는 사투르니누스(또는 사토르닐루스)도 시몬 마구스의 제자로 제시한다(『트리폰과의 대화』 35). 사투르니누스는 주로 1세기 후반에 활동하였다. 이레네우스는 그가 인간의 힘으로 알 수 없는 하느님 아버지에 대해 가르쳤다고 기록한다(『이단 논박』 1.24.1-2). 그는 이 초월적 하느님과 인간 세계를 잇는 중간자적 존재들에 대해서도 가르쳤는데, 그 가운데 천계의 일곱 지배자, 물질 세계를 창조한 하급신들도 포함된다. 이 하급신들이 인간의 육체를 만들었다고 한다. 사투르니누스에 따르면 어둠의 세력들이 신적 섬광을 물질 속에 가두었는데, 물질 속에 갇힌 신적 섬광 중에 인간의 영도 포함된다. 그리고 구원자는 사람의 형상을 하고 천상에서 이 땅에 내려와 어둠의 세력들을 물리치고 신적 섬광인 영을 육체의 감옥에서 해방시켰다(이레네우스, 『이단 논박』 1.24.1-2).

사투르니누스의 가르침에서 인류 창조에 관한 영지주의 신화의 초창기 형태가 엿보인다. 사투르니누스의 이야기는 단순하지만 그 골격은 후대의 영지주의 작품에 나오는 복잡한 창조 신화와 비슷하다. 그에 따르면, 창조주들이 하늘에 있는 눈부신 형상을 보고 그것을 본떠 그와 비슷한 것을 만들려고 하였다. 그때 그들이 했던 말이 "이 모상으로 이것과 비슷하게 사람을 만들자"이다. 그러나 그들의 시도는 수포로 돌아간다. 그들이 만든 것이 천상의 형상과 비슷하기는 했지만 아무 힘이 없어서 바닥에서 일어서지도 못했던 것이다. 그러자 천상에서 생명의 불꽃을 내려 보내어 그 피조물에게 영혼을 불어넣어준다. 그리하여 창조주가 만든 그 피조물은 생명을 얻고 움직일 수 있게 되었다고 한다(히폴리투스 『이단 논박』 7.16).

― ◆◆◆ ―

영지주의자들이 어떤 환경에서 살았는지, 그들이 취한 삶의 양식과 태도는 어떠했는지 정확히 알려 주는 자료는 그리 풍부하지 않다. 결국 그들의 자취나 흔적을 찾는 일이 그리 쉽지가 않다. 영지주의자들의 최초의 본거지는 팔레스티나, 사마리아, 시리아와 안티오키아 등지였지만 그들이 가장 크게 꽃을 피운 곳은 이집트였다. 당시 이집트에는 알렉산드로스 대제의 헬레니즘 정책 덕분에 유입된 그리스-로마의 사상과 문화가 이집트 고유 문화와 융합되어 새로운 형태로 자라나고 있었다. 특히 알렉산드로스 대제가 세운 알렉산드리아는 당시 지중해 세계의 대표적 헬레니즘 도시로 발전하였다. 주변 도시와의 문화적 교류도 활발히 일어났던 그곳에서는 다양한 사상과 문화가 용인되고 자유롭게 발전할 수 있었다. 알렉산드리아에서 영지주의가 꽃을 피울 수 있었던 이유도 그 도시가 지닌 자유와 관용 덕분이었을 것이다.

카르포크라테스

초세기 알렉산드리아의 자유로운 분위기를 감안할 때 그 당시에 활동했던 영지주의자 카르포크라테스를 이해하기가 한결 쉬워진다. 카르포크라테스는 그리스 케팔로니아 섬에서 태어났지만 어린 시절 알렉산드리아로 이주하였다.[9] 그는 동시대의 다른 영지주의자들보다 더 깊이 플라톤 사상의 영향을 받았던 것 같다. 그는 영지주의 공동체에서 지내면서 수많은 제자를 모아들였다. 그는 당연히 많은 이단 논박가들의 표적이 되었다. 이레네우스를 필두로 하여

---

9) Rudolph, *Gnosis: The Nature and History of Gnosticism*, 299; Pearson, *Ancient Gnosticism*, 39-42 참조.

(『이단 논박』 1.25.1-5), 그에게서 정보를 얻은 테르툴리아누스, 히폴리투스, 에피파니우스가 뒤를 이어 카르포크라테스를 공격하였다.

카르포크라테스는 플라톤의 영향을 강하게 받은 영지주의 그리스도인이었다. 그 역시 세상은 최상신이 아니라 그분보다 열등한 천사들에 의해 창조되었다고 가르쳤다(이레네우스 『이단 논박』 1.25.1). 예수는 자신의 기원, 곧 하느님과 함께 지내던 시절을 기억하는 몇 안 되는 사람들 중 하나였다. 예수는 자신의 기원을 기억함으로써 하느님으로부터 위대한 능력과 은총을 받았다. 그리하여 그는 높은 데로 비상하여 아르콘들의 영역을 통과하고 마침내 천상의 하느님께로 되돌아갈 수 있었다. 카르포크라테스와 그 제자들은 예수님의 말씀을 마음에 간직하였다. 곧 저급한 신들의 구속에서 벗어나는 모든 영혼이 예수님처럼 하늘 높이 올라가서 그분이 받은 것과 같은 해방의 그노시스를 얻을 수 있다고 믿었다(이레네우스 『이단 논박』 1.25.1-4).

카르포크라테스 분파는 여성을 지도자로서 선호하였다고 전한다(이레네우스 『이단 논박』 1.25.6). 카르포크라테스의 부인인 알렉산드라 외에도 마르켈리나라는 여자도 주요 인물로 알려져 있다. 마르켈리나는 150년경 로마에서 이 분파의 대표자가 되었다. 이 분파는 예식에 조각과 그림도 이용했는데 그 가운데 예수의 초상도 포함되었다고 한다. 알렉산드리아의 클레멘스는 카르포크라테스의 추종자들이 주의 공현 축일 날 밤에 코레(Kore, 페르세포네) 여신상을 모시고 지하 묘소에서 예배당까지 행진하였다고 전한다(알렉산드리아의 클레멘스 『잡록』 3.2.10).

카르포크라테스의 가르침 가운데 환생 개념이 가장 중요하다. 사실 환생 개념은 거의 모든 영지주의 분파의 가르침에 함축되어 있지만 카르포크라테스의 경우 환생을 명시적으로 언급한다(이레네우스 『이단 논박』 1.25.4; 히폴리투스 『이단 논박』 7.20). 이레네우스가 전하는 영지주의자들의 환생 개념은 대략 다음과 같다(『이단 논박』 1.25.4). 인간의 영은 세상을 구성하는 초물질적 세력의 구속을 벗어나지 못하는 한 계속해서 태어나고 또 태어난다. 몸만 바꿀 뿐 같은 영이 반복해서 태어나는 것이다. 인간의 영이 이러한 세력들에서 해방되어 자립할 수 있으려면 인간이 할 수 있는 모든 활동과 조건을 다 거쳐야 한다.[10] 그렇게 해서 인간의 영이 지상 세계가 제공하는 모든 것들에 익숙해지면 차츰차츰 세상의 매혹에서 벗어나게 된다. 이것이 해방의 전제조건이다. 그리고 인간이 참깨달음, 곧 그노시스를 얻을 때 마침내 환생이 멈춘다.

이레네우스는 카르포크라테스와 그 추종자들이 성적으로 방만한 생활을 했으며 주술을 행하고 죽은 사람의 영을 불러들이기도 했고 그 영들의 도움을 얻어 꿈도 해석했다고 고발한다(『이단 논박』 1.25.3-5; 히폴리투스 『이단 논박』 7.20).[11] 이레네우스의 고발이 사실에 근거한 것인지, 오해에서 비롯된 것인지, 그것도 아니면 그저 비난을 위한 비난이었는지 알아낼 길은 없다. 다만 깨달음을 얻어 이 세상의 한계를 넘어선 사람이라면(영적 인간), 혹은 적어도 스스로 그렇게 믿는 사람이라면 다른 사람들과 사뭇 다른 삶을 살았을 것이라 짐작할 수 있다. 환생의 고리를 끊기 위해 모든 경험을 다 해봐야 한다고 믿었다면 실제로 다른 그리스도인들이 보기에 문란한 성생활을 할 수도 있었을 것이다. 그리고 주술이나 마술을 행했을 가능성도 크고 일반인들이 보기에 기적으로 보이는 일들도 일으켰을 법하다. 사실 신약성경은 예수님과 그 제자들도 기적을 행했다고 묘사한다. 당대 세계에서 마술과 기적은, 자연법칙을 벗어나는 좀처럼 일어나지 않는 일이었지만 전혀 불가능한 일도 아니었다.[12]

---

10) 그렇다면 인간의 영이 해방되기 위해서는 온갖 종류의 체험을 다 해봐야 하므로 아무리 끔찍하고 천박한 일이라도 모두 저질러야 한다는 결론이 나온다. 그래야만 이 세상에서 해방되어 자유를 얻을 수 있겠으니 말이다. 그러나 카르포크라테스의 제자들이 실제로 그런 방만한 삶을 살았을 법하지는 않다.

11) 카르포크라테스와 그 추종자들에 대한 이레네우스의 비판은 혹독하다. 그들은 마술과 주술을 행하면서 미약과 사랑의 묘약을 만들기도 하고 혼령들과 성관계를 나누기도 하는 등 온갖 추악한 일을 서슴지 않았다고 한다. 이 세상의 모든 지배자와 그 안에 존재하는 모든 것을 다스릴 권한이 그들에게 있기에 어떤 행동도 허용된다고 주장했다는 것이다(『이단 논박』 1.25.3-4).

12) 1-2세기 지중해 세계의 '마술'과 '마술사' 개념에 대해서는, Haar, *Simon Magus: The First Gnostic?*, 132-144 참조.

어쨌든 영지주의자들에게 가장 위대한 마술은, 하늘을 나는 것이나 죽은 사람의 영을 불러들이는 것이 아니라 깨달음을 통해 물질과 육체의 속박에서 벗어나 참자유를 누리는 것이었을 터이다. 그들이 진정으로 추구하던 것은 다름 아닌 깨달음과 진정한 자유와 해방이었기 때문이다.

에데사의 바르 다이산

카르포크라테스보다 조금 뒤에 시리아에서는 철학자이자 임금의 자문 역할을 했던 귀족 바르 다이산(혹은 바르데사네스)이 활약하였다.[13] 그는 155년 에데사에서 태어나 같은 곳에서 233년에 죽었다. 그는 에데사 압가루스 왕실의 신임을 얻었으며 당시 왕세자와 어린 시절부터 교분을 나누다가 세자가 왕좌에 오르자 왕실 고문이 되어 새 임금의 오른팔 역할을 하였다. 바르 다이산은 임금과 왕국의 백성을 그리스도교로 개종시키는 데 성공하였다. 당시 에데사는 최초의 그리스도교 국가라 해도 과언이 아닐 정도로 그리스도교 신자들의 비율이 높았다. 그런데 바르 다이산이 믿은 그리스도교는 영지주의 성향이 강했던 듯하다. 어쨌든 몇 십 년 뒤 로마의 카르칼라 황제가 압가루스 임금의 왕좌를 박탈했는데 이때 바르 다이산은 로마 당국자들 앞에서 유창한 언변으로 그리스도교를 옹호했다고 한다.

바르 다이산은 학식과 교양이 풍부한 사람으로서 아르메니아의 그리스도교 문학에도 공헌하였다. 그는 인도의 종교에도 조예가 깊었으며 그에 관한 책을 저술하기도 했다.[14] 바르 다이산은 무엇보다 영지주의 그리스도교에 관

---

13) 바르 다이산의 생애와 가르침에 대해서는 Drijvers, *Bardaisan of Edessa*, 213-228; Rudolph, *Gnosis: The Nature and History of Gnosticism*, 327-329 참조.
14) 나중에 신플라톤주의자 포르피리우스가 『금육』 4.17에서 이 책을 인용한다.

한 저술가로서 큰 명성을 얻었다. 그리스어 문체와 수사법에도 능통하였으며 시리아어뿐 아니라 그리스어로도 집필하였다. 그의 책은 그리스어로 기록되었든 시리아어로 기록되었든 모두 감동적인 시적 문체로 유명하였다. 전해져 오는 그의 저술 목록에는 '빛과 어둠', '진리의 영적 본성', '안정한 것과 불안정한 것', '운명에 관하여' 등이 포함되어 있다. 이 작품들은 단편으로만 남아 있다. 지금껏 전해지는 『나라들의 법률들에 관한 책』이라는 제목의[15] 논고집에 그의 가르침이 잘 요약되어 있다. 바르 다이산은 그리스도교 찬가인 마드라샤의 창시자로도 알려져 있다. 마드라샤는 종교시에 음을 붙여 찬가 형태로 만든 것으로 교회 예배 때 불렸다. 바르 다이산은 구약성경의 시편과 비슷하게 150편의 마드라샤를 지어 찬가집으로 만들기도 했다. 120여 년 후 시리아의 정통 그리스도인 에데사의 에프렘은 바르 다이산을 이단으로 고발하면서도 그의 찬가를 본떠 자기 역시 수많은 마드라샤를 짓고 보급하였다.

『나라들의 법률들에 관한 책』을 통해 바르 다이산이 지닌 영지주의 성향을 확인할 수 있다. 인간은 몸·영혼·영, 이렇게 세 요소로 이루어져 있다. 그 가운데 몸은 물질 세계에서 나왔다. 영혼은 천계에서 유래한 혼적 요소다. 영혼이 행성들의 영역인 천계를 통과해 와서 인간의 몸속에 들어가게 된 것이다. 따라서 점성술이 인간의 운명을 이해하는 데 매우 중요한 역할을 한다. 영은 신적 요소이다. 영이 하느님에게서 유래했다는 말이다. 따라서 영은 인간과 신을 이어 주는 연결고리가 된다. 우주가 물질과 영의 대결이라는 특징을 가지듯이 인간 차원에서도 인간의 본질과 운명 사이에 갈등이 존재한다.[16]

바르 다이산의 가르침은 정통 교회의 육신의 부활 개념과 거리가 멀었다. 바르 다이산에 따르면, 인간이 죽으면서 물질로 된 육체는 물질로 되돌아가고

---

15) 이 책은 드라이버스에 의해 현대어로 번역·출간되었다: Drijvers, *The Book of the Laws of Countries: Dialogue on Fate of Bardaisan of Edessa*.

16) Drijvers, *Bardaisan of Edessa*, 152-156 참조.

영혼과 분리되어 서로 다른 운명을 걷는다. 영혼은 지상과 행성들에서 모아들인 부착물들을 모두 방출한 뒤 영과 결합하여 빛의 신방으로 들어가기 때문이다. 예수 그리스도가 오시기 전에는 영혼이 하느님께 되돌아가는 것이 불가능하였다. 그러나 그리스도께서 당신의 가르침과 신비들을 통해 아담의 시대부터 우리의 영혼에 부착된 장애물들을 제거하셨다고 한다. 그리하여 마침내 인간이 지상의 속박에서 해방되는 일이 가능해졌다는 것이다. 이러한 논리에 육신의 부활이 들어설 자리는 없다. 물질은 물질 세계로, 영혼은 영의 세계로 저마다 유래한 곳으로 되돌아가기 때문이다.[17]

학자들은 바르 다이산이 토마 전승에 영향을 미쳤을 것으로 본다.[18] 토마 전승에 따르면 시리아에 처음 그리스도교를 소개한 사람이 토마 사도였다. 그리하여 토마 사도는 시리아 정교회의 창설자이자 수호성인으로 추앙받고 있다. 바르 다이산 역시 시리아 그리스도교의 첫 공적 지도자였으며 시리아에서 그리스도교를 국교 차원으로 끌어올린 장본인이기도 했다. 따라서 토마 전승과 바르 다이산은 서로 연결될 수밖에 없었을 것이다. 토마 복음은 시리아 그리스도교의 특징과 영지주의 전통의 특징을 고루 갖추고 있다. 용사 토마의 책, 토마 행전 등과 같은 책들도 마찬가지다. 어떤 학자들은 토마 행전의 일부 대목을 바르 다이산이 썼을 것으로 본다. 유명한 진주의 찬가(토마 행전 108-113장)가 대표적인 예다. 진주의 찬가는 동방의 왕자가 부모님의 명령으로 어려운 임무를 수행하기 위해 안전한 왕궁을 떠나 먼 나라로 파견된 이야기다. 그가 맡은 임무는 이집트에 가서 용이 지키고 있는 진주를 가져오는 것이다. 왕자는 이집트에서 그들의 음식을 먹으며 그곳에 동화되어 자신이 그곳에 온 목적을 잊고 깊은 잠에 빠진다. 이 소식을 들은 가족이 그에게 "일어나 잠에서 깨어나라. 그리고 편지의 말들에 귀를 기울여라. 네가 임금들의 아들임을 기

---

17) Drijvers, *Bardaisan of Edessa*, 157-160 참조.
18) Smith, *A Dictionary of Gnosticism*, 39 참조.

억하라. 너는 종살이의 멍에를 메었다. 금이 박힌 너의 옷을 기억하라. 진주를 기억하라. 네가 이집트에 파견된 것은 그것 때문이다" 하고 시작하는 편지를 보낸다. 편지를 읽은 왕자는 자신이 왜 이집트에 왔는지 기억해 내고는 용에게 가서 그를 물리치고 진주를 빼앗는다. 왕자는 진주를 가지고 왕궁으로 향하는데, 그 길에 자기를 위해 만들어진 옷을 받아 입고 자신이 누구인지 깨닫고 아버지의 왕궁으로 돌아간다. 진주의 찬가는 앞서 언급한 바르 다이산의 가르침 내용과 매우 유사하다. 바르 다이산의 가르침을 시적으로 표현한 듯한 모양새다. 바르 다이산의 주요 가르침이 진주의 찬가에 나타난다. 혼인의 찬가(토마 행전 6—7장)도 마찬가지다. 이 찬가는 바르 다이산도 말한 바 있는 빛의 신방에서 치러지는 천상의 혼인을 언급하고 있다.[19] 그러나 문제는 남는다. 바르 다이산이 혹은 그의 제자가 이 찬가들을 토마 행전에 삽입했을까? 아니면 바르 다이산이 토마 전승에서 영지주의 가르침을 얻었을까? 아니면 둘이 비슷한 전승을 공유한 것일까? 어느 쪽이 진실이든 바르 다이산과 토마 전승의 유사성과 관련성을 부인하기는 어려울 것이다.[20]

— ◆◆◆ —

그리스도교 역사에서 첫 200년 동안은 아직 정통이라는 기준이 마련되어 있지 않았었다. 당시 그리스도교회는 다양한 믿음과 관습을 따르는 여러 공동체들이 비교적 느슨하게 연결되어 있었으며 예수님에 관한 가르침도 모든 공

---

19) "신랑과 신부는 … 영원한 이들만 누릴 자격이 있는 향연에 머물며 왕가의 예복을 입고 빛나는 겉옷을 두를 것이라네. 둘은 기쁨과 복락 속에 머물며 만물의 아버지를 찬양할 것이라네. … 그들은 그분의 불멸의 양식을 받았으며 더 이상 부족함이 없다네. 그들은 자신들에게 갈증과 욕망을 주지 않은 포도주도 마셨다네. 그들은 진리의 아버지와 지혜의 어머니에게, 살아 계신 영과 함께 찬양을 드리며 찬미가를 불렀다네?"(토마 행전 7장)

20) Hoeller, *Gnosticism: New Light on the Ancient Tradition of Inner Knowing*, 109 참조.

동체에서 일관되게 선포되지는 않았다. 이러한 상황은 특히 시리아나 이집트 같이 헬레니즘 문명의 영향이 강하던 지역에서 더욱 심하였다. 그러다가 2세기에서 3세기로 전환되던 시점에 전체 교회 안에 이른바 원-정통 교부들을 중심으로 일치 분위기가 조성되면서 그들과 다른 가르침을 전하는 사람들은 교회의 기억에서 점차 멀어지게 되었다. 교회가 다양성보다는 통일성이라는 측면이 강화되면서 바르 다이산도 점차 교회 역사에서 잊혀졌다. 그렇지 않았다면 바르 다이산 역시 교회 안에서 특출한 지도자이자 신심 깊은 교사로서 기억되었을 법하다.

영지주의의 절정기

영지주의 대가들은 대개 환시를 보았다고 주장했다. 그들이 본 환시는 종류도 다양하였다. 그리스-로마 시대의 마술은 주로 세속적 목적을 위한 것이었다. 물질적 재화를 얻거나 건강을 회복하거나 날씨를 바꾸거나, 다른 사람들을 지배할 수 있도록 특별한 정신적 능력을 얻고자 하는 등의 이유에서 마술을 행했던 것이다.[21] 반면에 영지주의자들이 추구했던 환시 체험은 그런 목적과는 거리가 멀었다. 그들은 내면의 변화 혹은 내적 초월 체험을 갈망했다. 바오로 사도가 다마스쿠스로 가는 길에 주님을 뵌 체험도 이런 체험에 속한다. 주님을 환시로 뵌 이후에 일어난 것은 바오로 사도의 삶 자체를 바꾼 내면의 변화였던 것이다. 위대한 영지주의 스승들도 사도 바오로를 뒤따랐던 것으로 볼 수 있다. 그들에게 일어난 환시 체험 역시 그들의 삶을 바꾸고 구원을 가져온 영적 체험이었기 때문이다.

---

21) Haar, *Simon Magus: The First Gnostic?*, 134-139 참조.

발렌티누스

모든 영지주의 교사에게 가장 많은 영감을 준 사람은 바오로 사도였지만 발렌티누스도 바오로만큼이나 다른 사람들에게 영향을 주었다. 그는 바오로 사도의 친구이자 제자였던 테우다스(혹은 테오다스)의 제자였다고 전해진다.[22] 사실 바오로 서간에서 영지주의의 씨앗이 된 요소들이 적지 않게 발견된다. 바오로 사도가 말하는 선택된 사람들만 알 수 있다는 "숨겨진 신비들"과 "숨겨진 지혜"가 그 예다. 그러나 영지주의자들에게 가장 큰 영감을 준 것은 바오로의 특정 가르침이나 단어가 아니다. 그보다는 바오로 사도가 다른 사도들과 달리 예수님의 제자로서 키워진 사람이 아니라 자신만의 체험을 통해 깨달음을 얻었다는 사실이었다. 영지주의자들이 보기에 다마스쿠스 체험은 그노시스 체험과 다를 바 없었다.

바오로가 셋째 하늘까지 들어 올려진 사실을 이야기하는 대목도 영지주의자들의 시선을 끌었음에 틀림없다. "나는 그리스도를 믿는 어떤 사람을 알고 있는데, 그 사람은 열네 해 전에 셋째 하늘까지 들어 올려진 일이 있습니다. 나로서는 몸째 그리되었는지 알 길이 없고 몸을 떠나 그리되었는지 알 길이 없지만, 하느님께서는 아십니다 … 낙원까지 들어 올려진 그는 발설할 수 없는 말씀을 들었는데, 그 말씀은 어떠한 인간도 누설해서는 안 되는 것이었습니다"(2코린 12,2-4). 이어서 사도는 자기가 들은 계시 말씀은 엄청난 것이기에 자랑하지 않겠다는 말을 덧붙인다. 영지주의자들이 보기에 바오로의 이 체험은 분명 영지주의자들이 추구하는 깨달음과 영혼의 상승 체험이었다. 따라서 발렌티누스가 사도 바오로의 가르침과 체험을 영감의 원천으로 삼은 것도 당연한 일이었을 법하다.

---

[22] 발렌티누스의 생애와 가르침에 대해서는 Pearson, *Ancient Gnosticism*, 145-155; Rudolph, *Gnosis: The Nature and History of Gnosticism*, 317-323 참조.

발렌티누스도 환시로 주님을 만났다고 주장한다. 로마의 히폴리투스는 발렌티누스가 겪었다는 환시 체험을 기록하고 있다. 그는 갓 태어난 아기를 보고 그 아기에게 누구인지 묻자 아기가 자신은 로고스라고 대답하였다는 것이다(『이단 논박』 6.37). 발렌티누스의 말이 사실이라면 그는 환시로 아기 예수를 만난 최초의 인물이자 예수님이 로고스시라는 계시를 받은 최초의 인물이기도 하다.

발렌티누스의 삶과 성격에 대해서는 별로 알려진 바가 없다. 그는 100년경에 아프리카 카르타고에서 태어났다. 그는 알렉산드리아에서 교육을 받고 로마로 옮겨가 주로 거기서 활동하였으며, 135년에서 160년경까지 로마 그리스도교 공동체에서 중요한 역할을 맡았다. 테르툴리아누스는 발렌티누스가 로마 주교의 후보에 올랐으나 미소한 차이로 떨어졌다고 전한다(『발렌티누스파 논박』 4). 테르툴리아누스는 발렌티누스가 175년경에 정통 교회를 떠났다고 전하지만 그는 살아생전에 이단자로 단죄 받은 적이 없으며 죽을 때까지 그리스도교 공동체의 일원으로 남아 있었다. 그는 정통 교회의 사제였을 가능성이 높으며 개인적으로 오리게네스와도 알고 지냈다고 한다.[23]

히폴리투스는 발렌티누스가 플라톤과 피타고라스의 영향을 크게 받았다고 한다(『이단 논박』 6.16). 발렌티누스파의 가르침은 다음과 같다(히폴리투스 『이단 논박』 6; 이레네우스, 『이단 논박』 1.1-9; 11-21; 진리의 복음; 필립보 복음).[24]

- **우주론** 발렌티누스는 잘 창조된 세상이 첫 인간이 저지른 원죄로 말미암아 타락했다는 논리를 부정한다. 창조는 시작부터 잘못되었다는 것이다. 발렌티누스는 플레로마의 여성 에온 소피아(= 아카모트)를 둘러싼 신화를 발전시키는 데 큰 공헌을 했다(히폴리투스 『이단 논박』 6.25). 시몬 마구스의 가

---

23) Pearson, *Ancient Gnosticism*, 145-147 참조.

24) Pearson, *Ancient Gnosticism*, 147-155 참조.

르침을 통해 발렌티누스 이전에도 여성 에온에 대한 신화는 존재했음을 알 수 있다(히폴리누스 『이단 논박』 6.13-14). 그러나 소피아라는 이름으로 된 영지주의 신화는 발렌티누스의 업적이라 해도 과언이 아니다. 소피아 신화의 전제는 우리 인간도, 우리가 살고 있는 이 세상도 완전무결하지 않다는 것, 우리가 본디 흠 있는 존재라는 것이다. 이렇게 흠 있는 세상에서 흠 있는 존재로 살아가는 우리가 구원받을 수 있는 길은 오직 그노시스, 깨달음을 통해서뿐이라고 한다(이레네우스 『이단 논박』 1.4-7).

- **구원론** 완전한 구원은 발설할 수 없는 하느님에 대한 깨달음(그노시스)에 있다. 결함과 잘못은 무지를 통해 생겨났으며, 무지에서 생겨난 모든 오류는 그노시스(깨달음) 안에서 녹아 없어진다. 그러므로 내적 인간의 구원은 그노시스에 있다. 이는 육체의 구원을 말하는 것이 아니다. 육신은 썩어 없어질 것이기 때문이다. 영혼의 구원을 말하는 것도 아니다. 영혼도 결함의 산물이며 영이 머무는 장소에 지나지 않기 때문이다. 구원은 영적인 것, 곧 영의 구원을 뜻한다. 그노시스를 통해 영적 인간이 구원된다는 것이다. 그러므로 하느님에 대한 깨달음, 이것이야말로 진정한 구원이라고 한다(이레네우스, 『이단 논박』 1.21.4). 다시 말해, 온갖 악을 양산하는 무지는 영적 깨달음(그노시스)을 통해 바로잡을 수 있다. 죄책감도 필요 없고 죄에서 회개할 필요도 없다. 예수의 죽음을 통한 대속적 구원에 대한 맹목적 믿음도 필요 없다. 사실 우리는 누군가에 의해 구원될 필요가 없다. 단지 깨달음을 통해 변화되기만 하면 된다. 인간의 흠 가득한 실존은 깨달음을 통해 영광스런 실존으로 변모될 수 있다. 구원되지 못한 자아의 무지와 정반대편에 서 있는 것이 바로 영의 깨달음, 영적 자기 지식이다. 이것이 영의 구원이다.

- **영지주의 구원자** 그런데 인류를 원죄에서도 사죄死罪에서도 구해낼 필요가 없다면 구원자는 과연 어떤 의미를 지니는 것일까?

발렌티누스는 예수의 죽음을 통한 대속적 구원을 믿지 않았지만 그렇다고 예수님의 중요성을 부정하지도 않았다. 발렌티누스의 가르침에서도 예수님은 큰 비중을 차지한다. 발렌티누스의 가르침을 대변하는 진리의 복음에 따르면 예수님은 진정으로 구원자이시다. 그러나 여기서 구원은 인류를 죄악에서 구한다는 의미보다는 완전무결함을 회복시킨다는 의미가 더 강하다(진리의 복음 30.31-31.1). 발렌티누스는 세상과 인류가 병에 들어 있다고 보았으며 그 질병의 뿌리를 무지라고 보았다. 그에 따르면 아파하는 인류와 세상에 영의 깨달음을 가져다줌으로써 무지라는 질병을 퇴치하고 건강을 회복시키는 것이 바로 구원자가 할 일이다(진리의 복음 24.29-25.2). 예수님이 행하신 치유 활동의 근본은 다름 아니라 물질과 물질적인 것에 과도하게 집착하는 대신 영적 자유를 추구하게 만드는 것, 물질이 아니라 영을 따르게 만드는 것이다.

- **성사**Sacrament 영적 깨달음을 독려하기 위해 발렌티누스는 신화나 철학적 가르침을 제시하는 데 머물지 않았다. 발렌티누스 공동체는 무엇보다 성사의 공동체였다(이레네우스 『이단 논박』 1.21.3-5). 성사를 통해 참된 영적 깨달음을 얻고자 했던 것이다. 다시 말해 성사의 목적은 거기에 참여하는 사람들에게 영적 깨달음을 주려는 것이었다. 발렌티누스파 작품으로 여겨지는 필립보 복음은 세례, 도유, 성찬, 속량과 신방, 이렇게 다섯 성사를 소개하는데 특히 속량과[25] 신방의 성사의 비중이 가장 컸다. 두 성사는 무엇보다 참가자의 깨달음과 변화를 목적으로 하였다. 두 예식은 형식만 조금 바뀌

---

25) 이레네우스는 발렌티누스파 사람들이 '속량'의 성사를 행할 때 다음과 같은 기도문을 외웠다고 한다. "나는 세워졌습니다. 나는 속량되었습니다. 그리고 나는, 살아 계신 분이신 그리스도 안에서 이루어지는 속량으로 자신의 영혼을 속량한 야오IAO의 이름으로 이 에온으로부터 그리고 그곳에서 나오는 모든 것으로부터 나의 영혼을 속량합니다"(『이단 논박』 1.21.3).

어서 마니교와 카타르 신자들 사이에서도 행해졌다.

    교부들의 증언을 통해 발렌티누스의 제자들은 대개 정통 그리스도교 공동체에 별 갈등 없이 머무르면서 성사도 함께 드렸음을 알 수 있다. 그러나 그들은 성사의 의미를 해석하는 데 있어서만큼은 기존의 그리스도인들과 다른 입장을 취했다. 깨달음(그노시스)을 얻은 영적 인간만이 성사의 영적 의미를 제대로 이해할 수 있다는 것이다. 그때라야 성사를 영으로 이해할 수 있다는 이유에서다. 이러한 생각은 당연히 교부들의 공분을 샀을 만하다.

바실리데스

칼 구스타프 융은 『죽은 이들에게 보내는 일곱 연설』*The Seven Sermons to the Dead*을 쓰면서 '알렉산드리아의 바실리데스'라는 유명한 초창기 영지주의자의 이름을 내걸었다. 영지주의자들은 만물의 기원인 궁극의 실재가 존재한다고 믿는다. 위대한 신비가들은 가끔씩 이 초월적 존재를 감지하지만 바실리데스만큼 이 세계와 가까웠던 사람은 일찍이 없었던 듯하다.[26] 바실리데스는 환시가로, 또 천상의 신비 세계를 여행한 사람으로 알려져 있었다. 바실리데스는 자신이 체험한 궁극적 실재에 관해 묘사하면서 비존재(Nonbeing, Nonentity, God-who-is-not)라는 말을 쓰기도 한다. 그에 따르면 비존재만 존재하던 시절, 아니 비존재조차 존재하지 않던 시절이 있었다. 비존재는 물질도 아니고 실체도 아니며 단순성도 아니요 불가지성도 아니요 사람도 아니요 천사도 아니며 신도 아니었다. 사람이 이름을 발견한 그 어떤 것도 아니었다. 그때 존재를 넘어선

---

[26] 바실리데스와 그 제자들에 대해서는 Pearson, *Ancient Gnosticism*, 134-144; Rudolph, *Gnosis: The Nature and History of Gnosticism*, 309-313 참조.

그분이 생각도 감정도 선택도 욕망도 없이 외부의 강요도 받지 않은 채 만물을 창조하였다(히폴리투스, 『이단 논박』 7.9-10).[27]

바실리데스의 활동 시기는 발렌티누스보다 조금 앞서지만 둘이 접촉하고 서로 영향을 주고받았을 가능성은 있다. 바실리데스는 117-130년 무렵에 알렉산드리아에서 가르쳤다. 그는 글라우시아스에게 감화를 받고 그리스도교에 입문하였는데 글라우시아스는 베드로 사도의 직제자였다고 한다(알렉산드리아 클레멘스 『잡록』 7.17). 바실리데스는 유다 이스카리옷의 죽음 이후 그를 대신한 마티아의 영향도 받았다고 한다. 글라우시아스와 마티아가 그에게 전해 준 '저 세상의 일들에 관한 지식(깨달음)'이 자신의 깨달음의 토대가 되었다는 것이다. 바실리데스는 저작 활동도 매우 활발히 하였다. 신약성경 복음서들에 대한 주석서를 스물 네 권이나 저술했다고 알려져 있다(에우세비우스 『교회사』 4.7). 뿐만 아니라 사도들에게서 전수받은 내용을 토대로 자신의 복음서를 기록하였다고 전해지는데, 이것이 바실리데스 복음이다.[28]

히폴리투스, 알렉산드리아의 클레멘스, 이레네우스 등의 교부들의 저술을 통해 바실리데스의 가르침이 전해진다. 이레네우스는 바실리데스와 동시대를 살면서 설전을 벌이기도 했던 아그리파 카스토르의 작품도 인용하고 있다. 바실리데스와 그의 학파에 대해서는 별로 알려진 바가 없다. 그의 제자들은 깨달음(그노시스)을 얻기 위해 5년간 침묵을 지켜야 했다고 한다. 바실리데스의 우주론이 힌두교나 불교와 유사한 점이 많아 학자들은 그가 동양의 가르침에 조예가 있었을 것으로 추정하기도 한다.[29]

바실리데스의 우주론에 따르면 궁극적 실재는 씨앗을 지니고 있는데, 그

---

27) Mead, *Fragments of a Faith Forgotten*, 256.

28) Rudolph, *Gnosis: The Nature and History of Gnosticism*, 309 참조.

29) Pearson, *Ancient Gnosticism*, 137-138; Rudolph, *Gnosis: The Nature and History of Gnosticism*, 310-312 참조.

씨앗은 자기 안에 모든 것을 잠재적으로 가지고 있다. 그리고 이 씨앗으로부터 거룩한 삼위가 유출되었다. 그 뒤 감각적 우주의 우두머리라 불리는 위대한 지배자(데미우르고스)가 생겨났다. 그는 창공으로 높이 뛰어오르고서는 자기 위에 아무도 없다고 생각하였다. 그래서 자신을 주군이자 지배자로, 그리고 현명한 창조자로 여기며 피조물의 창조에 돌입하였다.[30] 데미우르고스는 자기보다 높은 신적 존재들이 있는데도 그것을 모르고 자기가 최고인 줄 착각했다고 한다. 바실리데스의 우주론에 따르면 데미우르고스는 물질 세계를 직접 창조하지는 않고 그 예형만 만들었을 따름이며 그의 부하들이 창조 작업을 완결지었다. 그리고 창조가 일곱 위계를 거쳐 이루어졌으므로 구원도 같은 위계를 거쳐 이루어진다(히폴리투스, 『이단 논박』 7.10-15).[31]

바실리데스는 처음부터 끝까지 그리스도인임을 표방했다. 물론 다른 영지주의자들도 대개 그랬듯이 자기만 그렇게 생각했을 뿐, 교부들의 생각은 그렇지 않았다. 어쨌거나 적어도 바실리데스 자신은 그리스도인으로 자부했다. 그는 예수님을 궁극적 실재에서 나오는 가장 큰 빛의 화신으로 생각하였다. 바실리데스에 따르면, 사람들이 예수님의 구원 메시지와 활동에 응답할 수 있는 것은 저마다 자기 안에 신적 섬광을 지니고 있기 때문이다. 구원은 불멸의 영이 사멸하는 영혼과 다른 피조물에게서 분리되는 데 있다. 모든 사람 안에 깃든 섬광들이 천상으로 귀환할 때 인류 전체의 구원이 완결된다. 그렇다고 모든 피조물이 그 원천으로 회귀하는 것은 아니다. 인류 안에 깃든 빛의 섬광들이 천상으로 올라간 뒤에도 물질 세계는 존속될 것이다(히폴리투스, 『이단 논박』 7.15).[32]

---

30) Mead, *Fragments of a Faith Forgotten*, 257.

31) Pearson, "Basilides the Gnostic", 10-17.

32) Pearson, "Basilides the Gnostic", 26 참조.

마르키온

그리스도인들에게는 하느님의 말씀을 담은 성경이 가장 중요한 영감의 원천이다. 그러나 성경이 때로는 교회 안팎에서 비판의 표적이 되기도 하였다. 특히 구약성경의 경우 많은 이들을 혼란에 빠트리기도 하는 것이 사실이다. 인간을 만든 하느님은, 단 한 번의 불순종에 책임을 물어 인간을 낙원에서 쫓아내는 야박한 하느님이신가? 선악을 알게 하는 나무를 낙원 한가운데 심어 놓으시고 따 먹지 못하게 하는 건 너무나 심술궂은 행위 아닌가? 어떤 이의 제사는 마음에 들어 하고 어떤 이의 제사는 마음에 들어 하지 않으신다니, 그분은 차별하시는 분이신가? 인류의 죄악을 보고 노아의 집안만 남겨두고 온 세상을 홍수로 쓸어버리신다니, 그분은 용서 없는 분이신가? 등등. 창세기 하나만 읽어도 머리가 복잡해지기 십상이다. 창세기가 전하는 하느님에게서는 자비로운 모습을 찾아보기 어렵기 때문이다. 선택받은 사람, 선택받은 민족의 편에서 읽으면 그나마 이해가 된다. 그러나 그렇지 못한 사람 편에서는 구약의 하느님이 참다운 존경심과 사랑으로 예배하기 어려운 신임에 틀림없다. 오죽하면 질그릇이 옹기장이의 마음을 탓할 수 없다는 말이 나왔겠는가? 한낱 피조물에 지나지 않으면서 창조주를 논한다는 것 자체가 오만일지 모르나, 구약의 하느님은 때로 인간보다 성품이 옹졸하게 느껴지기도 하는 것이 사실이다. 우리가 신에게서 기대하는 큰 사랑과 정의가 구약성경의 하느님에게서 보이지 않는 경우도 있다. 특히 신약성경이 전하는 자비와 사랑과 용서의 아버지 하느님과 구약성경의 복수의 하느님, 선민의 하느님은 전혀 다른 신으로 느껴지기까지 한다.

    이 모든 오해는 구약성경을 글자 그대로 해석한 데서 연유한다. 사실 글로 표현된 내용의 이면에 숨겨진 참뜻을 밝히려는 노력 없이는 성경의 진정한 의미를 발견하기란 쉽지 않다. 중세 때까지 가톨릭 교회가 일반 신자들이 함부로 성경을 읽지 못하게 막은 것도 전혀 납득하지 못할 일은 아니다. 이런 의미에서 구약의 하느님과 신약의 하느님을 구분한 마르키온(이레네우스 「이단 논박」

1.27.2)이 충분히 이해된다.[33]

폰투스의 마르키온은 150년경에 가르침을 폈던 최초의 성경 비평가라 할 수 있다. 그는 주교이기도 했다. 그는 약 10년간 로마에서 가르쳤으며 설교가로서 높은 평판을 얻었다. 그러나 주류 교회에 동의할 수 없었던 그는 정통교회를 떠나 로마 제국 일대에 여러 교회를 세우고 자신의 관할 아래 두었다.[34]

마르키온과 관련하여 가장 중요한 문제는 단연 정경 문제다. 당시에 네 복음서 이외에 다른 복음서들이 더 있었으며 네 복음서가 정경으로 확정되지 않은 상태였다. 마르키온은 마르코·마태오·루카·요한 복음서를 믿을 만한 것으로 받아들이지 않았다. 그가 보기에 네 복음서 안에는 삽입된 것도 많고 훼손되거나 임의로 변경된 부분도 많이 포함되어 있었다. 마르키온은 네 복음서를 인정하지 않은 반면 자신이 권위 있는 책이라 믿은 복음서를 하나 가지고 있었다. 당시에 그 복음서는 바오로 사도가 저술한 것으로 여겨졌다. 마르키온은 바오로 사도만이 그리스도의 사명을 제대로 이해하였다고 보았다. 바오로가 올바로 이해한 것을 구약성경의 영향을 받은 다른 사람들이 퇴색시켰다는 것이다. 그리하여 바오로 사도가 이해한 순수한 그리스도교 메시지는 다른 가르침들에 밀려 사람들에게 성공적으로 전달되지 못했다고 여겼다. 마

---

[33] 가톨릭 성무일도와 미사 등 전례에서는 오해를 사기 쉬운 구절들은 대개 제외된다. 그만큼 한 구절이나 문장을 따로 떼어 읽을 경우 쉽게 이해되지 않는 부분들이 분명 성경 속에 포함되어 있다는 뜻이다. 가령 전례 때 "의인의 불행이 많을지라도 주님께서는 그 모든 것에서 그를 구하시리라"(시편 34,20)는 봉독할 수 있어도 "행복하여라, 네 어린것들을 붙잡아 바위에다 메어치는 이!"(시편 137,9)는 어떻게 읽겠는가? 에제키엘 예언서 16장과 23장을 봉독한다면 그 전례는 끝났다고 봐도 무방하다. 보통의 내공이 아니고서는 그 대목을 읽고 분심에 **빠**지지 않을 사람이 없을 터이니 말이다.

[34] 마르키온과 그의 가르침은 드롭너, 『교부학』, 193-195; Mead, *Fragments of a Forgotten Faith*, 241-249; Rudolph, *Gnosis: The Nature and History of Gnosticism*, 313-316; Head, "The Foreign God and the Sudden Christ: Theology and Christology in Marcion's Gospel Redaction", 307-321 참조.

르키온의 제자들도 스승과 같은 생각이었다(이레네우스 『이단 논박』 1.27.2).

마르키온이 신약성경에 대해 비판적인 시각을 유지했다면 구약성경에 대해서는 가히 적대적이라 할 만큼 폄하하는 태도를 보였다. 심지어 그리스도교 교회의 정경에 구약성경을 아예 빼버려야 한다고 주장하였다(이레네우스 『이단 논박』 1.27.2).[35] 마르키온은, 신약성경이 전하는 예수님의 하느님이 사랑의 하느님이라면 구약성경의 하느님은 기껏해야 정의로운 신일 따름이라고 보았다(테르툴리아누스, 『마르키온 반박』 1.2). 그리고 예수님이 가르치신 것은 우리 모두의 아버지, 사랑의 하느님에게서 유래한 '새로운' 교리였다고 하였다. 그런데 주류 교회가 구약과 신약의 연속성을 주장하면서 예수님의 가르침과 구약성경을 꿰맞추려 억지를 썼다는 것이다.[36] 마르키온이 보기에 주류 교회의 노력은 올바른 해결책이 아니었다. 그가 찾은 해법은 구약의 하느님과 신약의 하느님을 구분하는 것이었다(테르툴리아누스 『마르키온 반박』 2.29). 예수님의 하느님이 선하신 하느님, 최상신이라면, 율법의 신인 구약의 하느님은 낮은 단계의 신이다. 마르키온에 따르면 최상신은 첫째 하늘에 계시고, 구약의 신은 둘째 하늘, 그리고 그의 천사들(아르콘들)은 셋째 하늘에 거주한다. 셋째 하늘 바로 아래쪽이 '물질'Hyle이다. 세상은 율법의 신과 '물질'의 합작품이다. 이처럼 세상이 율법의 신과 물질에 의해 계획되고 만들어졌기에 인간은 고통이라는 운명에 놓이게 되었다. 세상과 인류가 겪는 고통의 원인이 그 창조주에게 있다는 것이다(테르툴리아누스, 『마르키온 반박』 1.15).

마르키온의 가르침에서도 영지주의적 세계관이 뚜렷이 드러난다. 그 핵심은 다음과 같다. 이 세상은 최상신이 아니라 율법의 신이 만든 것이다. 그런데

---

35) 마르키온이 성경을 비판적으로 바라본 것을 부정적으로만 평가할 수 없다. 성경의 문맥이나 숨은 의미를 간과한 채 본문을 글자 그대로만 읽을 때 오해하거나 곡해하기 쉬운 대목들이 적지 않기 때문이다. 성경에 대한 마르키온의 비판은 근대 이후 주석가들의 성서비평을 앞서 행한 것이라 말할 수 있다.

36) Rudolph, *Gnosis: The Nature and History of Gnosticism*, 314-315.

이 세상과 인류가 고통에 빠진 것을 보시고 최상신이 아들 예수를 구원자로 파견하신다. 예수는 율법의 신의 질투로 십자가형을 당한다. 그 뒤 예수는 저승에 내려가 그곳에 포로로 잡혀 있는 사람들을 해방시키고 최상신께 데려간다는 것이다.[37]

마르키온의 가르침은 많은 사람들을 매료시켰으며 그를 추종하는 제자들도 상당수에 이르렀다고 한다. 그리하여 2세기 말엽에는 지중해 전역과 소아시아에 마르키온파 교회들이 세워졌다는 것이다(에피파니우스, 『구급상자』 42.1.2). 이 교회들은 주교, 사제, 부제 들을 아우르는 분명한 위계 조직을 갖추었다고 한다. 마르키온 분파가 다른 영지주의 분파들에 비해 오래 존속할 수 있었던 이유가 바로 확고한 위계 조직 덕분이었을 법하다. 마르키온의 교회는 5세기 후반까지 존재했다는 보고가 있으며 이슬람이 급부상하면서 사라졌으리라 추정된다.[38]

교부들의 영지주의 비판[39]

여기서는 영지주의 가르침에 반기를 든 사람들을 훑어보고자 한다. 엄밀히 말하면 이 항목은 영지주의의 역사에 속하지 않는다. 그러나 정통 그리스도교 신앙을 아는 데 경쟁자였던 영지주의 그리스도교와 비교하는 것이 도움이 되듯 그 반대도 마찬가지다. 영지주의 그리스도

---

37) Mead, *Fragments of a Forgotten Faith*, 247-248 참조.

38) Head, "The Foreign God and the Sudden Christ: Theology and Christology in Marcion's Gospel Redaction", 309-310 참조.

39) 교부들의 생애와 작품은 에우세비우스의 『교회사』를 비롯한 여러 교부들의 문헌을 통해 알려져 있다. 이 항목에서 다루는 교부들에 대해서는 드롭너, 『교부학』 115-250을 참조하라. 교부들은 한결 같이 영지주의를 '이단'이라 평가했다. 영지주의에 대한 교부들의 비판은 King, *What is Gnosticism?*, 20-54에 잘 요약되어 있다.

교를 제대로 알기 위해서도 경쟁자의 생각을 아는 것이 큰 도움이 된다. 결국 그들은 동시대를 살아가면서 그 시대가 당면한 문제들과 시대를 초월하여 전 인류가 직면하는 문제들, 곧 같은 문제들을 두고 서로 다른 응답을 내놓았기 때문이다. 결국 둘의 관심사는 같았던 셈이다. 다만 같은 문제를 두고 그 문제를 풀어가는 방향이 달랐을 뿐이다. 이쪽저쪽을 함께 살펴봄으로써 그 시대에 대한, 그리고 그 시대 교회에 대한 보다 큰 그림을 그릴 수 있을 것이다.

초대 정통 교부들은 영지주의가 교회에 일으키는 혼란과 문제점을 감지하면서 비판의 목소리를 내기 시작하였다. 사실 모든 이가 철학적 그리스도교에 열광하지는 않았으며, 영지주의자들의 본거지에서도 그들과 다른 다양한 종류와 형태의 그리스도교가 번창하였다. 영지주의 가르침을 반대한 사람들, 곧 정통 교회 교부의 관점이 교회 역사를 지나오면서 주류가 되었다는 점이 중요하다. 사실 영지주의 교사들과 그 사상에 대해 우리가 알고 있는 많은 부분이 그들의 기록에 의존한다. 20세기 나그 함마디 문헌이 발견되기 전까지 영지주의에 대한 정보의 대부분이 이들의 기록에서 유래한 것이었다. 영지주의의 일차 원천이 거의 전무한 실정에서 교부들이 남긴 이차 원천에 의존하여 영지주의의 신조와 관습을 그려볼 수밖에 없었던 것이다. 사실 일차 원천이 발견된 이후에도 여전히 교부들의 기록은 중요하다. 적어도 당시의 정통 교회가 이들을 바라본 시각, 곧 주류 교회가 영지주의자들을 어떻게 이해했는지, 혹은 어떻게 오해했는지 가늠할 수 있다는 점에서 큰 의미가 있다.

영지주의자들이 쓴 정통 그리스도인에 대한 초상화도, 정통 그리스도인들이 쓴 영지주의자들의 초상화도 모두 나름의 가치를 지닌다. 다만 그 초상화를 그린 사람의 주관적 입장을 배제하려고 노력하면서 감상하면 된다. 때로는 자화상보다 남이 그린 초상화가 그 사람을 더 잘 표현할 수도 있다. 자화상과 초상화를 함께 바라봄으로써 그 사람의 진면목을 가늠해 보자. 이 책이 바라는 일이 바로 그것이다.

최초의 반대자들

신약성경이 집필되던 당시에 이미 후대 영지주의적 사고방식의 씨앗들이 교회 안에 스며들고 있었으며, 2세기 초반에는 그런 경향이 점점 강해졌다. 나중에 영지주의라 부르게 될 사상 쪽으로 기울어지기 시작한 교사들도 있지만 초창기 교회 지도자들은 대개 그들에 반대하는 편이었다.

1. 안티오키아의 이냐시우스

처음으로 영지주의자들을 반박한 교부들 가운데 시리아 안티오키아의 주교 이냐시우스가 단연 돋보인다. 안티오키아는 그리스도교 역사의 시작 무렵에 아주 중요한 역할을 했던 도시다. 유다인이 아닌 이방인을 공동체에 대거 받아들인 최초의 교회가 바로 안티오키아에 있었다. 성경에 따르면 나자렛 예수님의 제자들이 처음으로 '그리스도인'이라 불린 곳이 안티오키아였으며 바오로 사도는 그곳을 선교 여행의 거점으로 삼기도 하였다.[40] 베드로 사도도 안티오키아에서 활동했을 법하며, 마태오 복음이 여기서 집필되었으리라 추정하는 학자들도 상당하다. 어쨌든 안티오키아 교회는 사도들의 가르침 및 전통과 긴밀한 관계를 맺고 있던 대표적 그리스도교 공동체로 초대 교회 역사상 가장 중요한 교회 가운데 하나였다.

초대 교회 역사에서 이토록 중요한 위치를 차지하고 있던 안티오키아 교회의 주교 이냐시우스는 기원후 50년경에 태어났다.[41] 그 외에 이냐시우스의 어린 시절에 대해서는 거의 알려진 바가 없다. 그는 스미르나의 폴리카르푸스

---

40) 사도 11,26; 14,21-28; 15,30-41; 18,22-23을 참조하라.
41) Rudolph, *Gnosis: The Nature and History of Gnosticism*, 303-304.

와 더불어 요한 사도의 제자였을 법하다. 교회 전승에 따르면 베드로 사도가 몸소 이냐시우스를 안티오키아의 주교로 뽑았다고 하지만 그리 신빙성 있는 이야기는 아니다. 65년 로마에서 베드로가 순교하던 당시 이냐시우스는 겨우 십 대밖에 안 되었을 터이기 때문이다(에우세비우스 『교회사』 3.22; 3.36 참조). 이냐시우스의 인생 전반기는 잘 알려져 있지 않지만 말년에 대해서는 정보가 많은 편이다. 안티오키아 교회는 트라야누스 황제 치세 때(98-117년) 박해를 겪었는데 이때 이냐시우스도 체포되어 사형을 선고받았다. 110년경 이냐시우스는 로마 원형 극장에서 사자의 제물이 되어 죽음을 맞이하게 된다. 물론 그의 죽음은 조용히 진행되지 않았다. 이냐시우스는 로마 군인들의 호위를 받으며 안티오키아에서 로마까지 가는 긴 여정을 시작한다. 이냐시우스의 사형 소식을 들은 그리스도인들은 그를 마지막으로 보려고 로마 제국 각지에서 모여들었다. 이냐시우스는 이 도시에서 저 도시로 넘어갈 때마다 그를 맞이하러 나온 수많은 인파와 맞딱뜨린다. 이냐시우스는 이런 호응에 부응하여 자신에게 사람들을 보낸 일곱 교회에 편지를 써 보낸다. 그는 편지에서 외부적 억압과 내부적 분열에 직면한 교회의 안녕에 대한 자신의 생각을 밝힌다. 이것이 유명한 이냐시우스의 일곱 편지이다(에우세비우스 『교회사』 3.36).[42]

이냐시우스는 이 편지에서 주교들과 원로들의 위상을 공고히 하려 노력하였다. 그는 스미르나의 교인들에게 "예수 그리스도께서 아버지를 따르신 것처럼 주교를 따르라"고 권면한다. 또한 에페소 교회 사람들에게는 주교와 한 마음을 이룰 것을 촉구한다. 이냐시우스의 주 관심사 가운데 하나가 그리스도인들이 주교들의 가르침과 권위를 중심으로 한데 뭉쳐야 한다는 것이었다. 로마 제국의 박해에 직면한 온 교회가 주교를 중심으로 일치단결하는 것은 이

---

42) 에페소인들에게 보낸 편지, 마그네시아인들에게 보낸 편지, 트랄리스인들에게 보낸 편지, 로마인들에게 보낸 편지, 필라델피아인들에게 보낸 편지, 스미르나인들에게 보낸 편지, 폴리카르푸스에게 보낸 편지. 이냐시우스와 그의 편지에 대해서는 드롭너, 『교부학』, 119-123; Rudolph, *Gnosis: The Nature and History of Gnosticism*, 303-304 참조.

냐시우스가 볼 때 필수 불가결한 일이었다. 이냐시우스는 주교의 권위를 인정하여 교회의 가르침을 온전하게 보전하는 일이 무엇보다 시급한 일이라고 여겼던 것 같다. 그래서 그는 당시 그리스도교 공동체들 사이에 떠돌고 있던 '다른' 가르침들에 민감한 반응을 보이면서 그것을 독이 든 포도주에 비유하기도 했다(『트랄리스인들에게 보낸 편지』 6). 나중에 '가현설' docetism이라[43] 불린 그 가르침에 따르면 예수 그리스도의 몸은 우리와 같은 몸이 아니었다. 예수 그리스도는 온전한 영적 존재이시며, 따라서 그분께서는 우리와 같은 의미로는 태어나지도 않으셨고 십자가에 못 박히지도 않으셨다. 실제적인 몸이 없는데 태어난다는 것도 고난을 당하고 죽는다는 것도 아무 의미가 없다는 논리다(『스미르나인들에게 보낸 편지』 1-2 참조).

이냐시우스가 가현주의적 사고방식을 비판했을 때 특정한 집단을 염두에 두고 있었는지는 알 길이 없다. 게다가 그의 편지는 영지주의 그리스도교가 체계를 갖추기 전에 쓰였다. 그러나 그가 비난한 내용은 후대의 영지주의 가르침과 매우 유사하다는 점을 감안할 때 당시에도 이미 교회 안에 영지주의를 지향하는 사람들이 늘어나고 있었음이 분명하다. 결국 가현주의적 개념은 영지주의자들의 사고체계에 서서히 흡수되었다. 이냐시우스는 한 걸음도 물러서지 않고 그들에 맞서 싸웠고 이러한 태도는 후대 정통 교부들에게 훌륭한 본보기가 되었다. 자신이 맡은 안티오키아 교회에서마저 가현주의가 유행하는 것을 보고 경각심을 느낀 이냐시우스는 그들을 비판하는 데 한 치의 망설임도 없었다. 그리고 다른 교회 신자들에게도 가현주의를 조심하라고 경고하면서 그 사고방식의 문제점을 조목조목 설명해 주었다(『트랄리스인들에게 보낸 편지』 6-8).

이냐시우스의 편지가 보여 주는 이중적 논박 패턴, 곧 주교를 중심으로 교

---

43) 가현설로 번역되는 영어 docetism은 '…처럼 보이다'를 뜻하는 그리스어 $\delta o \kappa \acute{e} \omega$에서 유래하였다. 나자렛 예수는 육체로 된 몸이 없었으므로 십자가에 못 박혀 고통을 당하지도 죽을 수도 없다는 것이다.

회의 위계질서를 강화하는 동시에 이를 위협하는 가현주의자들을 공격하는 이중적 서술 패턴은 후대 정통 그리스도교 저술가들이 영지주의 반박 글을 쓸 때 좋은 참고 자료가 되었다.

2. 스미르나의 폴리카르푸스

이냐시우스는 처형장인 로마까지 이송되는 중간에 잠시 스미르나의 주교 폴리카르푸스와 만난다. 나중에 이냐시우스는 친구이자 신뢰하는 동료 주교 폴리카르푸스에게 편지를 쓴다. 이것이 이냐시우스의 『폴리카르푸스에게 보낸 편지』다(에우세비우스『교회사』3.10).

폴리카르푸스에 대해서 거의 알려진 바가 없지만 그가 소아시아의 여러 교회에서 명망 있는 권위자로 인정받고 있었음은 분명하다. 후대 저술가들은 그가 요한 사도의 제자였다고 기록하고 있지만 확실하지는 않다. 그가 이냐시우스와 긴밀한 관계를 유지했던 사실은 잘 알려져 있다. 폴리카르푸스는 기원후 154년 로마 주교인 교황 아니케투스Anicetus를 만나러 로마에 간다. 당시에 로마의 그리스도인들과 소아시아의 그리스도인들은 부활절을 다른 날짜에 지내고 있었으며 이 문제 때문에 교회 안에 작은 균열이 생기고 있었다. 그래서 폴리카르푸스는 이 계재에 교황과 부활 축일 문제를 상의하려 했지만 결국 둘 사이에 입장차를 좁히지 못했다. 스미르나로 돌아온 뒤 얼마 지나지 않아 폴리카르푸스는 그리스도인이라는 이유로 체포되어 사형을 당한다. 향년 86세였다(『폴리카르푸스의 순교록』; 에우세비우스『교회사』4.15).[44]

지금껏 전하는 폴리카르푸스의 편지는 『필리피인들에게 보낸 편지』뿐이다. 이 편지에서 폴리카르푸스는 이냐시우스와 동일한 관심사를 표명한다. 곧

---

44) 폴리카르푸스에 대해서는 드롭너, 『교부학』, 123-126 참조.

주교를 중심으로 교회의 일치를 확립하는 문제와 가현주의와 맞서 싸우는 일이었다. 그는 나중에 이레네우스에게 큰 영향을 미쳤다.[45]

3. 순교자 유스티누스

이냐시우스와 폴리카르푸스는 평생을 그리스도인으로 살았지만 유스티누스는 나중에 그리스도 신앙을 받아들이고 개종한 사람이었다. 철학자이자 구도자로서 유스티누스는 온갖 종류의 삶의 양식을 다 검토하고 시험해 보았다고 한다. 그러다가 기원후 132년경 마침내 한 노인을 만나게 되는데 그의 설득으로 그리스도교에 대해 생각할 기회를 얻는다. 유스티누스는 숙고를 거친 다음 그리스도교 신앙을 받아들인다. 유스티누스는 여기서 한 걸음 더 나아가 최초의 그리스도교 **호교론자**로서의 삶에 들어선다(에우세비우스 『교회사』 4.11-12).[46]

잠시 동안 방황기를 보낸 뒤 유스티누스는 로마에 공부방을 차려 제자들을 모으고 저술을 시작한다. 그의 호교서 가운데 둘이 지금까지 전한다. 둘 가운데 긴 축에 속하는 『첫째 호교론』은 당시 로마의 정통 그리스도교 공동체의 생활상을 엿보게 해 준다는 점에서 큰 의의가 있다. '마르키온 논박'과 '모든 이단에 대한 논박'이라는 호교서는

> **호교론자** 호교론자를 뜻하는 말인 apologist는 '방어', '변론'을 뜻하는 그리스어 ἀπολογία에서 유래하였다. 모든 종교에 호교론자가 있기 마련이지만, 호교론자라는 말은 특히 2-3세기에 그리스도교 메시지를 비신자들에게 소개하고, 온갖 억측과 오해에 휩싸여 있던 그리스도교 신앙을 수호하고자 앞장섰던 그리스도교 저술가들을 가리키는 데 주로 사용된다. 4세기에 그리스도교가 합법화된 다음부터는 호교론자의 중요성이 상대적으로 줄어들게 되었다.

---

45) Rudolph, *Gnosis: The Nature and History of Gnosticism*, 298, 303 참조.
46) 순교자 유스티누스와 그의 작품에 대해서는 드롭너, 『교부학』, 151-156; Quasten, *Patrology Vol. 1*, 196-219. 참조.

아쉽게도 소실되고 없다. 유스티누스는 경쟁자의 고발로 지역 당국에 넘겨져 재판을 거쳐 165년에 사형을 선고받는다(에우세비우스 『교회사』 4.16).

유스티누스의 저작물을 통해 초창기 영지주의 교사들에 대해 귀중한 정보를 얻을 수 있다. 정통과 다른 가르침들을 소개한 그의 저술은 후대 저자들에게 알려져 많은 영향을 주었다(에우세비우스 『교회사』 4.18). 특히 그리스도교 신앙을 옹호하는 데 그리스 철학을 활용한 점은 다른 저자들에게 깊은 인상을 주었다.[47]

최고의 이단 논박가 리옹의 이레네우스

이레네우스는 2세기 정통 그리스도교 안에서 가장 중요하고 영향력 있는 저술가였다. 그의 기념비적 작품인 『이단 논박』은 정통 그리스도교 신앙의 참모습을 보여 줄뿐더러 그리스도교 영지주의에 대한 정보를 수집하는 데 가장 중요한 자료가 된다.[48]

이레네우스는 기원후 140년경 소아시아에서 태어났다. 그는 청년 시절에 폴리카르푸스의 제자였다고 한다. 폴리카르푸스가 요한 사도의 제자였을 가능성을 감안하면, 이레네우스는 예수님에게서 비롯된 전통의 맥을 이은 인물이었다고 말할 수 있다. 곧 예수 그리스도의 가르침이 요한과 폴리카르푸스를 거쳐 2세기 말 이레네우스에게까지 전달된 것이다. 이레네우스는 이를 무기 삼아 영지주의자들을 대적하였다. 영지주의자들은 사도들에게서 전해져 내려온 전승을 갖고 있지 않다는 것이다. 반면에 자신은 영적으로 사도들의 뒤를

---

47) Rudolph, *Gnosis: The Nature and History of Gnosticism*, 10-11 참조.
48) Rudolph, *Gnosis: The Nature and History of Gnosticism*, 11-12 참조.

잇는 예수님의 직계 혈통임을 강조하였다.[49]

젊은 시절의 이레네우스는 여러 교회 공동체 사이에 갈등과 분쟁이 있을 때 거기 파견되어 분쟁을 조정하는 역할을 하였다. 오늘날의 리옹에 해당하는 남부 프랑스의 한 교회에서 사목하는 동안 이레네우스는 로마에 갈 기회를 얻었다. 그는 로마에서 여러 영지주의 집단과 그들의 가르침에 대한 일차 정보를 직접 입수할 수 있었다. 그런데 이레네우스가 로마에 머무는 동안 당시 리옹의 주교가 죽임을 당하였다. 이레네우스는 죽은 주교의 자리를 잇도록 선출되어 리옹의 주교좌 성당을 맡으러 돌아온다. 그가 리옹에 돌아왔을 때 로마에서 접했던 영지주의 가르침이 리옹에까지 퍼져 있는 것을 보고 실망을 금하지 못하였다. 이레네우스는 교회의 미래를 걱정하며 영지주의에 대한 면밀한 조사에 착수한다. 영지주의 가르침에 대한 이레네우스의 조사와 연구의 결과물로 탄생한 것이 바로 『이단 논박』이다. 다섯 권으로 된 이 책은 본디 그리스어로 기록되었으며 185년에 완성되었다. 그러나 현존하는 가장 오래된 본문은 라틴어 번역본이다.

『이단 논박』의 출판 이후 정통 그리스도인들과 영지주의 그리스도인들 사이의 관계는 완전히 새로운 국면을 맞게 된다. 이 책이 영지주의자들에게 곧바로 타격을 준 것은 아니지만 시간이 흐르면서 영지주의자들은 점차 교회 안에서 힘을 잃고 그들이 설 자리도 줄어든다. 이런 변화의 중심에 이레네우스가 있었다. 결국 이레네우스의 『이단 논박』은 정통 그리스도교가 영지주의 그리스도교에 승리를 거두고 완전한 주류로 자리 잡는 데 결정적 역할을 하였다고 말할 수 있다.

『이단 논박』의 초점은, 이레네우스의 눈에 이단으로 판단되는 가르침들을

---

[49] 이레네우스와 그의 작품에 대해서는 드롭너, 『교부학』, 198-204; Quasten, *Patrology Vol. 1*, 287-313. 참조.

신앙의 규범 전 세계에, 땅 끝에 이르기까지 흩어져 있는 교회는 사도들과 그 제자들로부터 이 믿음을 받아들였습니다. 한 분이신 하느님, 전능하신 아버지, 하늘과 땅과 바다와 그 안에 있는 모든 것의 창조자와 하나이신 그리스도 예수, 하느님의 아들, 우리의 구원을 위해 육화하신 분, 그리고 예언자들을 통하여 하느님의 사면과 강림과, 동정녀에게서 탄생하심과, 수난과 죽은 이들로부터의 부활과 사랑하올 그리스도 예수 우리 주님의 몸으로 하늘로 오르심과 만물을 하나로 모으고 전 인류의 모든 육신을 다시 일으키기 위해 하늘로부터 아버지의 영광 안에 나타나실 것임을 선포하신 성령께 대한 (믿음). 이는 그리스도 예수, 우리 주님이시자 하느님이시며 구원자이시고 임금이신 분께 보이지 않는 하느님의 뜻에 따라 하늘에 있는 것들과 땅에 있는 것 그리고 땅 아래 있는 것들이 모두 무릎을 꿇고, 모든 혀가 그분께 고백하게 하려는 것이었습니다. 또한 그분께서 모두에게 정의로운 심판을 내리시고, 영적으로 사악한 것과 범죄를 저지르고 배반자가 된 천사들을, 불경한 자들과 불의한 자들, 사악한 자들과 비속한 자들과 함께 영원한 불 속으로 보내시기 위함이었습니다. 그러나 그분의 은총으로 의롭고 거룩한 이들과 그분의 계명을 지키고 그분의 사랑 안에 ― 어떤 이들은 처음부터 그리고 어떤 이들은 회개한 시점부터 ― 항구히 머문 이들에게는 불멸을 선사하시고 그들을 영원한 영광으로 둘러싸시기를 기원합니다.[1)]

사도신경 전능하신 천주 성부 천지의 창조주를 저는 믿나이다. 그 외아들 우리 주 예수 그리스도님 성령으로 인하여 동정 마리아께 잉태되어 나시고 본시오 빌라도 통치 아래서 고난을 받으시고 십자가에 못 박혀 돌아가시고 묻히셨으며 저승에 가시어 사흘날에 죽은 이들 가운데서 부활하시고 하늘에 올라 전능하신 천주 성부 오른편에 앉으시며 그리로부터 산 이와 죽은 이를 심판하러 오시리라 믿나이다. 성령을 믿으며 거룩하고 보편된 교회와 모든 성인의 통공을 믿으며 죄의 용서와 육신의 부활을 믿으며 영원한 삶을 믿나이다.[2)]

---

1) 이레네우스, 『이단 논박』 1.10. 이레네우스가 전하는 신앙의 규범은 후대에 만들어진 사도신경의 토대가 되었다. 테르툴리아누스, 『이단자들에 대한 처방』 13에도 비슷한 내용의 신앙 규범이 제시되어 있다.
2) 사도신경은 보편적으로 인정되는 정통 그리스도교 신앙의 고백문이다.

소개하고 그 문제점들을 소상히 밝혀내는 데 있었다. 그는 우선적으로 로마의 발렌티누파에 관심을 집중하였지만 그 밖에도 다양한 영지주의 가르침들을 광범위하게 공격하였다.

영지주의 교리를 논박하는 데 더하여 이레네우스는 정통 교리의 입장을 수호하고 논증하는 데도 힘썼다. 그는 '**신앙의 규범**' Regula fidei 을 상기시키며 주교의 권위를 옹호하고 구약성경과 신약성경의 연속성과 일치를 주장하였다(이레네우스 『이단 논박』 1.22.1; 2.27.2).[50)]

---

50) '신앙의 규범'과 관련한 이레네우스의 가르침(신앙의 규범과 성경 해석의 관계 등)은

이레네우스는 모든 교회가 일치되기 위해서는 진리의 토대가 굳건해야 한다고 생각했다. 시리아에 있든 스페인에 있든 상관없이 그리스도 교회는 언제 어디서나 '신앙의 규범'을 고수해야 하고 그 규범은 성경의 메시지를 올바로 요약한 것이어야 한다는 의견이었다. 이레네우스는 또한 성경을 제멋대로 해석해서는 안 된다고 주장하였다. 성경 안에는 이야기와 메시지가 있는데 신앙의 규범이 이 이야기의 권위 있는 요약문이라고 보았다. 따라서 신앙의 규범은 성경을 읽고 해석하는 올바른 기준이 되기도 한다. 이 기준을 따르지 않는 해석은 모두 잘못된 것이라는 게 이레네우스의 생각이었다(『이단 논박』 4.33.15).

이레네우스는 교회 전통의 연속성을, 숨겨진 가르침이나 비밀 전통을 반박하는 강력한 증거로 삼았다. 이레네우스는 로마 교회를 이러한 결속과 연속성의 본보기로 제시한다. 곧 정통 가르침의 본질이 한 주교에서 다음 주교로 전수된다는 것이다. 그는 베드로 사도에게서 시작하여 당시 주교에게까지 이어지는 로마 주교들의 목록을 제시하기도 한다. 만약 비밀 가르침이라는 게 있다면 사도들이 자신의 후계자로 삼은 주교들에게 전해 주었을 것이라는 게 이레네우스의 주장이었다. 그리고 주교들은 당연히 그것을 자신의 후계자에게 넘겨 주었을 것이라는 말이다. 이러한 주장은 이레네우스가 급조한 것이 아니다. 일찍이 이냐시우스는 주교를 중심으로 교회의 일치를 도모할 것을 주장한 바 있다. 어쨌든 이레네우스에 따르면 주교들이 참된 그리스도교 신앙을 보전하는 권위자들이다. 그들만이 사도들로부터 전해져 오는 전승을 간직하고 있기 때문이다. 다른 교사들은 사기꾼이요 협잡꾼에 지나지 않는다(『이단 논박』 5.20.1-2).

한편 이레네우스가 영지주의자들과 싸울 때 가장 큰 무기로 삼은 것도 구약성경이고 신약성경에 포함시킬 본문을 선택하는 과정에서 중점을 둔 사항

Jovanović, "St Irenaeus, Regula Fidei and the Ecclesiological Context of Interpretation", 134-140 참조.

도 구약성경과의 연속성이었다. 그래서 구약성경이 나자렛 예수와 관련이 없다거나 구약의 하느님과 예수님의 하느님이 전혀 다른 분이시라는 영지주의자들의 주장은 잘못이라 주장하였다. 이레네우스는 구약과 신약, 구약의 하느님과 신약의 하느님 사이의 연속성과 일치를 믿었다(『이단 논박』 1.22.1; 3.11.5).

이레네우스는, 지금 신약성경에 포함된 네 복음서 곧 마태오·마르코·루카·요한 복음서만을 진정한 복음서로 인정해야 한다고 주장한 최초의 정통 그리스도인이기도 하다. 이전의 저술가들이 네 복음서에서 두루 인용하기도 했지만 이레네우스가 처음으로 '네 복음서'를 주장하였다. 이레네우스에 따르면, 복음서는 더도 말고 덜도 말고 오직 넷뿐이다. 우리가 사는 세상이 사방으로 되어 있고 바람도 네 방향으로 불듯이 교회가 네 기둥만을 가지는 것이 당연하다. 만물을 품고 계신 그분께서, 네 측면을 지니며 한 분이신 영에 의해 묶여 있는 복음을 주신 것이다(『이단 논박』 3.11.8).

테르툴리아누스와 히폴리투스

2-3세기경 그리스도교 교사들은 영지주의자이든 아니든 예수 그리스도의 이야기를 철학과 관련지어 해석하려는 경향이 있었다. 이레네우스를 위시한 정통 교부들은 그리스도인들이 그리스 철학과 영지주의 사고방식에 빠져드는 것을 반대하고 이를 막기 위해 총력을 기울였다.

1. 테르툴리아누스

퀸투스 셉티무스 플로렌스 테르툴리아누스라는 긴 이름을 가진 이 저술가는 정통 그리스도교 저술가들 중에서 가장 파란만장한 삶을 살았던 것 같다. 라틴어로 저술한 최초의 교회 저술가로서 테르툴리아누스는 당시 지중해 전역에 퍼져 있던 교회에 이 언어를 보급한 일등공신이었다. 심지어 그리스도교 개념을 올바로 전달하기 위해 새로운 라틴어 단어를 만들어내기도 했다.[51]

테르툴리아누스는 그리스 철학자들이 제기하는 지나치게 추상적이고 학구적인 질문들에 염증을 느꼈다. 그는 도대체 예루살렘과 아테네가 무슨 상관이 있냐고 묻는다. 학원(아카데미아)과 교회가 상관이 없고 그리스도교가 그리스 철학과 상관이 없다는 것이다. 이단자들과 그리스도인들이 결코 동의할 수 없으며, 그리스도교를 스토아 사상이나 플라톤 사상과 융합시키려는 모든 시도는 당장 그만두어야 한다는 게 그의 주장이었다. 우리의 믿음 이외에 다른 믿음은 필요 없기 때문이다(테르툴리아누스, 『이단자들에 대한 처방』 7). 이 과정에서 테르툴리아누스는 그리스도교 삶 전반과 관련하여 폭넓은 저작물들을 생산해 내었다.

테르툴리아누스는 160년경 비신자 가정에서 태어났다. 그의 아버지가 로마 군인이었을 가능성이 있다. 테르툴리아누스의 가족은 카르타고에서 살았다. 카르타고는 한때 로마에 버금갈 만큼 큰 도시였지만 기원전 146년 포에니 전쟁을 겪으면서 파괴되어 황폐한 도시로 변했다. 그러다가 율리우스 카이사르에 의해 도시가 재건되어 테르툴리아누스 시대에는 로마 제국에서 가장 중요한 문화 중심지 가운데 하나로 부상해 있었다.

테르툴리아누스는 로마에서 법을 공부한 뒤 영적 위기를 겪고 카르타고로 돌아온다. 유스티누스처럼 그도 무언가 믿을 수 있는 것을 갈망하고 있었다. 당시 그리스도교는 북아프리카에 이미 뿌리를 깊이 내린 뒤였으며 카르타고에서 하나의 세력을 형성하고 있었다. 기원후 194년경에 테르툴리아누스는 그리스도교로 개종한다. 테르툴리아누스는 자신이 개종한 이유를 밝힌 적이 없지

---

51) 테르툴리아누스와 그의 작품에 대해서는 드롭너, 『교부학』, 237-250; Rudolph, *Gnosis: The Nature and History of Gnosticism*, 14-16 참조.

만 그의 글을 통해 그가 당시 그리스도인들이 평소에 보여 준 도덕적 삶과 처형장에서 드러낸 담대한 모습에 깊은 인상을 받았음을 짐작할 수 있다.

그리스도교로 개종하자마자 테르툴리아누스는 교회 지도부로 들어가 사제가 되고 그리스도교 신앙을 옹호하는 저술 작업에 몰두한다. 『마르키온 반박』과 『발렌티누스파 논박』은 제목에서 알 수 있듯이 당시에 가장 유명했던 영지주의 교사들을 반박한 글이다. 『이단자들에 대한 처방』에서는 여러 이단 집단을 폭넓게 다루고 있다.

몬타누스주의 몬타니즘Montanism은 현재의 튀르키에 지방에서 2세기에 시작된 예언 운동을 일컫는다. 이 집단의 수장인 몬타누스는 요한 복음에서 약속된 성령께서 지금 자신을 통하여 말씀을 시작하셨다고 주장하였다. 이 집단은 도덕적으로 매우 엄격한 생활을 했으며 예수 그리스도의 재림이 임박했다고 믿었다. 주류 교회는 이 집단을 얼마간 두고 보다가 결국 이단으로 선포하였다. 그 뒤에도 몬타누스파는 6세기까지 존속했다.

기원후 210년을 얼마 앞두지 않은 어느 날 테르툴리아누스는 또 한 번의 삶의 전환기를 맞이한다. 당시 주류 교회 신자들의 도덕적으로 해이해진 모습에 염증을 느낀 그는 보다 엄격한 삶을 찾아 **몬타누스주의**에 합류한다. 테르툴리아누스는 몬타누스파의 일원으로서 정통 교회의 압력에 저항하여 그 분파를 옹호하는 데 앞장섰다. 그러나 테르툴리아누스는 몬타누스파와도 결별하고 새로운 집단을 형성한다. 그 뒤에도 저술활동을 계속 이어나가다가 220년경 무대에서 홀연히 사라진다.

2. 히폴리투스

로마의 히폴리투스는 이레네우스의 제자라 불러도 무방할 만큼 이단 척결과 정통성 확립에 크게 기여하였다.[52] 그는 3세기 초부터 로마 교회의 삼위일체

---

52) 히폴리투스와 그의 작품에 대해서는 드롭너, 『교부학』, 204-209; Rudolph, *Gnosis: The Nature and History of Gnosticism*, 13-14 참조.

논쟁과 참회 수련 논쟁에 가담하였다.

히폴리투스는 로마 교회의 지도부에 있으면서도 교황 제피리누스(Zephyrinus, 199-217년)의 반대편에 서 있었다. 삼위일체에 관한 신학적 견해차는 정치적 불협화음으로 이어졌으며 교황이 서거한 뒤 칼릭스투스Calixtus가 그 후임으로 선출되자 그 간격은 더 크게 벌어졌다. 히폴리투스는 로마 교회와 결별하고 자신의 추종자로 이루어진 집단에서 주교를 맡았다. 그는 235년 막시미누스 황제의 박해 때 칼릭스투스의 후계자인 교황 폰티아누스Pontianus와 함께 사르디니아로 유배될 때까지 자신의 반체제 교회를 이끌었다. 히폴리투스와 교황 폰티아누스는 사르디니아 섬에 머무는 동안 화해에 이르는데, 결국 둘 다 사임하고 안테루스Anterus가 로마 주교를 맡는다. 이렇게 해서 둘 사이의 오랜 대립이 종식된다. 그 뒤 얼마 지나지 않아 히폴리투스는 죽음을 맞이한다(235년경).

히폴리투스도 중요한 작품을 여럿 남겼다. 영지주의자들과 관련하여 가장 중요한 작품은 『모든 이단에 대한 논박』이다. 필로소푸메나(Philosophumena, 철학적 가르침)라는 제목으로도 알려져 있다. 여기서 히폴리투스는 영지주의 가르침들이 그리스 철학의 연장선에 다름 아님을 보여 주고자 하였다. 영지주의 가르침은 참된 그리스도교 가르침에서 거리가 먼 그리스 철학이라는 것이다(히폴리투스 『이단 논박』 6-7).

알렉산드리아의 교부들

기원전 332년 알렉산드로스 대왕이 이집트 북부에 도시를 세우고 이 도시를 자신의 이름을 따서 알렉산드리아라 불렀다. 이때부터 알렉산드리아는 철학자들과 사상가들, 온갖 종교인들의 정신적 중심지가 되었다. 알렉산드리아의 도서관은 지중해 세계의 정신적 보고로서 자리매김하여 여러 세기 동안 로마 제국 전역에서 명성을 누렸다.

알렉산드리아에서는 유다교 공동체가 나름의 세력을 구축하고 있었다. 기원전 200년경 히브리 성경이 처음 그리스어로 옮겨지기 시작한 곳이 바로 알렉산드리아 유다교 공동체에서였다. 이들 가운데 가장 저명한 인물이 이른바 알렉산드리아의 필론이다. 그는 그리스 철학의 눈으로 유다교 신앙을 바라보고 해석하는 데 앞장선 인물이다. 알렉산드리아의 유다교 공동체는 여러 면에서 후대에 그리스도교 공동체가 성장하기 위한 밑거름을 마련해 놓았다고 볼 수 있다. 유다인들이 닦아놓은 길에서 그리스도인들은 편안히 따라갈 수 있었던 것이다. 이를테면 알렉산드리아의 교부들이 그리스 철학의 눈으로 그리스도교 신앙을 해석하는 것을 자연스럽게 여긴 것도 선대에 필론과 같은 인물이 있었던 덕분일 것이다.[53]

테르툴리아누스나 히폴리투스와 달리 이집트 알렉산드리아의 그리스도인들은 그리스 언어와 철학 및 관습에 매우 친숙하고 우호적인 환경에서 자라나고 살았다. 그래서 그들은 그리스 철학을 무조건 거부할 것이 아니라 적절한 방법론은 받아들여 그리스도교 신앙을 해석하는 데 활용하자는 쪽이었다. 그들은 그리스 철학에 조예가 깊은 만큼 영지주의 교리를 비판하는 데도 남달랐다. 그들은 적들과 똑같은 방법론을 써서 그들의 허점을 공격하였다. 이를테면 그들 역시 같은 철학과 신화를 자료로 활용하여 이교인들과 영지주의자들을 논박할 줄 알았다. 그들은 바오로 사도의 편지를 인용하는 것이나 아리스토텔레스와 호메로스의 이야기를 인용하는 것에 별 차이를 느끼지 않았던 것 같다. 그들은 상대의 언어를 빌려 자신들이야말로 '참된 영지자들' 곧 참으로 아는 사람들이라고 주장할 정도였다(알렉산드리아의 클레멘스 『잡록』 7.1).

2세기에 접어들면서 그리스 철학에 조예가 깊은 지성인들이 그리스도교로 대거 개종하기 시작하였다. 그들은 헬레니즘 문화와 그리스도교 신앙의 연

---

53) 솅크, 『필론 입문』 참조.

결점이 없는지 발견하는 데 골몰하였다. 알렉산드리아는 그러한 탐색에 가장 적합한 장소였다. 이러한 시대적 요구에 부응하여 알렉산드리아의 그리스도교 공동체는 신입 교우를 교육하기 위한 **교리**catechesis 학교를 설립하게 된다.[54] 교리 학교는 거기서 한 걸음 더 나아가 신입 교우뿐 아니라 성숙한 그리스도인들에게도 문을 열어 그들에게 철학적·신학적 방법론을 숙지시키는 프로그램도 제공하였다. 교리 학교는 표면상 알렉산드리아 주교의 관할이었지만 어느 정도 독립적 운영이 허용되었다. 185년에 설립된 이 교리 학교는 알렉산드리아 교회 신학 교육의 산실로서 맡은 바 책임을 다하였다. 그리하여 초대 그리스도교 신학자 가운데 가장 걸출한 두 인물, 알렉산드리아의 클레멘스와 오리게네스를 배출한다.

> **교리교수**Catechesis 교리교수에 해당하는 '카테케시스'는 '구두로 가르치다'는 뜻의 그리스어 $κατηχέω$에서 비롯한 말로, 그리스도교에 입문하려는 사람이 세례 준비과정으로 받는 교육을 가리킨다. 최초의 그리스도인들은 유다인이거나 유다교로 개종한 사람들이어서 성경의 권위라든가 계명 준수나 윤리 문제에 대해 별달리 심도 깊은 교육을 받을 필요가 없었다. 그러나 교회에 들어오는 이방인의 숫자가 늘어나면서 신참자들을 교육할 필요성이 커졌다. 초대 교회 때 교리교수는 스승과 제자의 일대일 교육으로 이루어졌다. 그러다가 새 신자들을 체계적으로 교육하여 그리스도교 공동체 안에 자리 잡는 것을 도와줄 교리 학교가 세워지게 되었다. 그 대표가 알렉산드리아의 교리 학교였다.

1. 알렉산드리아의 클레멘스

알렉산드리아의 클레멘스는 기원후 150년에 아테네 출신의 비신자 가정에서 태어났다.[55] 그는 그리스도교 교사들을 만나 배움을 얻으려고 곳곳을 누비고

---

54) 알렉산드리아 교리학교에 대해서는 Oliver, "The Catechetical School in Alexandria", 1-12 참조.

55) 알렉산드리아의 클레멘스와 그의 작품에 대해서는 Rudolph, *Gnosis: The Nature and History of Gnosticism*, 16-17; 드롭너, 『교부학』, 215-219 참조.

다녔다. 180년 알렉산드리아에서 그의 방황은 마침내 종지부를 찍게 된다. 클레멘스는 알렉산드리아 교리 학교의 설립자이자 최초의 교장이었던 판태누스에게서 그리스도교 신앙을 받아들이고 개종한다. 클레멘스는 판태누스의 후원을 받으며 곧바로 알렉산드리아 교회의 지도부에 입성한다. 그리고 190년경 판태누스가 학교를 떠나자 클레멘스는 그를 이어 학교를 맡게 된다(에우세비우스 『교회사』 6.6). 클레멘스는 알렉산드리아 교리 학교에서 201년 셉티미우스 세베루스 황제 치세 때까지 가르친다. 그 시절 동안 클레멘스는 학교의 영향력을 확대하고 우수한 학생들을 상당수 배출하였다. 알렉산드리아 교리 학교 출신자들 가운데 알렉산드리아 교회나 다른 지역 교회에서 지도자가 되는 경우가 많았다.[56] 세베루스가 교회를 박해하기 시작하자 클레멘스는 학교를 떠나 다른 곳으로 갔다. 그는 카파도키아에 있는 옛 제자의 집에 은거지를 마련하고 210년에서 215년까지 그곳에서 지냈다.

클레멘스 시대 때 알렉산드리아 그리스도교 공동체는 대략 두 부류로 나뉘어 있었다. 대다수를 차지한 그리스도인들은 이집트 본토인들로서 철학적 방법론을 멀리하는 편이었다. 소수를 차지한 그리스계 그리스도인들은 상대적으로 교육의 혜택을 더 많이 받은 지성인들로 그리스 문화와 철학에도 조예가 깊었다. 이들은 추상적 이론이나 영지주의자들의 복잡한 신화에도 이질감을 느끼지 않는 편이었다. 클레멘스는 양극단 사이에서 둘의 화합을 바라며 중용의 길을 모색하고 온건한 그리스도교적 생활양식을 독려하였다. 그리고 그것을 '진정한 영지자'의 길이라고 여겼다(클레멘스 『잡록』 7.1). 그는 영지주의자들의 개념을 받아들여 평균적 신앙인과 성숙한 신앙인, 그리고 가장 성숙한 '영지적' 신앙인 사이에 차이가 있음을 인정하였다. 그러나 이러한 차이가 생기는 이유는, 갑작스런 통찰이나 각성 체험 때문이 아니라 신앙이 사람을 더 큰 지식으로 인도하여 윤리성도 성장시키기 때문이라고 보았다. 클레멘스에게

---

[56] 오리게네스가 대표적인 경우다.

진정한 지식(그노시스)은, 도덕적 일생을 보낸 결과물이며 하느님에 대한 깊은 지식의 결실이었다(클레멘스 『잡록』 6.12; 6.14).[57]

클레멘스는 영지주의와 관련하여 중요한 작품을 여럿 저술하였다(에우세비우스 『교회사』 6.13).

- 『그리스인들에 대한 권고』 *Protrepticus*: 비신자인 그리스인들에게 그리스도교로 개종할 것을 권면할 목적으로 저술하였다.
- 『교사』 *Paedagogus*: 윤리 신학서로 영지주의 교리에 대한 논박으로 시작한다. 여기서 클레멘스는 완전한 그리스도인을 '참된 영지자'로 제시한다.
- 『잡록』 *Stromateis* 1-6, 심도 깊은 신학적 추론을 시도한 작품으로 총 7장만 남아 있다. 4장과 7장에 영지주의자들에 관한 클레멘스의 시각이 나타난다.
- 『테오도투스 발췌록』 *Excerpta Theodoti*: 클레멘스 당시에 가장 중요했던 영지주의 분파의 작품 인용문집이다. 이 발췌록은 잡록 안에 포함되어 있다.

2. 오리게네스

클레멘스의 제자이자 그 뒤를 이어 알렉산드리아 학교장까지 맡은 오리게네스는 초대 교회 최고의 독창적 사상가라 불러도 손색이 없다.[58] 청출어람이라는 말이 무색하지 않을 것이다. 오리게네스는 알렉산드리아 신자 가정에서

---

57) Oliver, "The Catechetical School in Alexandria", 9 참조.
58) 오리게네스와 그의 작품에 대해서는 Rudolph, *Gnosis: The Nature and History of Gnosticism*, 17-18; 드롭너, 『교부학』, 220-232 참조.

태어났는데, 그의 아버지는 202년 세베루스 황제의 박해 때 순교한다. 이때 오리게네스의 스승이었던 클레멘스는 알렉산드리아를 떠나 카파도키아로 피신하였다. 오리게네스는 세베루스의 박해로 인생의 두 기둥이던 아버지와 스승을 함께 잃은 셈이었다. 오리게네스는 알렉산드리아 교리 학교를 떠맡아야 했고 어머니와 형제들의 부양까지 책임져야 했다. 그는 학교에서 신학을 가르치면서 매우 금욕적인 생활을 한 것으로 유명하다. 학교에 다른 교사를 영입한 뒤에는 그에게 쉬운 과목을 넘기고 자신은 보다 고차원적인 과목에 집중하여 가르쳤다(에우세비우스 『교회사』 6.2-3; 6.8).

오리게네스는 영지주의에 빠져 있던 암브로시우스라는 사람을 정통 그리스도교로 인도하였다. 부유했던 암브로시우스는 오리게네스에게 일종의 속기사를 붙여준다. 타자기도 없이 오직 손에만 의존해서 원고를 쓰던 시대에 속기사를 곁에 둔다는 것은 천군만마를 얻은 것이나 다름없었다. 이제 오리게네스는 자신의 작품을 대량 생산하여 널리 퍼뜨릴 수도 있게 되었다. 이미 학자로서 명성을 얻고 있던 오리게네스는 이에 힘입어 제국 전역을 돌아다니면서 강사와 설교자로서 활동하기 시작하였다(에우세비우스 『교회사』 6.18). 오리게네스가 강사로서 큰 성공을 거두면서 알렉산드리아의 주교 데메트리우스Demetrius와의 사이에 문제가 생긴다. 데메트리우스는 오리게네스를 계속 자기 휘하에 두고 싶어 했다. 사실 그들의 관계는 229년 오리게네스가 팔레스티나 교회의 사제로 서품되면서 이미 나빠질 대로 나빠져 있었다. 데메트리우스는 이 일을 오리게네스가 자신의 권위에 도전한 것으로 받아들였다. 그러던 중에 오리게네스는 칸디두스Candidus라는 영지주의 그리스도인과 논쟁을 벌이러 팔레스티나를 방문하는데, 논쟁 중에 오리게네스는 사탄이라도 회개한다면 하느님과의 관계가 회복될 가능성이 있다는 의견을 피력하였다. 이 일을 알게 된 데메트리우스는 더 이상 두고 보지 못하고 오리게네스를 단죄하기로 결정한다. 이 일을 계기로 데메트리우스와 오리게네스의 관계가 완전히 끝나고 오리게네스는 팔레스티나에 머문다. 오리게네스는 이제 팔레스티나에 새 학교를 세우고 그리스도교 교육에 힘쓴다(에우세비우스 『교회사』 6.8-23).

오리게네스는 저술과 설교 여행을 계속해 나간다. 그는 235년에 있은 막시미누스Maximinus 황제의 박해는 피했지만 250년 데키우스Decius 황제가 그리스도교 공동체를 공격했을 때는 체포되어 고문을 당한다. 오리게네스는 이때 육신의 손상은 입었지만 살아남아 몇 년을 더 산다. 정확한 사망 날짜는 알려져 있지 않다(에우세비우스 『교회사』 6.28; 6.39).

오리게네스는 당시에 유행하던 그리스 철학에 상당한 조예가 있었다. 그는 자신이 얻은 철학적 지식을 정통 그리스도교 신앙에 접목하는 데 성공했다. 그리하여 그리스도교 신앙을 철학적 용어와 개념으로 훌륭히 설명해낼 수 있었다. 그는 비 그리스도교 철학자들과 영지주의 그리스도인들과 만나 그들의 용어와 개념으로 싸워 이기고자 하였다. 그런 시도가 늘 좋은 방향으로 끝나는 것은 아니어서 칸디두스와의 논쟁 사건에서 보이듯 다른 정통 그리스도인들과 마찰을 빚기도 하였다. 오리게네스 사망 이후 몇 세기 동안 다른 정통 저술가들은 오리게네스의 저술과 사상을 의심의 눈으로 바라보고 공격하였다.

오리게네스는 영지주의 그리스도인들과 싸우는 데 많은 시간을 할애하였으며, 특히 말년에 그들과의 논쟁에 더 주력하였다. 그의 저술 가운데 상당수가 영지주의 사고를 다루고 있다. 이와 관련하여 『요한 복음서 강해』가 중요하다. 이 방대한 저술에서 오리게네스는 유명한 영지주의 교사 헤라클레온을 언급한다. '칸디두스와의 대화'도 중요하다.[59] 이 작품은 오리게네스와 영지주의자 칸디두스의 논쟁에 관한 기록이다. 앞서 언급했듯이 이 논쟁을 계기로 오리게네스와 알렉산드리아의 주교 데메트리우스가 완전히 결별하게 된 것은 유명하다. 논쟁 중에 오리게네스가 사탄에게까지 회개와 구원의 가능성을 열어둔 것이 돌이킬 수 없는 문제가 되었던 것이다. 영지주의자 헤라클리데스

---

59) 작품 원문은 전하지 않으며 히에로니무스, 『반 루피누스 호교론』 2.19에 이 작품이 언급되어 있다.

와의 논쟁을 다룬 『헤라클리데스와의 대화』도 영지주의에 대한 오리게네스의 생각을 아는 데 도움이 된다(에우세비우스 『교회사』 6.24; 6.32; 6.36).

— ◆◆◆ —

그리스 철학에 익숙했던 알렉산드리아의 그리스도인들은 정통 신앙과 영지주의 신앙을 화해시키려 노력하였다. 그리스 철학과 그리스도교 복음이라는 공통분모를 통해 얼마든지 둘의 화해가 가능하다고 보았던 것이다. 그러나 영지주의 신학과 정통 신학 사이에 다리를 놓는 것은 거의 불가능함이 드러났다. 둘의 차이는 이미 다양성이라는 차원을 넘어있었기 때문이다. 때로는 상대방과의 차이를 용인하는 것이 자신의 정체성을 포기하는 일이 될 수도 있다. 정통 신앙과 영지주의 신앙의 차이가 바로 그런 상태였다. 둘 다 자신의 정체성까지 포기해가며 서로를 용납할 수는 없었을 터이다.

영지주의 그리스도교의 쇠락

2-3세기 절정을 구가했던 영지주의 그리스도교는 교부들의 척결 노력으로 점차 교회 안에서 힘을 잃게 된다. 영지주의가 교회 안에서 설 자리를 잃은 것은 교부들과 신학적 차이를 극복하지 못한 이유도 있었지만 내부적으로도 이유가 있었다. 영지주의는 성향 상 조직으로 견고히 자리 잡기에 적합하지 않았다. 교부들이 주도한 주류 교회는 구원이 각 사람과 하느님의 관계 문제이기는 하지만 그러한 관계를 회복시키는 데 성사와 전례가 본질적 역할을 하며 따라서 이를 수행할 사제단과 교회 조직이 반드시 필요하다는 입장이었다. 또한 하느님의 은총은 무엇보다 공동체가 드리는 성사와 전례를 통해 각 인간에게 내려진다고 여겼다. 따라서 주류 교회에 교계 제도는 선택사항이 아니라 필수였다.

반면에 당시 영지주의자들은 조직을 체계적으로 구성하거나 다른 공동체와 이어줄 연결고리를 만들지 않는 편이었다. 그들이 사제단과 같은 위계 조직을 구성하지 않은 것은 의도적이었는지도 모른다. 그들은 깨달음을 주는 것, 곧 그노시스 체험을 유발하는 것은 조직이 아니라 각 사람 안에 깃든 '영'이라 여겼기 때문이다. 깨달음을 얻는 데 종교 조직과 기관은 필요 없다는 것이다. 이처럼 초창기 영지주의자들 가운데 많은 이들이 깨달음과 조직, 이 둘을 양립 불가능하다고 보았다. 이처럼 성향 상 조직적이지 못한 영지주의는 내부적 결속력도, 다른 공동체와의 결속력도 약할 수밖에 없었으며, 주류 교회 안에 머물기에도 교회 밖으로 나와 주류 교회처럼 견고한 집단으로 성장하기에도 역부족이었다.

물론 영지주의자들에게도 조직과 제도는 각 개인의 깨달음을 방해하지 않는 한에서 긍정적 지원군으로 받아들여졌다. 발렌티누스와 그 추종자들은 가능한 한 주류 교회에 머물고 필요할 때만 독자적 집회를 가지는 편이었다. 그들은 자신들의 가르침과 성사에 대한 해석의 자유가 보장되는 한, '혼적' 인간에 해당하는 주류 그리스도인들과 '영적' 인간에 해당하는 영지주의 그리스도인들이 함께 예배드리는 일이 전혀 거리낄 것이 없다고 여겼다. 그래서 적어도 발렌티누스가 활동하던 당시까지는 그와 그를 추종하는 사람들이 교회 안에 머물며 다른 사람들과 같이 전례를 드렸다.[60]

사실 영지주의자들은 대부분 자신들이 이단으로 여겨지고 교회에서 배척당하는 것을 환영하는 분위기는 아니었던 것 같다. 다양성과 차이가 인정되어 자기들도 교회 안에 머물면서 자유롭게 신앙생활을 영위하기를 바랐을 터이다. 그러나 2세기 말엽부터 교회 안에 차이를 인정하지 않고 통일을 지향하

---

60) Hoeller, *Gnosticism; New Light on the Ancient Tradition of Inner Knowing*, 129-130 참조.

는 분위기가 고조되면서 발렌티누스 이후의 영지주의 교사들은[61] 거의 대부분 주류 교회 밖에서 활동해야 했으며 이단이라는 비난을 면할 수 없었다.[62]

그러다가 콘스탄티누스 대제 이후 정통 그리스도교가 득세하고 국가 차원에서 이단을 척결하고자 하면서 영지주의 전통은 점차 지하로 숨어들었다. 특히 4세기 말 스페인의 주교 프리실리아누스의 추종자들이 교회 안에 문제를 불러일으킨 이후부터는 교회 안에서 영지주의자들을 색출하려는 노력이 더욱 거세어졌다. 이로 인해 영지주의가 적어도 교회 안에서는 살아남기 어려워졌다. 그 이후 영지주의는 교회 밖에서 5세기 무렵까지 간신히 명맥만 유지하다가 마니교와 만다이즘의 형태로 계승되었지만 교회 안에서는 공식적으로 자취를 감추었다.[63]

12세기 영지주의의 재부흥[64]

영지주의는 1세기 말-2세기 초부터 교회 안에 본격적으로 유입되기 시작하여 많은 추종 세력을 형성하며 영지주의 그리스도교로 발전했지만, 2세기 말부터는 분위기가 완전히 바뀌었다. 교회 안에 정통과 이단을 가르고 이단으로 판단되는 어떤 움직임도 용인되지 않는 분위기가 형성되면서 영지주의 그리스도교는 차츰 교회 안에 설 자리를 잃고

---

61) 가령 발렌티누스의 초기 제자들 가운데 하나인 마르쿠스, 아펠레스, 뛰어난 성경 주석가였던 헤라클레온, 금욕주의 스승인 니콜라우스 등.

62) Hoeller, *Gnosticism; New Light on the Ancient Tradition of Inner Knowing*, 130. 영지주의자들 측에서는 오히려 주류 교회 교부들이 이단일 터였다. 콥트어 베드로 묵시록을 참조하라. 그들은 교회 지도자들을 이단자라 부르며 특히 주교와 부제들을 비판한다.

63) Hoeller, *Gnosticism; New Light on the Ancient Tradition of Inner Knowing*, 156.

64) 12세기 영지주의의 재부흥기에서부터 현대까지의 영지주의 역사는 특히 Hoeller, *Gnosticism: New Light on the Ancient Tradition of Inner Knowing*, 155-178을 참조하라.

변방으로 밀려났다. 그 이후부터 영지주의 전통은 적어도 교회 안에서는 지하로 숨어들었지만 교회 바깥에서는 만다이즘이나 마니교 등의 형식으로 이어졌다. 그러다가 12세기 피레네 산맥 부근에서 카타르 종교가 일어난 이후부터 영지주의는 서유럽에 본격적으로 모습을 드러내기 시작하였다.

영지주의는 이슬람에도 영향을 끼쳤다. 특히 수피즘과 같은 신비주의 학파에 영지주의가 미친 영향은 크다. 무함마드 자신이 영지주의를 알고 있었을지도 모른다. 당시에는 영지주의 공동체가 아직 많이 있었고 이들 공동체에 속하는 사람들이 종종 이슬람으로 개종하곤 했기 때문이다. 무함마드는 그리스도인들이 예수의 진짜 복음을 파괴하고 다른 것으로 대체하였다고 말했다고 한다. 수피의 위대한 스승 슈라와르디 Shurawardi 는 자신의 깨달음이 영지주의와 플라톤 사상에 힘입은 바 크다고 고백한다.[65]

영지주의와 종교개혁, 그리고 계몽주의

영지주의는 종교개혁(16-17세기)과 계몽주의(18세기)에도 영향을 미쳤다. 실제로 영지주의는 프로테스탄트 종교개혁과 모종의 관련이 있었다. 루터는 개인의 영적 체험에 대한 관심이 당시 가톨릭교회에서 현저히 줄어들었음을 인지하면서 영적 체험에 대한 관심을 다시 불러일으키고자 하였다. 그의 시도는 수포로 돌아갔지만 간접적이나마 영적 각성 운동에 불을 지핀 것은 사실이다.

르네상스와 더불어 헤르메스주의와 카발라 등 신비주의 종교에 대한 관심도 다시 일어났다. 당시 독일의 영지주의자 야콥 보헴(1575-1624년)은 이 모든 비

---

65) Hoeller, *Gnosticism; New Light on the Ancient Tradition of Inner Knowing*, 156.

교祕敎적 수련법들을 자신의 영지주의 체계에 통합시켰다. 그는 인간의 영은 하느님의 본질에서 샘솟은 신적 불꽃이라 가르쳤다. 그에 따르면, 이 영이 어둠 속에 갇혀 번민과 비탄을 겪고 있으나 결국에는 하느님의 빛과 다시 결합할 운명이다. 사랑의 불꽃은 인간의 영이 하느님께 가닿게 하는 힘이라 하였다. 보헴의 영지주의적 가르침은 당시 사람들에게 큰 영향을 주었다.[66]

영지주의자들이 추구한 계몽Enlightenment은 18세기 계몽주의와는 이상과 목적이 달랐다. 영지주의적 계몽인 그노시스는 구원의 영적 깨달음, 영적 통찰을 말한다. 볼테르와 그 동료 철학자들이 추구한 계몽은 중세 교회의 교조주의와 몽매주의를 제거하는 것을 뜻했다. 그러나 영지주의와 계몽주의는 그 기원과 근본 방향에 있어서 서로 연결되어 있었다.[67]

계몽주의의 빛을 받은 괴테와 블레이크는 영지주의자들에 대한 오명을 벗기는 데 앞장섰다. 윌리엄 블레이크는 자연이 악마의 작품이라고 분명히 말한다. 여기서 자연이란 피조물 전체를 말한다. 윌리엄 블레이크의 작품 속에서 데미우르고스는 우르토나라는 이름으로 계속 반복해서 등장한다. 이 세상은 저급한 존재가 만든 저급한 피조물이며 피조물을 만든 존재가 다시 피조물 속에 갇혔다고 한다(『천국과 지옥의 결혼』*The Marriage of Heaven and Hell*). 윌리엄 블레이크는 특히 카르포크라테스파와 소위 반율법적 영지주의에 호감을 느꼈다. 『천국과 지옥의 결혼』이라는 작품집에 나오는 「지옥의 잠언들」에서 블레이크는 도덕적 세심주의를 뒤흔들면서 자유를 부르짖는다. 계몽주의의 영향을 받은 또 다른 작가 헤르만 멜빌의 작품 『모비딕』에서도 영지주의는 분명한 모습을 드러낸다. 에이해브 선장은 고래에 빗대어 창조주 신을 공격한다.

계몽주의가 영지주의자들과 그들의 가르침에 대한 시각에 변화를 가져온 것은 분명하다. 이로써 낭만주의자들이 영지주의적 사고로 향하게 되는 길이

---

66) Hoeller, *Gnosticism; New Light on the Ancient Tradition of Inner Knowing*, 156-159.
67) Hoeller, *Gnosticism; New Light on the Ancient Tradition of Inner Knowing*, 160-162.

닦인 셈이다.[68]

낭만주의와 영지주의

계몽주의의 뒤를 이은 낭만주의(19세기)는 특정한 세계관보다는 이 세상을 넘어선 곳을 향한 열망으로 유명하다. 낭만주의의 대표자인 셸리나 바이런은 하느님이나 종교에는 관심이 없었으며 워즈워드같이 자연 신비주의를 추구한 사람들도 영지주의와는 맞지 않는 듯하다. 사실 이들 낭만주의의 대가들은 명시적으로 영지주의를 찬양하거나 하지는 않았다. 그러나 낭만주의 작가들 가운데에는 영지주의 색채가 다분한 사람들도 있었다. 그들은 이 세상을 지양하고 절대적 존재를 숭배하였다. 그리고 인간의 상상력을 고양시켜 영지주의자들, 신플라톤 사상가들과 수피들을 찬양하였다. 영지주의자들과 마찬가지로 그들도 현생의 단조로운 삶에 만족하지 못하고 비범한 의식 차원에 도달하기를 열망하였다. 다시 말해 낭만주의자들 가운데는 명시적이지는 않지만 깨달음, 곧 그노시스를 추구한 자들이 분명히 있었다.[69]

19세기는 엄청난 변화의 시기였다. 이는 정치, 산업, 과학 분야뿐 아니라 영성 면에서도 마찬가지였다. 뉴턴의 우주론이 보다 복잡하고 심오한 우주론으로 대치되었다. 다윈과 그의 생물학적 진화론은 전통적 그리스도교 창조 교리를 의문에 부쳤다. 불확실성이 난무하고 과거에 제대로 탐색되지 않았던 분야에 대한 재검토가 이루어졌다. 그 대상에 영지주의자들도 포함되었다. 독일과 프랑스의 성서신학자들은 영지주의 사본에 눈을 돌리기 시작하였다.

---

68) Hoeller, *Gnosticism; New Light on the Ancient Tradition of Inner Knowing*, 163-164.
69) Hoeller, *Gnosticism; New Light on the Ancient Tradition of Inner Knowing*, 165-166.

일반 대중들 사이에서도 신 샤머니즘적 영성이 붐을 일으켰다. 백악관과 상류층의 대저택에서 강신술이 행해졌으며 대중들은 영매를 찾기 시작하였다. 많은 사람들이 사후 삶에 대해 종교에게 물을 필요가 없다고 여기게 되었다. 종교의 힘을 빌리지 않고 그들이 직접 알아낼 수 있다고 느꼈던 것이다. 다른 사람이 물려준 가르침을 받아들이고 믿는 것이 아니라, 스스로 영적 체험을 통해 깨달음을 얻고자 하였다. 이는 영지주의의 핵심인 그노시스의 획득과 다를 바 없다. 19세기 중반의 주요 인물은 프랑스 카발라 신자이자 마술 연구가 엘리파스 레비이다. 그의 책은 수많은 독자를 비술의 세계로 인도하였다. 레비는 영지주의자는 아니었지만, 혹은 적어도 자신이 공개적으로 영지주의를 표방하지는 않았지만 영지주의와 관련된 온갖 주제들을 세상 밖에 내놓았다. 카발라라는 유다교 영지주의는 이제 유다인의 경계를 넘어 수많은 사람의 관심의 대상이 되었다. 그 대표자가 바로 비술을 재부흥시킨 헬레나 페트로브나 블라바츠키이다. 그녀는 19세기뿐 아니라 20세기에 이르기까지 영향력을 행사하며 서양 영성 운동의 새로운 흐름을 주도하였다.[70]

블라바츠키와 신지학 협회

1831년 러시아에서 태어난 블라바츠키 H. P. Blavatsky는 영지주의의 부흥에 혁혁한 공을 세운 인물로 유명하다. 블라바츠키는 1875년 뉴욕에 신지학神智學 협회 Theosophical Society를 설립하고 브라만교와 불교의 교리에 입각한 세계적 절충 종교를 제창하였다. 그녀는 신플라톤주의자 암모니우스 사쿠스가 사용한 용어를 빌려 자신의 가르침 체계를 '신지학' Theosophy이라 불렀다. 그녀가 주창한 신지학은 불교와 힌두교 신비주의가

---

70) Hoeller, *Gnosticism; New Light on the Ancient Tradition of Inner Knowing*, 166-167.

서양의 영성 전통과 만나 탄생한 것으로 볼 수 있다. 관심 폭이 넓었던 블라바츠키는 영지주의에도 깊은 조예가 있었으며 이에 대해 270쪽에 달하는 책을 썼다. 그녀는 카르마(업)니 환생이니 하는 용어들을 동양 종교에서 빌려왔지만 영지주의 전통에서도 많은 것을 빌려왔다. 실제로 블라바츠키가 고대 영지주의의 부활을 염두에 둔 것은 아니지만 그녀의 작품에 익숙한 사람이라면 영지주의의 자취를 놓치지 않을 것이다.[71]

블라바츠키는 특히 영지주의 신神 개념에 동의하였다. 그녀는 일신론적 하느님 개념을 신랄하게 비판하고 초월적 비인격신 개념을 받아들였다. 블라바츠키는 구약의 신을 데미우르고스로 보는 영지주의 개념도 수용하였으며 여호와는 사탄이라고 말한 적도 있다. 우주를 불완전한 영적 존재가 만들었다는 말도 한다. 블라바츠키는 영지주의자들을 높이 평가하면서 영지주의 가르침에 동의한다는 말을 서슴지 않는다. 영지주의에 대한 그녀의 호의적 태도는 다른 사람들에게도 영향을 미쳐 많은 사람들을 영지주의로 인도하였다. 그녀의 제자 미이드G.R.S. Mead는 영지주의와 헤르메스주의 작품을 현대어로 번역하여 보다 많은 사람들이 영지주의에 접근할 수 있도록 하였다. 1884년에 신지학회 회원이 된 미이드는 블라바츠키 여사의 개인 비서로 일하면서 고대 영지주의와 관련한 수많은 작품을 저술하였다. 그 가운데 1896년에 나온 피스티스 소피아의 영어 번역본과 1900년에 발간된 *Fragments of a Faith Forgotten*이 대표적이다. 특히 *Fragments of a Faith Forgotten*에는 1-2세기 영지주의와 영지주의자들에 대한 중요한 정보가 실려 있다. 『헤르메스 전집』*Corpus Hermeticum*의 현대어 번역판과 세 권으로 된 *Thrice-Greatest Hermes*도 중요하다. 미이드 덕분에 학문과 직접 관련이 없는 일반인들도 영지주의를 접할 수 있게 되었으며 그의 저술은 지금도 많은 영향을 미치고 있다.[72] 이 모든 일들이 영지주의 재

---

71) Spierenburg (ed.), *H.P. Blavatsky: On the Gnostics*를 참조하라.
72) Goodrick-Clarke, *G.R.S. Mead and the Gnostic Quest*, 31-32.

부흥의 길을 예비하였다.[73]

융과 그의 영지주의 심리학

칼 구스타프 융(1875-1961년)도 영지주의의 재부흥에 기여하였다. 융은 지그문트 프로이트, 알프레드 아들러와 더불어 삼 대 심리학자 가운데 하나로 꼽힌다. 그러나 그의 업적은 심리학의 경계를 훨씬 넘어서서 신화학이나 문화 인류학, 문학과 종교학 등에도 큰 영향을 미쳤다. 융은 영지주의를 잘 이해하고 높이 평가한 것으로도 유명하다.[74]

융은 어려서부터 종교에 관심이 많았다. 개신교 목사였던 그의 아버지는 아들을 그리스도교에 입문시켰지만 융은 이 종교에 만족하지 못했고 늘 무언가 부족한 느낌에 시달렸다. 융은 영지주의 서적들을 만나면서 전환점을 맞이한다. 그는 당시에 입수할 수 있었던(아직은 나그 함마디 문헌들이 발굴되기 전이었다) 단편적 작품들과[75] 교부들의 인용문을 통해 영지주의에 대한 그림을 정확히 그릴 수 있었다고 한다. 융은 영지주의자들에게 깊은 공감을 느꼈으며 그들의 작품을 읽으면서 오랜 친구들 사이에 있는 듯 편한 느낌을 받았다고 한다. 융은 심리학자이자 프로이트의 동료로서 심층 심리학의 선두 주자가 되었다. 그는 영지주의가 심리분석에 도움이 되리라 여겼지만 이 생각이 프로이트의 공감을 얻지는 못하였다. 결국 융은 프로이트와 결별하고 독자적 노선을 걷게

---

73) Hoeller, *Gnosticism; New Light on the Ancient Tradition of Inner Knowing*, 167-170.

74) Schlamm, "Jung, Carl Gustav, and Gnosticism", 965-968.

75) 융은 무의식과의 대면 이후 자신과 비슷한 체험을 한 사례를 찾기 시작하는데, 영지주의와 연금술에서 그러한 내적 체험의 증거를 찾았다고 한다. 융이 영지주의자들을 연구하는 데 가장 많이 사용한 문헌이 미이드의 저술, 특히 미이드가 번역한 피스티스 소피아였다고 한다: Goodrick-Clarke, *G.R.S. Mead and the Gnostic Quest*, 1. 30-31.

된다. 융은 그 이후 일련의 꿈과 환시 체험을 하면서 필레몬이라는 영적 존재를 만나기도 한다. 상징들의 의미에 관한 필레몬의 가르침과 성찰은 일기 형식의 책으로 엮어졌다.[76]

융은 프로이트와 결별한 지 얼마 안 되어 고대 영지주의 작품과 비슷한 형식으로 논고를 작성하는데, 그 작품에 'Septem Sermones ad Mortuos'이라는 라틴어 제목을 붙였다. 그리고 '동서가 만나는 도시 알렉산드리아의 바실리데스가 쓴, 죽은 이들에게 보내는 일곱 연설'이라는 설명을 달았다. 이 작품 속에 융의 심리학적 이론과 통찰이 배태되어 있다.[77] 심리학자 융에게 영지주의가 영감의 한 원천이 되었다고 말할 수 있을 것이다.

실제로 융은 상징으로 가득한 영지주의 원천 자료들이 자신의 심리학에 큰 도움을 주었다고 고백한다.[78] 융은 어떤 부분에서 영지주의자들과 공감했던 것일까?

우선 융과 영지주의자들 모두 '악의 문제'에 큰 관심을 두었다. 어쩌면 영지주의 신화를 만든 추동력은 세상에 존재하는 악 혹은 불완전함을 설명하고자 하는 원의였을지도 모른다. 신정론theodicy과 관련된 주제에 대한 정통 그리스도교의 가르침에 품은 불만이 영지주의 신화를 그 대안으로 꽃피게 만들었을 법하다.

융이 악의 문제에 관한 전통적 그리스도교의 가르침에 불만을 품고 있었다는 사실 역시 잘 알려져 있다.[79] 악은 더 이상 '선의 결핍'privatio boni이라는

---

76) Hoeller, *Gnosticism: New Light on the Ancient Tradition of Inner Knowing*, 170-171. 융의 내면 일기는 *Liber Novus: The Red Book*이라는 제목으로 융 사후 50년이 지난 뒤에 출간되었다. 우리나라에는 '레드 북'이라는 제목으로 나왔다: 칼 구스타프 융, 『레드 북』, 김세영 옮김 (부글북스 2012).

77) Hoeller, *The Gnostic Jung and the Seven Sermons to the Dead*.

78) Jung, *Memories, Dream, Reflections*, 231.

79) Phil, *Jung and the Problem of Evil*.

말로 축소될 수 없다는 것이다.[80] 융 자신이 악의 문제와 씨름하면서 성부·성자·성령의 성삼위가 넷째 위격인 악과 함께 성사위가 되어야 할 것이라 제안한다. 융은 언제나 인간 본성의 어두운 측면, 인간 본성의 그림자와의 통합과 화해를 촉구하였다.[81] 따라서 융이 악의 문제에 관해 고대 영지주의자들에게 동지의식을 느꼈을 것은 당연하다. 영지주의자들이 제기한 '악은 어디에서 오는가?'라는 문제를 그리스도교는 아직 변변한 해답을 내놓지 못했다는 게 융의 생각이었다.[82]

융과 영지주의자들의 둘째 공통점은 종교적 체험의 중요성을 부각시켰다는 것이다. 영지주의자들은 종교적 체험을 매우 중시했다. 퀴스펠G. Quispell은, 영지주의는 철학이나 이론을 내놓은 것이 아니라 특정한 종교적 체험을 표현한 것이라는 점과 그러한 체험이 신화나 전례를 통해 드러난다는 사실에 주목하였다.[83] 퀴스펠의 주장에 힘입은 융은, 영지주의자들이 종교적 체험이 먼저이며 텍스트와 신화 그리고 의례와 교리는 그 다음이라고 믿었다는 점에서 자신과 관점이 같다고 보았다.[84]

그렇다면 영지주의가 융에게 개인적으로는 어떤 의미를 띠었을까? 융은 1913-18년 심각한 내적 위기를 겪는다. 이해할 수 없는 기괴한 환상과 꿈과 상념들로 가득 찼던 이 시기를 융은 '무의식과의 대면' 시기로 묘사한다. 이 시기를 겪으면서 융은 프로이트의 정신분석에서 벗어나 새로운 체계를 만들어낸다. 이때 큰 역할을 한 것이 영지주의였다. 1916년 융은 영지주의 작품들을 연구하면서 그 안에서 자신의 통찰과 사색에 영향을 미칠 큰 자양분을 얻을 수

---

80) Jung, *Memories, Dream, Reflections*, 360.
81) Jefford, "Jung the Gnostic?", 7.
82) Jung, *Memories, Dream, Reflections*, 364-365.
83) Jefford, "Jung the Gnostic?", 7.
84) Jefford, "Jung the Gnostic?", 8.

있었다. 프로이트와 결별한 뒤 끔찍한 시기를 보내던 융에게 영지주의 작품을 통해 만난 영지주의자들이 그에게 유일한 동무가 되어 준 셈이었다고 한다.[85]

융의 'Seven Sermons to the Dead'(죽은 이들에게 보내는 일곱 연설)은 영지주의가 그의 새로운 정체성 확립에 얼마나 큰 영향을 미쳤는지 보여 준다. 이 글은 융이 무의식과의 고투를 벌이던 5년이 끝나갈 무렵 사흘 밤 동안 썼다고 하는데 2세기 영지주의의 용어와 관련 인용문들로 가득하다. 연설의 저자는 2세기 중엽에 꽃을 피운 고대 영지주의의 중심인물 가운데 한 명의 이름을 따서 바실리데스라는 차명으로 되어 있다. 바실리데스는, 융의 표현대로 동서가 만나는 곳 알렉산드리아에서 125-140년경에 가르침을 폈던 유명한 영지주의 교사다. 이 책은 영지주의 언어와 색채로 기록되어 융이 당시에 영지주의에 얼마나 심취해 있었는지 잘 보여 준다. 본문은 '죽은 이들'이 융에게 도움을 청하러 오는 내용으로 시작한다. 이때 '죽은 이들'이 상징하는 것은 융의 무의식이다. 융이 영지주의자였는지 아닌지를 두고 학자들 사이에 이견이 좁혀지지 않는다. 융도 자신은 분석 심리학자일 따름, 영지주의자가 아니라고 하였다. 그러나 융이 계발한 인간 심리학의 모델은 20세기 영지주의에 다름 아니다.[86]

융은 고대 영지주의 지혜를 다시 일으키고 영지주의 개념과 신화들과 이미지들을 분석 심리학에 노련하게 적용할 줄 알았다. 영지주의에 기울인 관심 때문에 융은 때로 비판의 표적이 되기도 했다. 마르틴 부버는 융을 영지주의자로 부른다. 종교학자 로버트 세갈은 융이 부적절한 방식으로 영지주의를 오용했다고 비난한다. 영지주의자들은 이 세상을 벗어나는 데만 관심이 있었으므로, 그림자의 통합 이론 같은 융의 심리학적 이론들은 영지주의와 전혀 상관이 없다는 것이다. 세갈의 비판에 대해 융은 자신이 영지주의를 오용한 적

---

85) Quispell, "Gnosis and Psychology", 244.
86) Schlamm, "Jung, Carl Gustav, and Gnosticism", 965.

도, 그것을 심리학으로 전환시킨 적도 없다고 응답한다.[87]

융이 심리학자로서 영지주의 작품에서 심리학적 의미들을 찾은 것은 어쩌면 당연한 일일지도 모른다. 융은 현대인의 관점에서 고대의 신화와 가르침을 해석한 사람이라 말할 수 있다. 그가 영지주의에 기여한 것은 바로 이런 점에서다. 특히 융은 『욥에게 답하다』*Answer to Job*라는 책에서 데미우르고스에 관한 영지주의 가르침을 독창적으로 발전시킨다.[88] *Answer to Job*(독일어 *Antwort auf Hiob*)은 융이 1952년에 쓴 책으로 구약성경의 욥기에 담긴 윤리적·신화적·심리학적 의미들을 밝히고 있다. 이 책의 중심주제는 '하느님 비판이다. 융은 이 책에서 하느님에게는 좋은 면뿐 아니라 나쁜 면, 곧 넷째 측면인 사악한 얼굴도 갖고 계시다고 한다. 이 넷째 얼굴이 삼위에서 빠졌다는 것이다. 융은 하느님의 넷째 얼굴을 다름 아닌 구약성경 특히 욥기에서 보았다고 주장한다. 융의 주장은 창조주 데미우르고스와 관련된 영지주의 신화들을 연상시킨다.

융이 심층 심리학을 전개하면서 영지주의 신화에서 많은 영감을 얻은 것은 부정할 수 없을 듯하다.

오늘날의 영지주의 현황

5세기 이후부터 영지주의는 정통 교회에서 공식적으로 자취를 감추었지만 서양 문명과 역사를 관통하여 어떤 형태로든 지금껏 살아남았다. 마니교와 만다이즘의 형태로, 중세 성전 기사단과 프리메이슨에게도 영향을 주고 18세기 계몽주의와 19세기 낭만주의를 통해 다시 그 모습을 본격적으로 드러내기 시작하여 20세기를 지나면서 새로운 영성 운동

---

87) Schlamm, "Jung, Carl Gustav, and Gnosticism", 965-968.
88) Hoeller, *Gnosticism; New Light on the Ancient Tradition of Inner Knowing*, 172-173.

을 추구하는 지식층과 일반 대중들 전반에 걸쳐 암암리에 영향력을 행사하고 있다.[89] 특히 영지주의는 뉴 에이지 운동 집단에서 큰 각광을 받고 있다.[90] 급기야는 공개적으로 영지주의 교회가 세워지기에 이른다. 19세기 후반부터 유럽에서 세워지기 시작하여 20세기에는 미국을 비롯한 아메리카 대륙에도 영지주의 교회가 등장하였다.

사실 오늘날에 영지주의 교회가 세워진다는 것이 이론적으로 불가능한 일은 아니다. 초세기 그리스도교 영지주의자들은 다른 그리스도인들과 같은 교회 울타리 안에서, 같은 그리스도인으로 지냈다. 따라서 그들 사이에서도 교계 제도와 사제단, 성사와 권위의 합법적 승계 과정 등이 지켜졌음은 물론이다. 2-3세기 이후 영지주의 그리스도인들은 정통 그리스도인들로부터 이단이라 불리면서 점차 그리스도교회 울타리를 벗어나 독자적 노선을 걷게 되지만 그들 역시 성사와 전례를 공동으로 집전할 사제단을 계속 유지했을 법하다. 다만 정통 교회처럼 체계적인 조직과 구조를 이루지는 못했던 것 같다. 개인의 깨달음이 중시된 만큼 도그마의 선포나 철저한 위계질서를 유지하려는 노력은 상대적으로 덜했다. 그러나 사제단과 같은 조직이나 권위의 승계 개념이 영지주의자들과 전혀 어울리지 않는 것은 아니다. 마니교나 카타르교의 예를 보아서도 알 수 있다. 그래서 근자들어 영지주의 교회가 세워진다고 해서 새삼스럽다고 볼 일은 아니다. 영지주의 전통 역시 얼마든지 하나의 조직이나 기관으로 체현될 수 있다.

현대 영지주의 교회가 처음 세워진 곳은 프랑스였다. 프랑스는 로마 가톨릭이 우세한 환경 속에서도 다양한 영지주의 전통이 지속되었던 곳이기도 하다. 180년경 지금의 프랑스인 갈리아에 수많은 영지주의자들이 있었다. 갈리아는 당시에 로마 속주 가운데 하나였다. 리옹의 주교였던 이레네우스는 자기

---

89) Brooks, "Walter Percy and Modern Gnosticism", 260-279을 참조하라.
90) Smith, "The Rivival of Ancient Gnosticism", 204-223을 참조하라.

가 맡은 교구 안에 발렌티누스의 추종자들이 많은 것에 탄식을 금하지 못하였다. 프랑스는 거의 언제나 가톨릭 교회와 애증의 관계에 있었던 것 같다. 프랑스 정부에 대한 교회의 권한이 약해질 때마다 지하에 숨어 있던 영지주의 교회가 지상 밖으로 나왔다가 결국에는 다시 정부의 탄압을 받는 순환이 되풀이 되었다. 그런 와중에 카타르 종교가 프랑스 국경에서 태어났으며 영지주의 밀교 집단이 표면적으로 가톨릭 기관의 하나인 성전기사단 내에서 번창하였다. 18세기 이후부터는 밀교와 영지주의 가르침에 몰두한 프리메이슨과 그와 유사한 비밀 결사단들이 프랑스에서 정치·경제적으로 중요한 역할을 담당하였다. 이런 정치·경제·종교·역사적 배경 속에서 19세기 후반 프랑스에서 고대 영지주의 전통이 다시 태어난 것이다.[91]

그 탄생 과정은 이렇다. 학문적으로 밀교에 큰 관심을 갖고 있던 쥴스-브느와 드와넬 뒤 발 미셸Jules-Benoit Doinel du Val Michel은 카타르 종교의 문서들을 탐구하는 데 심취해 있었다. 그러던 1890년 어느 날 그는 신비주의적 체험을 하게 되는데 이 체험을 통해 그는 고대 영지주의 교회를 세울 영적 권위를 부여받았다고 한다. 그의 신비 체험은 파리의 한 공작부인의 저택에 있던 한 경당에서 이루어졌다. 공작부인은 블라바츠키의 친구이자 초창기 신지학파 멤버로서 밀교 집단의 후견인 역할을 자처하고 있었다. 쥴스 드와넬은 1890년 가을 프랑스 파리에서 추종자들을 모아 성사와 전례를 중심으로 영지주의 교회Eglise Gnostique를 세웠다. 그가 세운 신생 교회는 영지주의, 특히 발렌티누스의 가르침을 따랐다. 카타르 종교의 여러 문헌과 요한 복음서, 그리고 시몬 마구스와 발렌티누스의 우주론이 그 핵심을 구성하였다. 그가 세운 교회의 전례는 카타르 교도의 전례에 바탕을 두었으며 남녀 모두 성직자가 될 수 있었다. 남자는 주교, 여자는 소피아라는 직책을 맡을 수 있었다.[92] 드와넬

---

91) Hoeller, *Gnosticism; New Light on the Ancient Tradition of Inner Knowing*, 176.

92) Pearson, *Wicca and the Christian Heritage*, 47.

은 교회 최고 지도자를 자임하며 카타르 종교를 따라 위로의 성사 콘솔라멘툼Consolamentum을 제정하였다. 그는 1895년 주교직을 그만두고 로마 가톨릭으로 개종했으나 1900년에 다시 영지주의 교회의 주교로 받아들여졌다. 고유의 사제단과 주교단, 성사와 사도적 승계 등을 갖춘 영지주의 교회가 세워진 사실은 프랑스 밀교 집단과 프리메이슨들에게는 참으로 희소식이었다. 이들은 이제 영지주의 교회에서 전통적 방식으로 성사에 참여할 수 있게 되었다. 실제로 영지주의 전례는 프리메이슨 성전에서 자주 열렸다. 그리하여 영지주의 교회는 "입문자들의 교회"라 알려지게 되었다.[93]

20세기 초반에는 프랑스, 독일, 벨기에, 영국과 다른 유럽 각국에 영지주의 교회가 세워졌다. 그리고 20세기 중반에는 아이티인들이[94] 미국으로 이민 오면서 이들을 통해 미국에도 영지주의 교회가 전해졌다. 미국 로스 엔젤레스에 세워진 영지주의 교회가 Ecclesia Gnostica이다. 현재 미국의 영지주의 교회는 두 계보로 나뉘어 있다. 하나는 프랑스계고 다른 하나는 영국계인데, 두 계보는 서로 친교를 나누며 우호적 관계를 유지하고 있다고 한다.[95] 그 밖에 남아메리카와 캐나다 등지에도 영지주의 교회가 세워졌다. 각국의 영지주의 교회는 해체와 재결성을 반복하면서 다양한 형태로 존속한다.

1928년에 창립된 영지주의 협회Gnostic Society는 지금까지 학문적 활동을 이어오고 있다. 현재 이 학회는 스테판 횔러Stephan Hoeller가[96] 감독하고 있으며 Ecclesia Gnostica와의 공조 아래 활발한 저술과 교육 활동을 벌이고 있다.

20세기 중반 이후 영지주의 역사는 새로운 전환기를 맞이하게 된다. 1945년 이집트 나그 함마디에서 다양한 영지주의 문헌이 담긴 콥트어 사본이 발견

---

93) Hoeller, *Gnosticism; New Light on the Ancient Tradition of Inner Knowing*, 176-178.
94) 프랑스와의 관계 때문에 아이티에 영지주의 교회들이 있었다.
95) Hoeller, *Gnosticism; New Light on the Ancient Tradition of Inner Knowing*, 178.
96) 횔러는 로스 엔젤레스 영지주의 교회의 주교이기도 하다.

영지주의와 영화 「매트릭스」 1999년도에 나온 워쇼스키 형제 감독의 영화 「매트릭스」는 다양한 종교 전통에서 영감을 얻어 만들어졌다. 이 영화는 영지주의 그리스도교와 불교의 가르침에 의거하여 인류의 근본 문제를 무지에서 찾으며 그 해결 방안으로 계몽 혹은 각성을 제시한다. 인간은 무지로 인해 물질세계를 참으로 실재하는 세계로 착각하고 있으니 그들의 참본성을 가르쳐 줄 인도자의 도움을 받아 꿈에서 깨어나야 한다는 것이다.

영화는 키아누 리브스가 분한 컴퓨터 해커 네오가 자신의 컴퓨터 앞에서 잠이 드는 것으로 시작하는데, 이때 컴퓨터 화면상에 "깨어나라, 네오!"라는 메시지가 뜬다. 이 메시지는 영화 전체의 플롯을 압축하고 있다. 네오는, 먼 미래의 인공 지능(Artificial Intelligence, A.I.)이 만든 컴퓨터 시뮬레이션 프로그램인 가상의 물질 세계에 갇혀 있다. 네오는 이를 깨닫지 못한 채 그것이 실제 현실인 줄 착각하지만 이 세계는 꿈이나 환영, 혹은 허상의 세계일 뿐이다. 네오가 이 허상의 세계 매트릭스에서 벗어나는 길은 무지에서 깨어남 뿐이다.

이 영화의 메시지는 한 마디로 "깨어나라!"이다. 무지가 인간을 환영과도 같은 물질 세계에 가두고 있으며 스승이나 인도자의 도움으로 깨어나야만 혹은 각성해야만 여기서 해방될 수 있다는 메시지는 영지주의와 불교가 공통으로 제시하는 가르침이기도 하다.

Frances/Wagner, "Wake up! Gnosticism and Buddhism in the Matrix".

되고 1977년에 현대어로 완역되면서 일반인들도 손쉽게 영지주의를 접할 수 있게 된 것이다. 특히 인터넷이 발달한 요즘은 웹사이트를 통해 일반인들도 손쉽게 영지주의 교회에 접속하여 관련 자료를 구할 수 있다. 이제 영지주의는 전문적 학자들의 경계를 넘어 작가와 영화감독을 비롯한 여러 대중 예술가들에게 영감을 불어넣고 있으며 일반 대중들은 대중문화 속에서 자연스레 영지주의와 만날 수 있다. 이제는 영지주의가 대중들의 삶의 일부가 되었다.

제4장
영지주의의 문학적 전거

모든 종교는 시대와 장소를 막론하고 작가와 예술가들의 상상력과 창의성의 훌륭한 자극제가 되었다. 그리스도교 성경도 음악·미술·문학 등 다방면에 걸쳐 예술가들에게 많은 영감을 주었다. 예술은 당시의 종교·문화·정치·경제적 상황과 깊이 연결되어 발전하게 마련이다. 최소한 1세기 이후의 서양 문명은 그리스도교 문명의 역사라 해도 지나치지 않다. 그리스도교에 친화적이건 적대적이건 그 모든 입장들이 문학과 예술 작품 속에 녹아 있다. 따라서 그 작품들을 통해 당시의 신학과 사상의 흐름을 짚어볼 수 있다.

독창적 상상력 면에서 영지주의는 다른 종교에 뒤지지 않는다. 영지주의자들은 상징과 우의와 은유와 신화를 자유자재로 넘나들며 자신들의 생각을 훌륭히 표현해 낼 줄 알았다. 그리고 그 결과는 그들의 작품 속에 고스란히 남아 있다. 사실 영지주의의 근간이 되는 영적 체험을 신화와 상징 이외에 무엇으로 더 잘 표현할 수 있었겠는가? 그들은 믿어야 할 교리나 따라야 할 계명을 체계적으로 신학화하기보다는 자신들의 영적 깨달음을 시나 은유를 통해 표현하고 전달하는 데 집중했다. 정통 교회 안에서도 다양한 문학 기법이 사용되며 그 안에서 묵시문학도 발달했지만 영지주의 만큼은 아닌 듯하다. 사실 정통 교회에서 요한 묵시록이 정경으로 널리 인정되기까지 긴 시간이 걸렸다. 종교 개혁기에는 루터를 위시한 개혁자들이 요한 묵시록의 권위에 의문을 표하기도 했다. 물론 야고보서나 유다서, 히브리서 등도 마찬가지였지만 신약성경 가운데 요한 묵시록만큼 교회 안에서 오래 그리고 널리 문제시되던 책도 없을 것이다. 정통 교부들이 신화나 은유적 표현을 기피한 데는 그만한 이유가 있다. 무엇보다 그리스와 로마 등 이교 문학에서 그런 표현법이 많이 사용되었기 때문이다. 그러나 정통 교회보다 자유로운 상상력이 더 많이 허용되었던 영지주의는 신화와 은유를 사용하는 데 주저함이 없었다.

영지주의가 서양의 사상 세계에 기여한 것은 더 있다. 인간의 고독과 상실감과 고립감, 이 세상에 홀로 내던져진 느낌, 감옥에 갇힌 듯한 구속감, 궁극적 해방에의 갈구, 고통과 질병 그리고 죽음이라는 운명에 대한 숙고 등 인간이 마주하는 문제들이 과연 어디서 비롯된 것인지를 영지주의가 다루고 있었다. 그리하여 그들의 이야기는 수많은 철학자와 예술가들의 상상력과 사고를 자극하여 새로운 글과 예술로 재탄생할 수 있게 하였다.[1]

그렇다면 영지주의자들은 어떤 글을 남겼을까? 영지주의에 '대한' 자료는 대부분 교부들의 글을 통해서 얻는다. 리옹의 이레네우스, 로마의 히폴리투스, 살라미스의 에피파니우스는 반 영지주의의 기치 아래 영지주의자들과 그들의 작품을 신랄하게 비판한 것으로 유명하다. 그들의 인용문 덕분에 당시 영지주의자들의 생각과 관습을 엿볼 수 있다는 점에서 그들의 논박서는 영지주의에 호의적인 사람들에게도 나름의 가치를 지닌다. 물론 그들의 의견이 얼마나 공정했는지는 신중히 따져야 할 문제다. 반면에 알렉산드리아의 클레멘스와 오리게네스도 영지주의를 비판하기는 했지만 어떤 면에서는 영지주의자들과 비슷한 생각을 갖기도 했다. 가령 클레멘스는 그노시스라는 용어를 자주 사용했으며 그노시스를 단순한 믿음보다 나은 것으로 여기기도 했다.

그 밖에 다양한 작품을 통해 영지주의자들의 글을 직접 읽을 수 있다. 영

---

[1] 제1장의 각주 14)에 열거한 논고와 책들을 참조하라.

지주의와 영지주의자들에 대해 알 수 있는 전거들은 다음과 같다.[2]

외경 행전들

각종 외경 사도행전에서도 영지주의 색채가 발견된다. 외경 행전들은 당시에 굉장한 인기를 끌었으며 이단으로 여겨지지 않았던 것 같다. 다섯 외경 행전의 저자로 종종 영지주의자 류키우스 카리누스가 지목되기도 했지만 그럴 법하지는 않다. 어쨌든 외경 행전의 저자나 편집자가 알게 모르게 영지주의 개념에 친숙해 있었음에 틀림없다. 특히 실제 혼인보다는 영적 혼인을 지향하는 금욕주의 성향이 작품 곳곳에서 발견된다. 영지주의 관점에서 요한 행전과 토마 행전이 특히 중요하다. 이 두 행전에서 영지주의 요소들이 비교적 확연히 드러나기 때문이다.[3]

특히 토마 행전에 나오는 진주의 찬가는 종종 영지주의 신화의 우의적 표현으로 해석된다. 이 찬가는 1인칭 시점으로 만들어진 시로서 우의와 상징의 형식을 빌려 진주를 찾아 먼 나라로 떠난 한 왕자의 여행담이다. 곧 동방의 왕자가 고향 땅을 떠나 용이 지키고 있는 진주를 찾으러 먼 나라로 가지만 왕자는 그곳 생활에 취해 자신의 여행 목적을 잊어버린다. 이에 고향의 부모님이 편지를 보내는데 이 편지를 읽고 왕자는 잠에서 깨어나 용에게서 진주를 빼앗아 다시 고향으로 돌아간다. 이 이야기는 종종 천상계를 떠나 지상에 왔다가 다시 천상으로 돌아가는 영혼의 여정을 상징하는 것으로 해석되곤 했다. 이때 왕자가 영혼이라면 진주는 인간이 자기 안에서 찾아내야 할 신적 섬광, 곧 영일 것이다. 용은 물론 영을 가두고 있는 육신을 상징할 것이다. 때로는

---

2) Rudolph, *Gnosis: The Nature and History of Gnosticism*, 25-30, 34-51 참조.

3) Mead, *Fragments of a Forgotten Faith*, 415-449.

왕자가 영지주의 구원자로, 진주는 되찾아야 할 영, 용은 영을 가둔 감옥으로 해석되기도 한다. 왕자는 '구원받아야 하는 구원자'Salvator salvandus 개념과도 잘 부합한다. 왕자가 진주를 되찾아야만 왕실 의복을 입고 재입궁할 수 있는 것으로 묘사되기 때문이다. 곧 육체라는 감옥에 갇힌 인간의 영을 해방시켜야만 구원자 자신도 천상으로 돌아갈 수 있다는 점에서 그 역시 구원받아야 하는 존재인 셈이다. 이러한 해석에는 약간의 맹점이 있다. 이 이야기에서는 지상에 내려온 구원자가 여느 인간처럼 망각이라는 함정에 빠지기 때문이다. 구원자 역시 천상계에서 보낸 편지를 받고서야 잠과 망각의 늪에서 빠져나올 수 있었다. 물론 잠에서 깨어난 구원자는 결국 사명을 재개하여 영혼을 천상계로 데려가는 데 성공하지만, 전형적 영지주의 작품에서 구원자가 흠 없는 천상적 인물로 그려지는 것과는 사뭇 다른 모습이다.[4]

요한 행전에서도 영지주의 요소와 개념을 어렵지 않게 찾을 수 있다. 참그리스도는 십자가에 달리시지 않았음을 알리는 장면은 차치하고라도 예수님께서 십자가형을 당하시기 전에 보여 주신 일련의 행동들도 정통 교회 신자들의 눈에는 낯설게 느껴진다. 가령 잡히시기 전날 예수님께서는 찬가를 부르시는 가운데 제자들은 예수님을 둘러싸고 원을 그리며 함께 춤을 춘다. 그리스도교 전례에는 춤이 들어가지 않지만 영지주의 공동체에서는 춤이 전례의 한 부분이었을 법하다. 요한 행전이 이 전례를 반영하는 것일지도 모른다.[5]

---

4) Pearson, *Ancient Gnosticism*, 258-261.
5) 에티오피아 콥트 교회의 성찬례에는 거룩한 춤이 들어가는데 이는 어쩌면 영지주의자들의 관습이 이어져 내려오는 것일지도 모른다: Hoeller, *Gnosticism: New Light on the Ancient Tradition of Inner Knowing*, 194.

18세기에 발견된 영지주의 사본들

18세기 말 유럽에서 영지주의 문헌집 세 권이 발견되었다. 이 작품집은 오랜 시간 숨겨진 채 있다가 갑작스레 등장하였다.[6] 1784년 아스큐라는 영국 의사 집에서 346쪽에 달하는 옛날 책이 하나 발견되었다. 브리티시 뮤지엄이 이 책을 구입하여 원 소유주의 이름을 따서 아스큐 사본Askew Codex이라 불렀다. 책은 콥트어 사히드 방언으로 기록되어 있었다. 이는 아마도 이 책이 상부 이집트에서 만들어졌을 것임을 암시한다. 아스큐 사본의 중심 텍스트인 피스티스 소피아는 영지주의 지혜의 여신 이야기를 담고 있으며 화자는 예수로 설정되어 있다. 이 작품은 소피아의 타락 및 구원 신화의 교과서라 말할 수 있다.[7]

아스큐 사본이 발견된 이후 본문이 현대어로 번역되기까지는 꽤 많은 시간이 걸렸다. 19세기 말 이 책은 마침내 미이드G.R.S. Mead의 관심을 끌게 되었고 그에 의해 최초로 영어로 번역되기에 이른다. 미이드의 멘토였던 블라바츠키 여사가 미이드에게 번역을 독려하였고 그는 사망 직전에 삽화를 곁들여 이 본문의 주석서를 편찬하였다.[8] 미이드의 번역은 이후에 개정을 거치긴 했지만 아직도 훌륭한 번역으로 손꼽힌다.

스코틀랜드 여행가 제임스 브루스가 중동에서 발견하여 옥스퍼드 보들레이안 도서관Bodleian Library에 소장시킨 브루스 사본Bruce Codex은 아스큐 사본에 비해 좀 더 복잡한 내용을 담고 있다. 이 책은 총 2부로 구성되어 있는데 하나는 예우의 책Book of Jeu이고,[9] 다른 하나는 제목이 붙어 있지 않은 묵시록

---

6) King, *What Is Gnosticism?*, 80-81.

7) Mead, *Fragments of a Forgotten Faith*, 453; Rudolph, *Gnosis: The Nature and History of Gnosticism*, 27 참조.

8) Mead, *Pistis Sophia: A Gnostic Miscellany*.

9) '보이지 않는 하느님에 관한 지식' *The Gnosis of the Invisible God*이라고도 알려져 있다.

이다.[10] 예우의 책은 예수가 자신의 제자들을 내적 세계로 데려가서 영적 입문으로 인도하는 일종의 여행담이다. 본문은 다이아그램과 주술로 가득하며 문자로 된 주문도 나온다. 제목이 붙어 있지 않은 묵시록은 현대어로 번역되고 주석서도 나왔다. 이 논고는 빛의 지식(그노시스)이라는 제목으로도 불리는데 하느님과 하느님의 섬광이 이 세상에서 수행해야 할 사명에 관해 신비주의적 색채로 묘사하고 있다.[11]

아스큐 사본 및 브루스 사본과 더불어 19세기 영지주의 학계를 풍미한 셋째 사본은 베를린 사본Berlin Codex이다. 베를린 사본은 발견된 장소명을 따라 아크밈 사본Akhmim Codex이라고도 부른다. 저명한 독일 학자 칼 슈미트가 이 사본을 번역했지만 오랫동안 출판되지 못하고 있었다. 이 사본에는 네 논고가 담겨 있었는데, 그 중 하나가 유명한 마리아 복음이다. 이 복음서는 마리아 막달레나와 관련된 대표적 영지주의 복음서 가운데 하나로 지금까지 학자들의 큰 관심을 받고 있다. 마리아 복음은 *The Nag Hammadi Library in English*에 포함되어 영어로 출간되었다. 베를린 사본에 담긴 나머지 세 논고는 요한의 비전, 예수 그리스도의 지혜, 그리고 베드로 행전이다. 마지막 베드로 행전은 엄밀히 말해서 영지주의 작품은 아니지만 영지주의자들이 즐겨 읽었다고 알려져 있다.[12]

아스큐·브루스·베를린 사본의 발견으로 영지주의 작품이 속속 등장하자 19세기 말부터 20세기 초까지 영지주의를 대하는 학계의 분위기도 달라지고 대중들의 관심도 높아졌다. 이 시기에 영지주의가 부흥한 데는 세 사본의 발견에 힘을 입은 바가 크다. 20세기 초부터 영지주의는 대중들의 관심에서도

---

10) Schmidt, *The Books of Jeu and the Untitled Text in the Bruce Codex*.

11) Mead, *Fragments of a Forgotten Faith*, 454; Rudolph, *Gnosis: The Nature and History of Gnosticism*, 27-28 참조.

12) Rudolph, *Gnosis: The Nature and History of Gnosticism*, 28 참조. 베를린 사본에 대한 더 상세한 정보는 Mead, *Fragments of a Forgotten Faith*, 479-592 참조.

그리 멀지 않은 곳에 있었다. 소설, 시, 특히 신지학파의 저술과 신비주의 저술들이 직간접적으로 영지주의를 언급하는 횟수가 늘어났다.[13]

나그 함마디 사본

20세기 중반 영지주의에 대한 학계와 일반 대중의 관심은 그전 어느 시대에도 뒤지지 않을 만큼 한껏 고조되어 있었다. 이때 나그 함마디 문헌이 세상 밖에 모습을 드러내게 된다.

제2차 세계대전이 끝나기 전까지 영지주의 본문은 교부들의 간접 인용문이나 18세기에 발견된 세 사본에 담긴 것이 다였다고 해도 과언이 아니다. 융처럼 한정된 본문만으로도 영지주의의 핵심을 간파한 사람이 있었다는 사실이 놀라울 따름이다.

1945년은 영지주의 연구에 획기적인 변화를 가져왔다. 같은 해 농부 형제가 상부 이집트 계곡에서 거름으로 쓸 흙을 파다가 삽이 무언가에 부딪치는 것을 느꼈다. 주변의 흙을 조심스레 파 보니 큰 항아리가 있었고 꺼내어 보니 그 항아리는 아무런 장식이 없고 밀봉이 되어 있었다. 처음에 농부들은 그 속에 악령이 들어 있을까 봐 개봉하지 않으려 했다. 그러나 금이나 고대 동전이 들어있을지도 모른다는 기대와 호기심이 그들의 두려움을 이겼다. 마침내 항아리를 개봉해 보니 그 안에는 금화 대신 가죽으로 장정된 열세 권의 책이 있었다. 이것이 바로 나그 함마디 사본으로 알려진 책들이다. 열세 개의 파피루스 사본은 나중에 나그 함마디 장서 Nag Hammadi Library라는 이름이 붙었다. 자기들이 기대한 보물이 아닌 것에 농부들은 실망했지만 열세 권의 책을 전부 형인 무함마드 알리의 집으로 가져갔다. 그런 뒤 사본은 일련의 사건을 겪으

---

13) Hoeller, *Gnosticism: New Light on the Ancient Tradition of Inner Knowing*, 195-197.

면서 현대 학자들의 손에 들어가게 되었다. 의도와 상관없이 이 형제들은 초대 그리스도교의 한 단면을 살피는 데 혁혁한 공을 세우게 된 셈이다.[14]

일부 학자들은 나그 함마디 사본들이 실제로는 나그 함마디 계곡이 아니라 그 계곡이 내려다보이는 근처 산악 지역의 동굴에서 발견되었을 것으로 추정한다(산악 지역은 그리스도교 봉쇄수도회의 창설자인 파코미우스가 자신의 수도원 공동체를 세운 곳이기도 하다). 파코미우스 수도원의 수도자들이 이 사본들을 항아리에 담아 동굴에 숨겨 두었을 것이라는 추측에서다. 4세기 교회 안에 이단에 대한 비난이 최고조에 이르렀을 즈음 파코미우스 수도자들이 교회 방침에 따라 정통 교의와 거리가 먼 내용의 문헌들을 불태워 버리는 대신 이 책들을 묻어두기로 결정했으며 이후 1600여 년 동안 사람들 눈에 띄지 않은 채 동굴 속에 묻혀 있었다는 것이다. 그러나 이러한 생각은 어디까지나 추측일 따름, 이 추측을 뒷받침해 줄 증거는 없다. 그곳의 파코미우스 수도 공동체가 영지주의 성향에 가까웠는지는 또 다른 문제다. 설사 실제로 그 공동체가 이 사본들을 묻어 두었다 하더라도 그렇게 한 이유가 그들이 영지주의자라서기보다는 그 사본들을 굳이 불태울 필요를 못 느껴서일 수도 있다. 이 사본 가운데 플라톤의 『공화국』도 들어 있는 것으로 보아 이 사본들을 보관한 사람들은 정통과 이단을 막론하고 다양한 사상에 열려 있었을 법하다. 그리하여 정통에 가깝지 않은 책들이라 해서 굳이 없애기보다는 숨겨 두는 쪽을 택했을 듯하다.[15]

나그 함마디 문헌은 전체적으로 영지주의 관점에서 기록된 다양한 자료의 모음집이라 볼 수 있다. 거의 모든 자료가 영지주의 관점을 표방한다는 점에서는 같지만 각 본문이 대변하는 분파도 다르고 만들어진 시기도 차이가 난다. 엄밀히 말해서 영지주의라고 말할 수 없는 논고들도 포함되어 있다. 플라

---

14) 나그함마디 사본 발견 경위와 그 의미에 대해서는 Rudolph, *Gnosis: The Nature and History of Gnosticism*, 34-36; 39-42 참조.

15) Hoeller, *Gnosticism; New Light on the Ancient Tradition of Inner Knowing*, 197-198; Linjamaa, *The Nag Hammadi Codices and Their Ancient Readers*, 1-22 참조.

톤의 『공화국』, 헤르메스주의 입문 담화인 '여덟째와 아홉째에 대한 담화'와[16] 헤르메스주의 기도인 '감사의 기도'가 그 예다.[17] 이런 의미에서는 나그 함마디 '장서'藏書라는 말이 어울린다.[18]

이 장서에 포함된 자료들은 대략 여섯 부류로 나눌 수 있다.[19] 첫째 부류는 창조 및 구원 신화와 관련된 것으로 세상의 창조와 아담과 하와 이야기 그리고 구원자의 파견 이야기 등을 다룬다. 둘째 부류는 다양한 주제들에 대한 주석과 해설이다. 가령 영혼의 본성과 구원, 영혼과 세상과의 관계 등이 주요 주제가 된다. 진리의 복음이 대표적이다. 셋째 부류는 전례와 입문 예식과 관련된 본문들이다. '여덟째와 아홉째에 대한 담화'가 이 부류에 속한다. 넷째 부류는 지혜의 여신 소피아와 관련된 작품들이다. 다섯째 부류는 사도들과 관련된 내용들이다. 여섯째 부류는 예수님의 말씀과 행적과 관련된 본문들이다.

나그 함마디 문헌 가운데 '복음'이라는 제목이 달린 작품은 토마 복음, 필립보 복음, 진리의 복음, (콥트어) 이집트인들의 복음 이렇게 네 개다. 그 가운데 가장 유명한 것은 **토마 복음**이다. 이 복음은 네 정경 복음서와 달리 예수님의 생애를 기록한 서사가 아니라 예수님의 말씀 혹은 어록들을 모아 놓은 것이다. 이 말씀들 가운데는 네 정경 복음서에서 병행구를 찾을 수 있는 구절들

---

16) 이 논고는 제목이 소실되고 없다. 코덱스 본문에 실린 문장을 근거로 "여덟째와 아홉에 대한 담화"(사본 55쪽), 혹은 "여덟째가 아홉째를 드러낸다"(사본 61쪽)라는 제목으로 부른다. 작품 전체 제목에 해당하지는 않지만 이 작품의 주요 테마와 관련이 있기에 두 제목 모두 괜찮다: Dirkse/Brashler/Parrott, "The Discourse on the Eighth and Ninth", 341-342.

17) 세 본문 모두 나그 함마디 코덱스 VI에 실려 있다. 『공화국』은 Codex VI,5; '감사의 기도'는 VI,6; '여덟째와 아홉째에 대한 담화'는 VI,7이다.

18) Hoeller, *Gnosticism; New Light on the Ancient Tradition of Inner Knowing*, 199.

19) 이 분류는 횔러의 것이다: Hoeller, *Gnosticism; New Light on the Ancient Tradition of Inner Knowing*, 199.

토마 복음은 영지주의인가? 토마 복음서가 영지주의 작품인가 아닌가를 두고 학자들 사이에 의견이 분분하였다. 사실 토마 복음서 내용이 다른 영지주의 본문들과 별로 닮은 것 같지 않다. 오히려 신약성경 복음서와 병행하는 구절들이 상당수에 이른다. 에온, 플레로마, 데미우르고스에 대한 언급도 없다. 요한의 비전 등에서 찾아볼 수 있는 창조 신화도 없다.

그러나 정통 그리스도교 신학이 처음부터 고정된 형태로 존재한 것이 아니라 시간과 체험과 논쟁과 함께 발전하였듯이 영지주의 신학 역시 마찬가지였음을 고려하면 이야기는 달라진다. 영지주의 신학도 시간과 더불어 성장하고 진화하였으며 토마 복음서는 영지주의의 초창기 형태를 대변하는 것인지 모른다. 아직 정교한 창조 신화도 발달되지 않았고 용어와 개념도 확립되지 않은 시절의 소박한 영지주의 말이다. 신약성경 저자들이 1세기에 이미 후대 영지주의와 닮은 형태의 사상과 개념들을 접하고 있었으리라는 것은 학자들 사이에 널리 받아들여지고 있다. 토마 복음서가 이런 사조, 곧 초창기 형태의 영지주의 사상을 대변할 가능성이 있다. 그러나 토마 복음이 본디 영지주의 작품이라고 단언하기는 어렵다. 그리고 토마 복음서 안에는 후대의 편집자의 손질을 거쳤을 법한 내용들도 발견된다. 후대 편집자가 토마 복음서를 편집하는 과정에서 후대의 사상을 반영하는 내용들을 가필하고 첨가하기도 했을 것이다.

도 있고 영지주의 경향이 짙은 구절들도 있다. 특히 토마 복음 말씀 3은 자기 자신에 대한 지식을 강조한다는 점에서 영지주의 색채가 부각된다.

나그 함마디 문헌 중에는 가현주의를 드러내는 본문도 있다. 콥트어 베드로 묵시록에는 예수가 십자가에 매달려 있는 동안 그 곁에서 주님께서 기뻐하시며 웃으시는 대목이 나온다. 베드로는 예수가 사람들에게 붙잡히는 모습을 보고 말한다. "제가 무엇을 보고 있는 것입니까 오, 주님? 그들이 붙잡고 계신 분이 바로 당신이십니까? 지금 나를 붙잡고 계신 분이 당신 맞습니까? 아니면 십자가 나무 위에서(또는 곁에서) 기뻐하며 웃고 계신 분은 누구입니까? 그들이 다른 사람의 발과 손에 못을 박고 있는 겁니까?" 이에 구원자께서 베드로에게 말씀하신다. "네가 보고 있는, 십자가 위(곁)에서 기뻐하며 웃고 계신 분, 이분은 살아계신 예수님이시다. 그러나 그들이 손과 발에 못을 박고 있는 이는, 그분의 육적 부분 sarkikon 곧 대체자이다. 그들이 수치를 주고 있는 이는 그분과 비슷하게 만들어진 이다. 하지만 너는 그를 볼 때 나를 (보아라)!" 베드로는 군중들이 십자가 사건의 진정한 의미를 알지 못하는 것에 실망하며 예수님께 말한다. "주님, 아무도 당신을 보지 않습니다. 이곳을 벗어나도록 합시다." 그러자 그분께서는 "그만, 눈먼 자들은 내버려 두어라! 그리고 너는 그들이 얼마나 자기들이 하고 있는 말도 모르는지 보아라. 사실 그들은 내 종diakon이 아니라 자기네 영광의 아들에게 수치를 주고 있다" 하고 말씀하신다(콥트어 베드로 묵시록 81-82).

이 본문에서 영지주의 엘리트 의식이 드러난다. 영지주의자들에 따르면, 사람들 대부분은 눈이 멀었으며 삶의 진정한 의미, 예수님 가르침의 진정한 의미는 오직 소수에게만 알려진다. 이러한 입장은 정통 교회가 예수님의 가르침은 만민을 향한다고 가르치는 것과 극명한 대조를 이룬다.

사실 대부분의 영지주의 작품에 등장하는 예수님은 인간에 대한 연민과 사랑 때문에 죽은 이를 일으키고 질병을 고치거나 기적을 일으키는 정경 속 모습과는 거리가 멀다. 예수님은 기적을 행사하는 사람이라기보다는 영적 스승, 영혼들을 인도하는 사람, 합당한 사람들을 그노시스에 입문시키는 영적 지도자로 등장한다(토마 복음 108; 진리의 복음 20.38-21.2).

물론 영지주의자들도 사랑을 중요시한다. 예를 들어 필립보 복음서는 사랑에 대한 여러 단상을 담고 있다. 사랑은 아픈 상처를 치유하고 죄를 덮어 주며(78), "사랑은 그 어느 것에 대해서도 자기 것이라 말하지 않는다"(77)고 한다. 또 세상이 아니라 주님을 사랑하라고 말한다(78). 영지주의 그리스도인들도 사랑의 계명을 중요하게 여겼던 것이다. 필립보 복음서는 믿음이나 희망의 중요성도 간과하지 않는다. 믿음은 우리가 뿌리를 내리는 흙이며, 희망은 우리가 자양분을 얻는 물이라는 것이다(79). 야고보 비전 8에서 그리스도는 말씀에 날쌘 사람이 되라시면서 말씀의 첫 부분은 믿음, 둘째는 사랑, 셋째는 행업이라고 하신다. 그리고 이 믿음, 사랑, 행업에서 생명이 나온다고 하신다. 이런 의미에서 영지주의 그리스도도 인류에게 사랑과 믿음, 행업의 중요성을 가르치는 인물이기도 하다.[20] 그러나 영지주의자들에게 그리스도의 최고 역할은

---

20) 송혜경, 『영지주의자들의 성서』, 145, 159-160 참조.

영적 해방을 가져다주는 것, 곧 깨달음을 통해 사람들을 영적 해방으로 인도하는 것이다. 이 때문에 영지주의자들의 예수님은 육신의 치유나 정치적 해방을 가져다 주는 인물이 아니다. 그가 가져다주는 해방은 영적인 것이며 '세상 안에서' 실현되는 해방이 아니라 '세상으로부터의 해방'이다(토마 복음 56; 80).[21]

나그 함마디의 본문들은 초월적이고 전적으로 선하신 하느님의 존재를 선포한다. 존재하는 모든 것의 기저가 바로 이 불변하시고 측량할 수 없으시며 모든 속성과 한계를 초월하시는 분이라는 것이다. 인간 영혼의 핵이라 할 수 있는 영(혹은 섬광)이 유래한 곳이 바로 철학자들이 '궁극적 실재'라 일컫는 분이시며, 영이 돌아가려 애쓰는 곳 또한 그분이시다. 각각의 개별적 영은 순수한 불꽃 혹은 섬광으로서 하느님과 본질이 같다. 이런 맥락에서 나그 함마디 본문에는 인간과 초월적 존재 사이의 원초적 연결을 시사하는 내용이 많이 나온다. 곧 인간의 몸 안에 있는 영은 천상의 하느님과 연결되어 있다는, 아니 더 엄밀히 말해 인간의 영이 하느님에게서 유래했다는 것이다. 그래서 자기 자신의 발견은 하느님에 대한 발견으로 이어진다. 또는 하느님께 이르는 길은 바로 자기 자신 안에서 찾아야 한다고 한다.

그런데 우리 안에 깃든 섬광이 존재론적으로 하느님과 결합되어 있지만 현실적으로는 그분에게서 분리되어 있다. 이 분리를 일으킨 장본인이 바로 창조주다. 창조주의 창조 행위로 말미암아 인간의 영이 육체 속에 갇히면서 천상계, 나아가 하느님과의 분리가 일어난 것이다. 이러한 분리는 일어나지 말았어야 할 재앙이며 반드시 회복되어야 한다. 이러한 이별을 다시 회복하는 첫 걸음은 지상에서 경험하는 것보다 더 위대하고 더 의미 있고 더 지속적인 무언가를 향한 고통스런 갈망이 될 것이다.[22] 그리고 이러한 이별을 끝내도록

---

21) Hoeller, *Gnosticism; New Light on the Ancient Tradition of Inner Knowing*, 201-202 참조.

22) '우리의 마음이 당신 안에서 안식을 찾을 때까지 결코 편안하지 못하다'는 아우구스티누스의 말이 이를 잘 표현하고 있다.

하는 것은 해방의 지식, 그노시스다. 곧 우리는 모두 일시적으로 유배 온 섬광들이며, 지식의 빛이 우리를 뚫고 들어와 우리가 오랫동안 갈망해온, 그러나 아직 이루어지지 않은 일치의 염원을 현실화시킨다는 것이다.[23]

    20세기 중반 이후 학자들이 영지주의와 영지주의자들에 대해 중립적 태도와 시각을 가질 수 있게 된 공은 대부분 나그 함마디 문헌들에 있다. 이 문헌들이 발견되지 않고 또 쉬운 현대어로 번역되지 않았더라면 아직까지도 영지주의는 대다수의 사람들에게 지금은 없는 과거의 한 이단 종파로만 남았을지 모른다. 이 문헌들 덕분에 영지주의가 그 민낯을 드러낼 수 있게 된 셈이다.

---

[23] 대표적 영지주의 문헌 가운데 하나인 요한의 비전은, 하느님과 창조주의 관계, 하느님/창조주와 인간의 관계, 지식과 깨달음의 의미, 해방과 구원의 의미 등에 대한 영지주의 세계관 전반을 담고 있다.

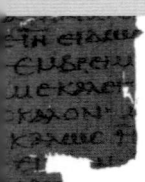

제5장
종교로서의 영지주의

2-3세기 이단 논박가들은 영지주의가 악마의 사주를 받아 오류에 빠진 사람들이 만들어 낸 그릇된 사조이며 그리스도교에서 의도적으로 탈선한 이단이라고 비판하였다. 그 후로도 오랫동안 많은 사람들이 이들의 편견을 여과 없이 그대로 받아들였다. 18-20세기에 부흥한 여러 신비주의 사조들과 계몽주의가 영지주의에 대한 공감을 낳기도 했지만 초대 교부들의 비판에서 시작된 오랜 편견은 없어지지 않았다. 영지주의는 그저 그리스도교를 어지럽히는 이단으로만 여겨졌다.

영지주의에 대한 다른 편견도 있었다. 영지주의는 철학적 사변의 산물이며 윤리나 종교적 실천과는 관련이 없다고 여기는 경우가 여기 해당한다. 이들은 영지주의자를 사색을 즐기는 철학자 혹은 허무맹랑한 우주론적 공상이나 즐기는 몽상가들로 평가하였다. 그들은 현실에 발을 딛고 서 있지 않은 사람들로서 세상에 만연한 악을 한탄하며 인간이 할 일이라고는 이 세상을 넘어 천상의 세계로 돌아가는 것뿐이라고 주장한다는 것이다.

그러다가 나그 함마디 사본이 발굴되고 거기 담긴 본문들이 현대어로 소개되면서 영지주의에 대한 시각은 큰 변화를 겪었다. 영지주의에 대한 많은 선입견이 해소되고 학자들 사이에서 그들을 있는 그대로 평가하자는 분위기가 조성되었다.

이와 더불어 영지주의에 관한 논의들이 재개되었다. 영지주의의 기원에서 부터 영지주의란 무엇인가, 영지주의는 철학인가? 종교인가? 신화인가? 주술과 마술로 가득한 밀교 집단에 지나지 않는가? 등 많은 문제들을 다시 검토하게 된 것이다. 실제로 영지주의 본문에서는 철학·종교·신화의 측면을 두루 발견할 수 있다. 심지어 주술과 마술, 주문과 부적도 드물지 않게 나온다.

이 장에서는 영지주의의 종교적 측면을 살피고자 한다.[1] 그런데 전례나 의식儀式 등 영적 전통의 종교적 측면을 다룰 때에는 합리적 사고나 개념에서 우리 자신이 자유로워질 필요가 있다. 일부 비교종교比較宗敎 학자들은, 종교가 철학과 윤리에서 발원하여 예배의 형태로 발전하다가 마지막에 의식儀式과 마술로 퇴화되었다고 주장한다. 이러한 생각의 저변에는 철학과 윤리가 의식이나 의례보다 더 발전된 형식이라는 선입견이 깔려 있다. 철학과 윤리는 이성에서 나왔고 의식儀式은 그 특성상 비이성적이라는 이유에서다. 그러나 여기서는 종교를 철학의 위에 두지도 않고 그 반대로도 하지 않겠다. 종교적 측면이든 철학적 측면이든 등급과 상관없이 있는 그대로 보기 위해서다.

영지주의는 종교인가?

영지주의를 종교로 볼 것인가 하는 문제를 두고 학자들 사이에 많은 논의가 있었다. 영지주의가 종교인가를 말하기 전에 우선 종교란 무엇인가부터 말해야 한다.

종교를 정의하는 일은 그리 쉽지 않다. 종교에 대한 정의도 학자에 따라 각양각색이다. 사회학자가 내리는 정의, 심리학자가 내리는 정의가 다 다르다.

---

[1] 영지주의를 종교로 볼 수 있느냐에 대해서는 Pearson, "Gnosticism as a Religion", 81-101을 참조하라.

어느 한 정의를 옳다고 판단할 수는 없지만 적절치 못한 정의도 있음을 부정할 수 없다. 가령 '궁극적 관심사'라거나 '세계관', '거룩한 것들'이라는 종교의 정의는 너무 애매모호하고 광범위해서 적절하지 못하다. 너무 협소한 정의도 마찬가지다. '신에 대한 믿음'이라는 정의가 여기 해당한다. 유일신을 믿는 모든 종교들은 이 범주에 들겠지만, 그 밖에 여러 신을 믿는 종교나 신을 포함하지 않는 종교는 이 정의에서 제외된다.[2]

그렇다면 종교를 어떻게 정의하면 좋을까? 종교는 "신적 존재와 관련된 믿음과 실천 체계"라는 정의가 그 답인 듯하다. 이 정의는 특정 체험이나 세계관이라는 모호한 정의를 벗어나, 종교를 '특정한 믿음과 실천으로 구성된 조직이나 구조'로 이해한다. 여기서 신적 존재란 사멸할 운명의 평범한 존재는 해내지 못하는 일들을 할 수 있는 초자연적 실재를 말한다. 그들은 인간의 행동이나 능력과 구별되는 비범한 기적이나 능력을 행사한다. 그들은 여성일 수도 있고 남성일 수도 있으며 남녀양성겸유일 수도 있다. 반드시 신이나 여신일 필요는 없으며 때로는 조상의 모습을 취하기도 한다. 그들은 개인이나 공동체에게 유익이나 해악을 끼치는 선령이나 악령의 형상을 띠기도 한다. 어떤 종교든 그 종교의 믿음과 실천, 신화와 의식은 모두 신적 존재와 관계가 있다. 이 정의에 따르면 나치즘, 마르크시즘, 세속주의 등은 종교에서 제외된다. 다양한 형태의 민족주의와 유사종교적 시민운동도 마찬가지다.[3]

영지주의는 "신적 존재와 관련된 믿음과 실천 체계"라는 종교의 정의에 잘 부합한다. 영지주의의 목표가 자신의 기원을 깨달음으로써 본향인 최상신에게 회귀하는 것이라는 점, 그리고 이를 지향하는 이들이 함께 공동체를 이루고 깨달음과 신과의 합일을 체험하기 위해 각종 성사와 의식을 드렸다는 점을 감안할 때 이들 역시 종교 공동체로 보아도 큰 무리가 없을 듯하다.

---

[2] Smith et al. (eds.), *The Happercollins Dictionary of Religion*, 893.

[3] Smith et al. (eds.), *The Happercollins Dictionary of Religion*, 893-894.

물론 영지주의가 하나의 독자적 종교로 존재했다고는 말하기는 어렵다. 그러나 유다교와 그리스도교라는 종교적 토양 아래서 생겨나고 발전했으며, 인간의 영혼을 해방시키기 위한 성사를 갖춘 체계라는 점에서 하나의 종교, 아니 그리스도교의 일부였다고 말할 수 있다. 비록 원-정통 교부들에 의해 이단으로 배척되기는 했지만 그들 역시 그리스도교 안에서 자라났으며 하느님과 세계와 인간에 대한 나름의 견해를 갖추고 성사와 전례를 행한 종교 공동체였다. 단순히 철학과 사변을 즐기던 불특정 다수의 무리는 아니었다. 그러므로 그리스도교 안에서 2-3세기에 꽃을 피운 영지주의를 '영지주의 그리스도교'라고 불러도 될 것이다.

사실 영지주의 그리스도인들은 적어도 처음에는 독자적인 공동체를 형성하지 않았으며 다른 그리스도인들과 더불어 지냈다. 특히 발렌티누스파 사람들은 다른 신자들과 한데 섞여 지내면서 예배도 함께 드렸다. 이러한 상황 속에서 그리스도인들은 함께 삶을 나누고 신학적 문제든 생활과 관련된 문제든 당면한 과제에 대해 토론하고 의견을 나누면서 다양한 생각과 사상을 발전시킬 수 있었다. 그리스도인들은 정통과 영지주의를 막론하고 저마다 자신의 입장을 옹호하면서 상대를 설득하고자 노력했다. 그리고 설득이 제대로 이루어지지 않아 상대가 자기 쪽 의견을 받아들이지 않을 경우에는 상대를 '다른 가르침'을 퍼뜨리는 자, 곧 이단이라 단죄하기도 하였다. 각자가 자기편은 정통이고 상대편은 이단이었던 것이다.[4]

그러나 영지주의자들이 처음부터 이단이 되기 위해, 혹은 정통 교회에 반대할 목적으로 새로운 공동체를 만들지는 않았다. 세월 속에서 어느 한쪽은 정통으로, 그리고 다른 한쪽은 이단으로 갈렸을 뿐이다.

---

4) Matkin, *The Complete Idiot's Guide to The Gnostic Gospels*, 245 참조.

영지주의의 체험적 측면

최근들어 영지주의를 철학적 관점보다는 종교적 혹은 심리학적 관점에서 바라보는 사람들이 많아졌다. 실제로 어떤 학자들은 영지주의의 유래를 사변과 철학에서가 아니라 심리학과 종교적 신비주의의 접점인 심리적·정신적 체험에서 찾는다.[5] 신화의 심층 심리적 차원을 탐구하는 칼 구스타프 융이나 미르체아 엘리아데Mircea Eliade, 조셉 캠벨Joseph Campbell 같은 사람들이 영지주의에 공감한 사실도 놀랄 일은 아니다. 영지주의의 메시지가 오랜 세월 살아남은 이유도 그것이 인간 정신의 심층구조와 친화성이 있어서일 것이다.

영지주의의 핵심이 체험에서 유래하였다면 이런 종류의 체험을 겪지 않은 사람들에게는 영지주의적 통찰이 허무맹랑한 소리로 들리기 쉽다. 게다가 영지주의의 이미지와 신화가 너무도 다양한 탓에 전문가들조차 영지주의를 일관성 있는 전통이나 주의ism로 간주하기가 쉽지 않은 듯하다.

사실 영지주의에 대한 편견은 긴 역사를 가졌다. 2세기 리옹의 주교 이레네우스는 영지주의자들에 반대하며 그들이 매일 새로운 복음을 만들어낸다고 고발하고 공격하였다(이레네우스 『이단 논박』 1.20.1). 이레네우스의 고발은 영지주의가 내세운 가르침과 상징과 신화가 그만큼 다양하고 풍성했음을 반증한다. 물론 영지주의처럼 다양성이 공존하는 곳에서는 일관된 교리가 있을 수 없다는 점도 간과해서는 안 된다. 그러나 이레네우스나 현대의 비평가들이 놓치고 있는 것은 영지주의가 논리의 산물이라기보다는 그노시스에 대한 직접적 체험의 산물이라는 점이다. 사실 그러한 체험은 정통 신학처럼 일관된 교리의 형식을 띠기가 매우 어렵다. 영지주의에도 공통된 가르침 혹은 핵심적

---

5) Merkur, *Gnosis: An Esoteric Tradition of Mystical Visions and Unions*을 참조하라. 저자는 영지주의가 칼 구스타프 융의 '능동적 상상'active imagination과 비슷한 일종의 영적 체험에서 유래했다고 주장한다.

가르침이 있었지만 정통 교회가 가진 정식화 과정은 거치지 않았다. 그만큼 영지주의는 통일성보다는 다양성이 주도한 세계라 하겠다.[6]

그노시스: 신비주의적 체험

영지(주의)자, 혹은 깨달은 사람을 뜻하는 gnostikos라는 용어는 첫 1세기에는 자주 사용되지 않은 듯하다. 그들은 스스로를 그저 그리스도인이라 불렀을 법하다. 그러면서도 자신들이 인간의 신성을 자각함과 동시에 그처럼 신성한 인간이 어떻게 해서 이런 곤경에 처하게 되었는지 깨달은 사람들이라 자부하였다. 사실 그들이 그런 깨달음을 어떻게 얻었는지 정확히 알 수는 없다. 그것은 어디까지나 개인적 체험의 영역이기 때문이다.

유다교 신비주의의 대가인 게르숌 숄렘Gershom Scholem은 영지주의자들의 체험을 신성에 대한 깨달음에 기반을 둔 신비 체험으로 간주한다.[7] 숄렘은 특히 2-3세기 영지주의자들이 여러 천계를 지나 우주 너머의 영역으로 상승하는 데 관심을 둔 것에 주목한다. 그러한 상승을 통해 그들이 도모한 것은 신성한 빛으로 충만한 영적 본향으로 되돌아가는 데 있었다. 이러한 귀환은 영지주의자들에게 구원을 의미한다. 천상으로의 비상은, 영지주의자들이 열망하던 해방과 거룩함을 주는 지식에 대한 은유이기도 하다.

---

6) 정통 교부들은 '신앙의 규범'을 통해 신학의 일관성과 일치를 유지하려 애썼다. 이레네우스는 전 세계에 흩어져 있는 그리스도교회가 사도들로부터 받은 하나의 '믿음'의 내용을 명시한다(이는 삼위일체와 구속사에 대한 초기 신앙 고백의 형태를 담고 있다). 교회가 전 세계에 흩어져 있으면서도 사도로부터 전해져 오는 하나의 믿음을 통해 일치를 이루고 있다는 것이다(『이단 논박』 1,10.1).

7) Scholem, *Jewish Gnosticism, Merkabah Mysticism, and Talmudic Tradition*, 1 참조

유일신교라 할 수 있는 유다교와 그리스도교 및 이슬람교는 신앙을 부각시킨다. '나는 믿나이다' Credo로 시작하는 사도신경은 그러한 전통적 종교심의 발로에서 나온 선언이다. 이와 대조적으로 영지주의는 믿음보다 내적 지식을 추구한다. 신앙과 지식은 긴밀히 연결되어 있지만 서로 다르다. 영지주의에서는 해방으로 이끄는 내적 지식 체험을 강조하면서, 지식이야말로 인간을 무지에서 해방시키고 현실적 실존의 경계를 넘어서는 곳까지 데려간다고 가르친다 (야고보 비전 8).

나그 함마디 코덱스 VI,7에 실려 있는 '감사의 기도'는 그노시스를 획득한 사람들이 바친 기도문으로 '그노시스 찬가'라 부를 만하다.[8] 본문에서 저자는, 하느님께서 자신들에게 당신을 이해할 수 있도록 정신 nous을 주시고, 당신을 설명할 수 있도록 말씀 logos을 주셨으며, 당신을 알 수 있도록 지식 Gnosis을 주셨음에 감사드리며 다음과 같이 찬양의 기도를 바친다.

"저희는 기뻐합니다. 저희가 당신의 지식으로 비추어졌기 때문입니다.
저희는 기뻐합니다. 당신께서 저희에게 당신 자신을 보여 주셨기
때문입니다. 저희는 기뻐합니다. 저희가 몸속에 있는 동안에 당신께서
당신의 지식을 통해 저희를 신성하게 해 주셨기 때문입니다.[9]
　당신께 다다른 사람이 드리는 감사는 한 가지입니다. 곧 저희가
당신을 안다는 것. 저희는 당신을 알았습니다. 오, 지성의 빛이시여!
오, 생명의 생명이시여! 저희는 당신을 알았습니다. 오, 모든 피조물의
태시여! 저희는 당신을 알았습니다. … 저희가 당신께 청하는 것은
단 한 가지입니다. 곧 저희가 지식 안에 머물게 해 달라는 것. 저희가

---

8) 이 기도문 바로 뒤에 "이 기도를 마치고 나서 그들은 서로 포옹하였다. 그리고 그들은 피가 들어 있지 않은 거룩한 음식을 들러 갔다"는 설명이 이어지는 것으로 보아 이 기도문이 전례 때 사용되었음을 짐작할 수 있다.
9) 또는, '저희를 신으로 만들어 주셨기 때문입니다.'

바라는 보호도 한 가지입니다. 저희가 이런 삶에서 멀어지지 않게 해 달라는 것!"(감사의 기도 64-65)

하느님께서 주신 지식 곧 그노시스를 통해 인간이 빛을 받고 아버지를 알게 됨을 밝히는 이 기도문은, '지식'을 통해 계시되는 것이 바로 아버지 하느님이라는 점과 이러한 지식을 통해 인간이 신처럼 거룩해진다는 점을 강조한다. 영지주의자들에게 지식이 어떤 의미인지 잘 드러나는 대목이다.

사실 그노시스라는 단어는 영지주의자들의 전용물은 아니었다. 초대 그리스도인들에게도 이 단어는 친숙했다. 특히 바오로 서간이나[10] 요한 복음에 명사 그노시스나 동사 기노스케인γινώσκειν이 자주 나온다.

우선 바오로 사도는 그노시스라는 단어를 하느님에 대한 지식 혹은 예수 그리스도에 대한 지식을 가리키는 데 자주 사용했다.[11] 가령, 2코린 4,6: "하느님께서 우리 마음을 비추시어, 예수 그리스도의 얼굴에 나타난 하느님의 영광을 **알아보는**τῆς γνώσεως τῆς δόξης τοῦ θεοῦ 빛을 주셨습니다." 특히 필리 3,8은 예수 그리스도를 아는 지식의 가치가 너무도 커서 다른 모든 것을 해로운 것으로 여긴다는 표현이 나온다. "나의 주 그리스도 예수님을 아는 지식의 지고한 가치 때문에, 다른 모든 것을 해로운 것으로 여깁니다." "그리스도 안에 지혜와 지식의 모든 보물이 숨겨져 있습니다"(콜로 2,3)는 구절도 중요하다. 그노시스 대신 에피그노시스를 써서 같은 뜻을 전달하는 경우도 있다. 콜로 2,2에서 바오로 사도는 "여러분과 그들이 … 풍부하고 온전한 깨달음을 모두 얻고 하느님의 신비 곧 그리스도를 아는 **지식**εἰς ἐπίγνωσιν τοῦ μυστηρίου τοῦ θεοῦ, Χριστοῦ을 갖추게 하려는 것입니다."[12]

---

10) Pagels, *The Gnostic Paul: Gnostic Exegesis of the Pauline Letters*를 참조하라.
11) 2코린 2,14: 그리스도를 아는 지식; 2코린 10,5: 하느님을 아는 지식; 필리 3,8: 나의 주 그리스도 예수님을 아는 지식.
12) '지식'이라는 단어는 부정적 의미로도 사용된다. 1티모 6,20은 사이비 지식을 경계한

요한 복음에는 '하느님을 안다' 또는 '그리스도를 안다'γινώσκειν는 표현이 자주 나온다. 진리의 영을 안다는 표현도 나온다.[13] 아마도 신약성경 낱권 가운데 영지주의자들에게 가장 친밀하게 다가오는 책을 고르라면 요한 복음이 단연 일등으로 꼽힐 것이다. "너희가 나를 알게 되었으니 내 아버지도 알게 될 것이다. 이제부터 너희는 그분을 아는 것이고, 또 그분을 이미 뵌 것이다"(14,7). "나는 착한 목자다. 나는 내 양들을 알고 내 양들은 나를 안다. 이는 아버지께서 나를 아시고 내가 아버지를 아는 것과 같다"(10,14-15). 세상은 그분을 알지 못하지만 '너희'는 그분을 알고 있다는 표현도 중요하다. "그분은 진리의 영이시다. 세상은 그분을 보지도 못하고 알지도 못하기 때문에 그분을 받아들이지 못하지만, 너희는 그분을 알고 있다"(요한 14,17).

이처럼 '지식'과 '안다'는 것은 원-정통 그리스도인들에게도 영지주의 그리스도인들에도 다 같이 중요하게 여겨졌다. 그러나 영지주의자들은 그노시스의 신비주의적 측면에 중심을 둔다는 점에서 정통 그리스도인들과 달랐다. 그들은 그노시스를 신비주의적 환시와 합일의 체험을 통해 얻게 되는 지식으로 이해하였다. 때로는 거꾸로 그노시스를 획득함으로써 합일 체험에 이르게 된다고 하였다. 그노시스와 합일은 따로 구분된 두 단계라기보다는 동시적 사건으로 이해하는 편이 나을지도 모른다. 이처럼 그노시스와 합일은 불가분의 관계이기에, 깨달음을 얻은 영이 신들의 영역으로 비상하여 신적 존재와 합일을 이루는 과정이 영지주의 본문에 자주 나온다. 이러한 체험은 개개인 안에 깃든 '신적 불꽃'(영 pneuma)이 천상계의 신적 존재(궁극적으로 하느님)와 이룬 신비주의적 합일 unio mystica이라 묘사된다.[14]

다. "티모테오, … 사이비 지식τῆς ψευδωνύμου γνώσεως의 속된 망언과 반론들을 멀리하십시오. 어떤 사람들은 그러한 지식을 받아들여 믿음에서 빗나갔습니다."

13) 요한 10,15: 이는 아버지께서 나를 아시고 내가 아버지를 아는 것과 같다.

14) 영지주의자들은 당대의 플라톤 사상가들과 마찬가지로 지성(영 또는 영혼)을 인류와 신을 연결해 주는 끈으로 여겼다. 다시 말해 영에 의해 자신의 기원이 천상, 혹은 신임을

영지주의자들은 이러한 영혼의 천상귀환을 죽은 뒤에만 일어나는 일로 여기지 않았다. 영혼이 살아 있는 동안에도 육체의 경계를 넘어 하늘로 비상하여 하느님을 관조할 수 있고 또 그렇게 해서 살아서도 하느님과 합일을 이룰 수 있다고 보았다. 이러한 합일 체험은 '여덟째와 아홉째에 대한 담화에 잘 묘사되어 있다. 스승과 입문자의 대화 형식으로 된 이 작품은, 스승이 입문자를 신들의 영역인 여덟째와 아홉째 하늘로 인도하여 합일 체험에 이르게 하는 내용이다. 입문자는 황홀경 속에서 여덟째 하늘에 올라 하느님을 보며 고백한다. "제가 무어라 말해야 할까요? 우리는 이 빛을 보았습니다. 그리고 이제 저는 당신 덕분에 바로 이 환시를 봅니다. 또한 여덟째 (하늘)과, 그 안에 있는 영혼들이 천사들과 함께 아홉째 하늘과 그 권세들에게 찬가를 부르는 것을 봅니다. 그리고 저는 그들의 힘 전부를 가지신 분, 곧 영으로 존재하는 〈것들〉을 창조하신 분을 봅니다"(여덟째와 아홉째에 대한 담화 59-60).

영지주의 의식Ritual들이 지향하는 바가 바로 이러한 '관상' Contemplatio 혹은 '하느님 직관' Visio Dei이다. 우리가 비록 육체라는 감옥에 갇혀서 창조주의 수하 세력인 아르콘들의 지배를 받고 있지만 우리의 영은 예식을 통해 육체의 경계를 넘어 하느님을 관조할 수 있다는 것이다. 이처럼 영지주의자들은 의식을 치름으로써 영(또는 영혼)이 이 세상의 경계를 넘어 하늘로 비상하여 하느님을 직관하고자 한다. 영지주의 의식 가운데 특히 중요한 것이 세례 및 신방 성사와 신비주의적 상승 mystical ascent이다. 이 성사들이 궁극적으로 지향하는 것이 하느님 직관 혹은 하느님과의 합일이다.[15]

깨달음 Gnosis으로써 영혼이 천상으로 회귀하여 신과 합일하게 되고 그것이 구원이라고 생각하였다. Merkur, *Gnosis: An Esoteric Tradition of Mystical Visions and Unions*를 참조하라.

15) Brakke, *The Gnostics: Myth, Ritual, and Diversity in Early Christianity*, 74-83 참조.

그노시스 체험의 개념화 및 문서화

영지주의자들은 그 누구 못지않게 깨달음과 통찰을 중시했다. 이러한 깨달음은 평범한 세속적 지식과 관련이 없으며 신과 인간에 대한 보다 고상하고 보다 심오한 통찰을 가리킨다. "우리를 자유롭게 해방시키는 것은, 우리가 누구였으며 우리가 무엇이 되었는가, 우리가 어디에 있었으며 우리가 어디로 던져졌는가, 우리가 어디로 바삐 가고 있으며 우리가 무엇으로부터 해방되어야 하는가, 태어남은 실제로 무엇이며 다시 태어남은 무엇인가에 대한 지식 Gnosis 이다"(알렉산드리아의 클레멘스, 『테오도투스 발췌록』 78)라는 표현처럼 영지주의자들이 추구한 지식은 우리의 기원과 근원에 관한 보다 심오한 통찰이다.

또한 이 지식은 궁극적으로 우리가 유래한 곳으로 다시 데려가는 구원의 지식이다. 다른 종교 전통의 신비주의자들처럼 영지주의자들도 이러한 구원의 지식이 단순히 합리적 사고 과정에서 얻어지는 것으로 보지 않았으며, 경전을 공부하고 암송한다고 얻어지는 것도 아니라고 여겼다. 그럼에도 그들은 환시를 통해 얻은 통찰을 글로 기록하고 경전으로 만들어 다른 사람들에게 전달해 주고자 하였다. 그 중요한 결과물이 아스큐 사본, 브루스 사본, 베를린 사본, 나그 함마디 문헌들 등이다.

여덟째와 아홉째에 대한 담화에서 환시를 통해 신들의 영역을 본 입문자에게 스승은 말한다. "네가 하느님께 불러드릴 너의 찬양은 합당하다. 그것은 이 불멸의 책에 기록될 것이다. … 오 나의 아들아, 디오스폴리스에 있는 성전을 위해 상형문자로 이 책을 기록하여라. 제목은 '여덟째가 아홉째를 밝힌다'로 하여라"(60). 책을 쓰는 목적은 뽑힌 사람들끼리 환시 내용을 공유하게 하려는 것이다. 이 책을 읽는 사람은 자신이 읽은 내용을 바깥 사람에게 발설해서는 안 된다. 그리고 "죄를 짓는 일 없이 하느님의 법에 복종하고 깨끗한 마음으로 하느님께 지혜와 지식을 청해야 한다"(62).

─ ◆◆◆ ─

영지주의자들은 자신들이 그노시스 체험을 통해 해방의 지식을 받아들였기에 인간이 제기하는 온갖 질문에 정확한 답을 내놓을 수 있다고 자부하였다. 이러한 질문과 해답이 합해져 영지주의 신학이 형성되었으며 그것이 영지주의의 핵심을 이룬다. 신비주의적 그노시스 체험을 인간의 언어로 표현하는 일은 쉽지 않았을 것이다. 그래서 영지주의 본문들은 대개 은유와 상징, 그리고 신화적 표현들로 가득하다. 이 때문에 영지주의는 종종 헛된 망상이나 요설로 간주되기도 하였다.

그러나 영지주의를 단순히 허무맹랑한 이야기로 치부해서는 안 된다. 영지주의는 우주의 기원과 본성에 관한 고유한 신화와 가르침, 신과 인간과 세계의 관계에 대한 고유한 숙고를 갖추고 있다. 영지주의는 고유한 세계관과 경전과 전례와 사제단을 갖춘 "믿음과 실천 체계"였던 것이다.[16]

영지주의와 성사

20세기 말 신화와 종교 예식에 대한 관심이 늘면서 영지주의를 보는 시각도 호의적인 방향으로 전환되었다. 철학이 논리라면 신화와 예식은 삶의 현실이다. 철학이 인생의 현상과 제반 문제를 합리적 이성에 비추어 설명한다면, 신화와 의식은 그 모든 현상을 만들어낸 근본 원인을 추적한다. 철학이 이유를 규명하고자 한다면 신화와 예식은 기원에 대한 물음에 답하고자 한다. 심층심리학, 철학과 윤리학과 같은 분야는 인간 심령의 의

---

16) Smith et al. (eds.), *The Harpercollins Dictionary of Religion*, 893에 담긴 '종교의 정의' 참조.

식적 차원에 호소하지만 신화와 예식은 인간의 무의식과 직접적 소통을 시도한다. 신화와 예식이 의식의 세계와 무의식 세계를 연결하는 고리가 되는 셈이다.[17]

영지주의자들이 철학적 사변에만 몰두하지 않았음을 초세기에 만들어진 많은 영지주의 작품들이 증명한다. 영지주의로 분류되는 작품들 가운데 상당수가 철학적 문제를 둘러싼 사변과 고찰에 그치지 않고 신께 올리는 기도와 탄원들을 담고 있다. 때로는 일련의 모음들로 이루어진 주문을 담고 있기도 하다. 더욱이 예수님이 주도하신 의식들에 대한 기록도 있고 초세기 영지주의 공동체에서 행했을 법한 성사들을 소개하는 내용도 있다.

성사나 예식과 관련된 구절을 읽으면서 철학이나 교리를 찾으려 하는 태도는 바람직하지 않다. 성사와 예식은 이성적 진리가 아니라 이성이 알아들을 수 없는 '신비'와 관련되어 있기 때문이다. 이러한 신비는 논리적 설명보다는 상징과 신화나 예식으로 더 잘 표현된다. 신비는 신학적 탐구보다는 성사와 예식에 직접 참여함으로써 계시되고 체험된다. 따라서 성사와 관련된 대목들도 성사의 의미를 논리적·명시적으로 설명하기보다는 상징과 비유를 통해 암묵적으로 전달하고 있음을 염두에 두어야 한다.

성사란 무엇인가?: 정통 교회의 가르침[18]

그리스도교 성사Sacrament는 신자들에게 하느님의 현존과 은총을 전달하는 매개 수단으로서 그리스도가 제정한 예식을 가리킨다. 성사는 특정한 말(기도문)과 몸짓, 그리고 빵과 포도주, 기름이나 물 등 물리적 요소를 하느님과 인

---

17) Brakke, *The Gnostics: Myth, Ritual, and Diversity in Early Christianity*, 52-53 참조.
18) Smith et al. (eds.), *The Happercollins Dictionary of Religion*, 941.

간이 만나는 수단으로 채택한다.

중세 이전에는 성사에 대한 체계적 해석도 발전되지 않았고 성사의 개수도 확립되지 않았다. 다만 그리스도교 입문 예식(세례)과 주일마다 거행하는 성찬례는 하느님과 예수님에 대한 신앙의 재천명으로 간주되었다. 그러다가 본격적으로 성사신학이 발전하기 시작한 때는 중세 이후다. 가톨릭교회의 성사신학에 기초를 놓은 아우구스티누스는 성사를 거룩한 표지sacrum signum로 규정하였다. 트렌토 공의회(1545-1563년)는 아우구스티누스의 견해를 받아들여 성사를 "거룩한 것의 표징이며 보이지 않는 은총의 보이는 형태"(DH 1639)라고 정의한다.[19]

성사라는 단어는 본디 라틴어 사크라멘툼Sacramentum에서 유래했다. 이 단어는 가시적 표지를 통해 공개적으로 발하는 충성 서약이나 군사 동맹 서약을 가리키는 말이었다. 테르툴리아누스(200년경 사망)는 처음으로 이 단어를 신앙인들이 그리스도에게 충성을 맹세하는 세례 예식을 가리키는 데 사용했다. 사크라멘툼은 그리스어 단어 미스테리온Μυστήριον을 라틴어로 옮긴 것이다. 미스테리온은 본디 보이지 않는 실재들이나 신비 종교에서 거행되던 거룩한 예식을 가리키는 말이었다. 바오로 사도는 하느님께서 인간에게 계시하실 때 사용하시는 '인간의 이성을 넘어선 신적 지혜'를 가리킬 때 미스테리온이라는 단어를 썼다. 바오로는 이 단어를 그리스도, 사도들의 가르침, 영으로 하는 신령한 언어를 지칭하는 데 사용하기도 했다.[20] 동방 교회의 성사신학에서 사용된 것처럼 이 단어는 전례 예식(특히 성찬례) 안에서 이루어지는 '하느님의 신비로운 자기 계시'를 강조한다.[21]

---

19) 손희송, 『일곱 성사, 하느님 은총의 표지: 성사 각론』, 17.

20) 로마 16,25: "하느님은 … 오랜 세월 감추어 두셨던 신비의 계시로 여러분의 힘을 북돋아 주실 능력이 있는 분이십니다"; 1코린 13,2; 콜로 1,26-27; 2,2; 4,3; 1티모 3,16; 에페 3,3을 참조하라.

21) Smith et al. (eds.), *The Harpercollins Dictionary of Religion*, 941 참조. 1티모 3,16: "우

신약성경과 초대 그리스도교 저작물에서는 성사에 대한 정의나 성사신학이라 할 만한 내용이 별로 발견되지 않는다. 그러나 입문 예식(세례)과 성찬례 Eucharistia가 가장 중심이 되었다는 것은 분명하다. 그리스도교 입문(세례), 성찬례, 용서와 치유 예식, 장례 예식 등을 둘러싼 초대 교회의 가르침과 규칙들을 통해 성사의 집행에 다양한 수단들이 사용되었음을 확인할 수 있다. 이 모든 것이 예수 그리스도를 통해 계시된 세상을 향한 하느님의 구원 의지를 부각시킨다. 4세기에 접어들면서 정통 교회는 2-3세기에 있었던 성사에 대한 오해와 잘못된 가르침들에 대응하여 성사의 신학과 실천에 대해 다양한 가르침을 내놓았다. 특히 아우구스티누스(430년 사망)는 성사의 정의를 내리는 데 지대한 공헌을 하였다. 그를 통해 "보이지 않는 은총의 보이는 형태"라는 '거룩한 표징' 개념이 나왔다. 아우구스티누스에 따르면, 적절한 물리적 요소에 하느님의 말씀이 가미될 때 성사가 성립된다. 또한 아우구스티누스는, 오직 도덕적으로 자격이 있는 사람만이 유효한 성사를 집행할 수 있다고 주장한 북아프리카의 도나티즘파에 대응하여 성사는 오직 하느님에게만 달려 있으며 인간의 선성 여부와는 관계가 없다고 주장하였다.[22]

영지주의자들과 성사

영지주의자들도 예식과 성사를 효과적으로 이용할 줄 알았다. 영지주의자들

리 신앙의 신비는 참으로 위대합니다. 그분께서는 사람으로 나타나시고 그 옳으심이 성령으로 입증되셨으며 천사들에게 당신 모습을 보이셨습니다"; 콜로 1,26-27: "그 말씀은 과거의 모든 시대와 세대에 감추어져 있던 신비입니다. 그런데 그 신비가 이제는 하느님의 성도들에게 명백히 드러났습니다. … 그 신비는 여러분 가운데에 계신 그리스도이시고, 그리스도는 영광의 희망이십니다."

22) Cross/Livingstone (eds.), "Sacrament", 1435-1436 참조.

은 주로 내면에 집중하지만 그들 또한 외부 세계와 내부 세계, 내적 변화와 외적 예식 사이의 밀접한 관계를 인정했다.[23] "기도의 잔에는 포도주와 물이 담겨 있습니다. 그 (잔)이 감사제를 올릴 피의 예형 typos 으로 정해졌기 때문입니다. 그것은 성령으로 가득히 채워져 있으며, 완전한 사람의 것입니다. 이 (잔)을 마실 때마다 우리는 자기 안에 완전한 사람을 받아들이게 됩니다"(필립보 복음 75). 이 구절은 포도주와 물이 담긴 잔은 그것이 담아내고자 하는 것의 '예형'임을 보여 준다. 포도주와 물이라는 외부적 표징을 통해 완전한 사람, 곧 그리스도가 전달된다는 것이다. 이것이 곧 성사의 의미다.

영지주의 성사신학의 발자취는 다음 구절에서도 감지된다. "진리는 벌거벗은 몸으로 이 세상에 온 것이 아니라 유형과 모상을 지닌 채 왔습니다. (세상)이 다른 식으로는 (진리)를 받아들이지 않았을 것입니다"(필립보 복음 67). 사람들이 진리를 받아들일 수 있었던 것은 진리가 유형과 모상을 지니고 있었기에 가능하다. 곧 신적 신비가 성사라는 표징을 통해 지상의 인간에게 계시된다는 뜻이다. 이 구절에서 짐작되듯이 영지주의 성사 개념은 모상 관념과 긴밀히 연결되어 있다. 모상은 천상 세계의 신적 신비를 지상 세계에 계시하는 매개 수단이다. 여기서 모상에 해당되는 것이 바로 성사다.

성사의 목적은 단순한 일시적 성화가 아니라 하느님의 본질과 같아지는 총체적 변화다.[24] 따라서 지식의 획득으로 변화되어 완전해진 사람은 단순히

---

23) 성사를 통해 내면과 외면, 내면 세계와 외부 세계가 더 이상 둘이 아니라 하나로 통합된다. 예수님이 '안쪽을 바깥쪽으로 만들고 바깥을 안쪽으로 만들며 위쪽 것을 아래쪽 것으로 만들어 그들 모두가 하나가 되게 하려고' 이 세상에 오셨다는 토마 22의 표현을 이런 의미로 이해할 수 있다. 필립보 복음에도 비슷한 구절이 나온다: "그분께서 말[씀]하셨습니다. '나는 아래[쪽 것들]을 [위]쪽 것들처럼, 그리고 바깥[쪽 것들을 안]쪽 것들처럼 만들려고 왔다'"(필립보 복음 67).

24) 필립보 복음서는 성사라는 외적 행위만으로는 아무 의미가 없음을 강조한다. 외적 성사와 더불어 개인의 내적 변화가 동반되어야 한다는 것이다. "거룩한 사람은 … 잔 혹

그리스도의 추종자가 아니라 그리스도와, 나아가 하느님 아버지와 같아졌다고 말할 수 있다.

> "아버지와 아들과 성령의 이름을 획득한 사람들뿐 아니라 그 (이름)들을 그대를 위해 획득(한 사람들)도 그러해야 합니다. 누군가 자신을 위해 그 (이름)들을 획득하지 않는다면 그 이름을 빼앗기고 말 것입니다. 그러나 사람은 그것들을 십자가의 힘의 [...] 성유에서 얻습니다. 이 (힘)을 사도들은 '오른쪽과 왼쪽'이라 부릅니다. 사실 이 사람은 이제 '그리스도인'이 아니라 '그리스도'입니다"(필립보 복음 67); "그대는 영을 보았습니다. 그대는 영이 되었습니다. 그대는 그리스도를 보았습니다. 그대는 그리스도가 되었습니다. 그대는 [아버지]를 보았습니다. [그대]는 아버지가 될 것입니다"(필립보 복음 61).

영지주의자들도 정통 그리스도인들과 마찬가지로 성사를 예수님께서 세우셨다고 믿는다. "주님께서는 모든 일을 신비 가운데 [행]하셨습니다: 세례, 성유, 성찬, 구원(속량) 그리고 신방"(필립보 복음 67). 그리고 성사의 효력은 사라지지 않는다고 말한다. 우리가 신비, 곧 성사에 참여했을 때 받게 되는 선물은 다시 빼앗기지 않는다는 것이다. "어떤 사람이 물에 들어가 아무것도 얻은 것 없이 나와서는 '나는 그리스도인이요' 하고 말한다면, 그는 그 이름을 이자를 물고 빌린 셈입니다. 그러나 그가 성령을 받는다면 그는 그 이름을 선물로 갖게 됩니다. 선물을 받은 사람은 그것을 다시 뺏기지 않습니다. 그러나 이자를 물고 빌린 사람은 그것을 다시 돌려주어야 합니다. 어떤 이가 신비에 들게 되었을 때 우리에게 일어나는 일도 이와 같습니다"(필립보 복음 64).

은 그가 받아들이는 다른 모든 것을 거룩하게 만듭니다. 그렇다면 어떻게 몸까지 거룩하게 만들지 않겠습니까?"(77).

1. 영지주의 성사들

영지주의자들의 성사는 여러 본문에 자세히 소개되어 있다. 브루스 사본에 담긴 예우의 책*Books of Jeu*에는 물, 불, 영을 통한 세 가지 세례와 신비 성사 및 영적 도유 예식anoinment이 묘사된다(예우의 책 2.42—48). 이 신비들을 입은 사람은 에온들도 감당하지 못한다고 한다(42). 이 신비들을 거행한 사람만이 그 영혼이 육신을 떠났을 때 여러 에온들을 통과하여 하느님에게까지 올라가는, 이른바 영혼의 승천 혹은 영혼의 비상ascent of the soul이 가능하다는 것이다. 예수님은 먼저 열두 제자와 여성 제자들에게 "보이지 않는 하느님 안에 있는 빛의 보고들의 신비"를 알려 주시겠다고 하신다(42). 그리고 그 전에 세 가지 세례, 어둠의 세력을 제거하는 신비 성사, 그리고 영적 도유의 신비를 주겠다고 하신다(43—44). 이어서 세례와 예식의 절차와 주문cipher이 자세하게 묘사된다 (45—48장). 예우의 책에서 세례와 신비 예식은 구원론적 목적을 가진 것으로 이해된다. 곧 이 성사와 예식들은, 영혼이 이 세상과 하늘의 영역에 거주하는 어둠의 세력들(에온들/아르콘들)을 물리치고, 그들이 가하는 장애물을 통과하여, 궁극적으로 가장 높은 영역인 '보이지 않는 하느님'의 처소로 올라가 그곳에 있는 빛의 보고 안으로 들어가도록 돕는 것이다(42장).[25]

애스큐 사본에 담긴 피스티스 소피아Pistis Sophia에도 마술적 요소가 포함된 의례rituals, 신비 성사mysteries, 그리고 봉인seals이 다루어진다. 피스티스 소피아 4.136—148은 세 가지 종류의 신비와 관련한 의례를 설명하고 있다. 이 대목은 영혼의 구원과 천상의 영역으로의 비상을 위한 실용적인 지침의 성격을 띤다. 예수님은 제자들에게 "모든 신비와 모든 지식(그노시스)"을 주실 것이라 약속하시면서, 신비의 영역에 도달하기 위한 암호와 기도 방법을 알려주신다(137). 142장에서는 죄의 용서를 위한 세 가지 세례(물, 불, 영)가 언급된다. 이러

---

25) Evans, *The Books of Jeu and the Pistis Sophia as Handbooks to Eternity*, 95-133.

한 세례는 영혼의 죄를 씻어내고, 영혼이 어둠의 세력들에게 속박되지 않고 상승(비상)을 시작할 수 있는 기초를 마련하는 역할을 한다고 한다.[26]

나그 함마디 문헌들 가운데에도 영지주의 성사 체계를 보여 주는 작품이 많다. 영지주의자들도 후대 가톨릭교회의 성사와 매우 유사한 성사들을 거행했던 것 같다. 특히 발렌티누스파가 원-정통 교회의 성사와 비슷한 성사를 드렸으며, 성사의 원리도 비슷했다. 필립보 복음서는, 발렌티누스파 사람들이 세례라는 최초의 입문 예식, 성유(Chrism 견진)라 불리는 입문 강화 예식, 성찬례라 불리는 빵과 포도주의 성찬 예식, 정화 및 죄의 사면과 관련된 속량 예식, 신비 예식의 최고봉인 신방의 성사를 드렸음을 알 수 있게 해 준다.[27]

그 밖에도 전례와 예식과 관련한 여러 자료가 전해진다. '여덟째와 아홉째에 대한 담화'(엄밀히 말해서 이 작품은 헤르메스주의 작품이지만 그노시스 체험을 강조한다는 점에서 영지주의와 유사하다)에는 그노시스를 획득한 사람이 누리는 신비 체험이 묘사되어 있다. '우주적 정신'과 결합한 영혼이 무엇을 보고 무엇을 깨달았는지, 그리고 그의 영혼이 어떻게 응답하는지 시적으로 표현하고 있다.

"우리 서로 다정하게 포옹하자, 내 아들아. 이 일에 기뻐하자. 빛인 힘이 그들로부터 우리에게 오고 있으니! 나는 본다네. 나는 형언할 수 없는 심연을 본다네! 아들아, [...] 너에게 어떻게 말해야 할까? 모든 것을 어떻게 묘사해야 할까? 나는 정[신] nous 이라네, [그리고] 나는 또 다른 정신 Nous 을 보네. 그분은 영혼 psyche 을 움직이고 있다네. 나는 거룩한 망각으로부터 나를 데리고 나오시는 분을 보네. 당신은 내게 힘을 주십니다! 나는 나 자신을 보네. 나는 말하고 싶다네. 그런데

---

26) Evans, *The Books of Jeu and the Pistis Sophia as Handbooks to Eternity*, 95-133.
27) "주님께서는 모든 일을 신비 가운데 [행]하셨습니다: 세례, 성유, 성찬, 구원(속량) 그리고 신방"(필립보 복음 67).

두려움이 나를 붙잡고 있네. 나는 모든 힘들 위에 있는 힘의 근원을 발견하였네. 그분께는 다른 근원이 없다네. 나는 생명으로 끓어오르는 샘을 본다네. 나는 말하였네, 오, 나의 아들아! '나는 정신'Nous이라고. 나는 보았다네. 그것은 말로는 드러낼 수 없는 것이라네. 오, 나의 아들아, 여덟째 전체가, 그 안에 있는 영혼들과 천사들과 함께 침묵 가운데 찬가를 부르고 있다네. 나, 정신은 안다네!"(여덟째와 아홉째에 대한 담화 68)

2. 신방의 성사: 신비들 가운데 최고의 신비

영지주의 성사들 가운데 가장 신비로운 성사는 신방의 성사다. 이는 다음 말씀에 잘 나타난다. "예루살렘에는 예물을 드리는 집 세 곳이 있었습니다. 서쪽을 향하고 있는 곳은 '성소'라 불렸습니다. 남쪽을 향하는 다른 곳은 '거룩한 성소'라 불렸습니다. 동쪽을 향하고 있는 셋째 장소는 '지성소'라 불렸습니다. 그곳은 오직 대사제만 들어갈 수 있었습니다. '세례'란 '거룩한 집'입니다. '구원'이란 '거룩한 성소'입니다. '지성소'는 신방nimphon 입니다"(필립보 복음 69).

신방의 성사는 발렌티누스파 사람들이 거행한 전례와 성사 가운데 중심을 차지했다고 알려져 있다(이레네우스 『이단 논박』 1.21.3). 신방의 성사는, 본디 남녀양성 혹은 남자도 여자도 아닌 존재인 인간의 영이 물질 속에 갇히면서 남성적 요소와 여성적 요소로 양분되었다는 사고방식에 근거한다. 여성적 요소는 '영'으로(영을 뜻하는 pneuma가 여성이다) 육체 속에 갇히고, 남성적 요소는 하늘에 남아 있다는 것이다. 신방의 성사를 통해 여성인 영이 남성인 천상의 배필과 결합하면서 남녀의 분리가 해소되고 원래의 상태를 회복한다. "여자가 남자에게서 분리되지 않았다면 남자와 함께 죽지 않았을 것입니다. 그와의 분리가 죽음의 시작이 되었습니다. 이 때문에 그리스도께서 오셨습니다. 처음부터 일어난 분리를 다시 회복시키고 둘을 결합하여 분리로 인해 죽은 자들에게

생명을 주고 그들을 결합시키기 위해서였습니다"(필립보 복음 70).[28]

신방의 성사는 이름 때문에 오해의 여지가 많다. 어떤 주석가들은 이것이 남자와 여자 사이에 이루어지는 일종의 혼인 예식이 아닌가, 하고 여기기도 했지만 그런 것 같지는 않다. 이 예식은 다양한 이름으로 불렸는데, 대립쌍의 신비Mystery of the Syzygies, 플레로마적 합일Pleromic Union, 신방Bridal Chamber 등이 대표적이다. 그 중 신방이라는 이름으로 가장 잘 알려져 있다.[29]

필립보 복음서에는 신방의 성사와 관련된 말씀이 여럿 간직되어 있다. 저자는 신비주의와 신화적 색채로 가득한 언어를 동원하여 이 성사의 의미와 상징을 소개하고 있다. 그 요체는 남녀의 분리가 죽음을 가져왔다는 것, 그리고 남자와 여자가 신방의 합일 체험을 통해 잃어버린 불멸성을 되찾을 수 있다는 것이다. 따라서 신방은 재결합과 정화, 영적 혼인과 구원이 이루어지는 곳이다. "여자는 신방pastos에서 남편과 결합됩니다. 신방에서 결합된 사람들은 더는 분리되지 않을 것입니다. 하와가 아담에게서 분리된 것은 이 때문입니다. 그녀가 그와 결합한 곳이 신방이 아니었기 때문입니다"(필립보 복음 70).

신방의 신비는 만물의 창조와 관련지어 소개되기도 한다. 예수님의 몸이 생겨난 곳도, 그분께서 만물을 세우신 곳도 모두 신방 안에서라는 것이다. "참으로 (우리는) 신비를 말해야 합니다. 만물의 아버지께서 아래로 내려온 동정녀와 결합하셨습니다. 바로 그날 불꽃이 그분 둘레를 비추었습니다. 그분께서 위대한 신방pastos에 나타나셨습니다. 그리하여 그날 그분의 몸soma이 생겨났습니다. 그분께서는 신랑과 신부에게서 나신 이처럼 신방pastos을 나가셨습니다. 이런 식으로 예수님께서는 그 안에서 이들을 통하여 만물을 세우셨습니다"(필립보 복음 71).

---

28) Pearson, *Ancient Gnosticism*, 170-173; Rudolph, *Gnosis: The Nature and History of Gnosticism*, 245 참조.

29) Rudolph, *Gnosis: The Nature and History of Gnosticism*, 245-247 참조.

신방의 중요성은 다음 구절에서도 명백히 드러난다. 신방의 아들이 되면 이미 빛과 진리를 얻었으며 더 이상 아무도 그를 괴롭힐 수 없다. "누군가 신방의 아들이 된다면 그는 빛을 얻을 것입니다. 누군가 자신이 여기 있는 동안에 그것(빛)을 얻지 않는다면 다른 곳에서도 그것을 얻지 못할 것입니다. 빛을 얻는 이는 (다른) 사람들 눈에 보이지 않을 것입니다. 그를 붙잡아두지도 못할 것입니다. 이런 사람은, 세상에 살아가는 동안 아무도 그를 괴롭히지 못할 것입니다. 그가 세상을 떠날 때도 마찬가지입니다. 그는 이미 모상을 통해 진리를 얻었습니다"(필립보 복음 86).

신방의 성사가 그 어떤 성사보다 높은 단계였음은 명백하다. 세례는 그리스도교 입문 과정의 시작이며 신방의 성사는 그 끝이다. 이 성사를 통해 분리된 남성적 요소와 여성적 요소가 만나 재결합함으로써 인간의 영이 잃어버린 온전성을 되찾는다. 이런 의미에서 신방의 성사는 영지주의자들 최고의 성사다.

제6장
영지주의와 신화

영지주의의 핵심은 때로 신학이나 철학적 언어보다는 신화를 통해 더욱 적절히 표현되기도 한다. 여기서 신화myth라는 용어는 '사실이 아닌 이야기'가 아니라 신학적 교리나 철학 이론들과는 '다른 차원의 진실을 담은 이야기'를 의미한다. 고대 세계에서는 신화가 일반인들의 삶에서 차지하는 비중이 컸고 그 가치도 높이 평가되었다. 19세기에서 20세기 초 사이에는 신화를 폄하하는 경향이 있었지만 오늘날에는 신화를 재평가하는 분위기다. 특히 20세기 말부터 신화의 재부흥을 이끄는 데 중추적인 역할을 했던 사람들은 칼 구스타프 융, 미르체아 엘리아데Mircea Eliade, 조셉 캠벨Joseph Campbell 등이다. 이들은 오늘날 개인과 집단의 정신세계가 느끼는 공허함과 고립감을 극복하는 데 신화가 큰 도움이 될 것이라는 이해를 낳는 데 크게 기여하였다. 그들 덕분에 우리는 영지주의자들의 신화도 제대로 평가할 수 있게 되었다.

영지주의 신화 개관

영지주의 작품은 대부분 신화와 허황된 듯한 이야기들로 가득하다. 신화는 대개 거짓으로 지어낸 이야기로 간주되지만 이 신

영지주의 신화와 심리학■ 영지주의는 종교와 심리학 사이의 미묘한 경계지역에 놓여 있다. 곧 영혼과 영이 만나고 꿈과 환시가 조우하여 해방을 경험하는 지점에 있다. 융을 위시한 현대의 심층심리학은 영지주의 신화에 주목하였다. 원형과 자아의 발달 단계, 그림자 등의 여러 개념들을 설명하는 데 영지주의 신화가 도움이 되었기 때문이다. 실제로 상징과 은유가 가득한 영지주의 신화는 심리학적 의미와 형이상학적 의미를 모두 담고 있다. 그런데 영지주의 창조 신화는 심리학적 관점에서 더욱 잘 이해할 수 있는 듯하다. 창조의 우주적 차원이 인간의 내면적 차원으로 심화되어 있다고 볼 수 있기 때문이다. 칼 구스타프 융이 영지주의 신화에서 영감을 얻은 것도 놀랄 일은 아니다. 외면적 실재는 내면적 실재와 만나며, 인간은 소우주다. 영을 가진 사람 개개인이 플레로마다. 지식을 가진 이는 그 자체로 완전한 플레로마다. 소우주인 인간과 대우주가 연결되고 개인이 플레로마와 연결되듯이 자기 지식과 하느님 지식도 연결된다. 자기 자신을 아는 것이 하느님을 아는 열쇠가 되는 것이다.

실제로 영지주의 신화에서는 우주론과 심리학, 신들과 원형들이 때로는 한데 얽히고 때로는 따로 분리되어 인간의 광활한 정신세계를 보여 준다. 영지주의 신화를 읽을 때 영지주의 신화의 다양한 이야기들과 주인공들이 속했던 시간과 상황 속으로 들어가 그들의 마음과 신앙으로 이해하려는 태도가 필요하다. 심층심리학과 신학이 이러한 탐구에 좋은 도구가 될 것이다. 영지주의 신화에 접근하는 가장 좋은 방법은 심리학적 의미와 그 외 다른 외부적 의미를 모두 탐구하는 것일 터이다.

■ Hoeller, *Jung and the Lost Gospels*를 참조하라.

화들 속에도 중요한 의미와 메시지가 들어 있다. 조셉 캠벨의 표현을 빌리자면, 신화는 구체적인 답변을 제시하지는 않지만 나름의 중요한 통찰을 담고 있다. 이러한 통찰은 때때로 논리만으로 적절히 설명되지 않는다. 신화는 합리적 증거나 과학적 증거를 넘어서는 지식을 파고들기에 대개 일관성이 없으며 글자그대로 받아들여져서는 안 된다.[1] 신화는 사실 fact이 아니라 사실을 넘어선 무언가, 그 사실에 대해 알려 주는 무언가를 향하고 있다.[2] 실제로 다양한 문화와 전통과 종교가 신화를 수단으로 세상의 기원을 설명한다. 영지주의자들도 이들 대열에 합류하여 우주와 인류의 기원을 신화로 설명하였다.

교부들이 지적한 대로 영지주의자들의 창조 신화는 구약성경의 창세기에

---

1) "신화는 언제나 그랬듯이 앞으로도 그럴 것이다. 우리의 내적 생명의 신비들 그리고 우주적 생명과 이 신비들과의 관계를 요즘 언어로 표현하는 것"이다. Toms, *An Open Life*, 117.

2) Toms, *An Open Life*, 21-23 참조.

서 모티프를 따왔다. 그들의 신화에서는 창세기의 주인공들인 아담, 하와, 셋과 뱀이 크게 부각된다. 이들은 한편으로는 현실적 인물 혹은 현 세상의 인물로, 다른 한편으로는 초자연적 실체로 등장한다. 창세기의 주역들이 영지주의 신화에서는 현실적 존재이면서 동시에 영적 존재로서 그려진다.

영지주의 신화는 플라톤의 영향도 크게 받았다. 플라톤은 『티마이오스』에서 우주의 창조가 제일 원리인 신적 존재에 의해 이루어졌다고 말한다. 그에 따르면 우주는 제일 원리를 중심으로 해서 점차 확장되었다. 물질도 존재하지만 제일 원리가 창조한 것은 아니다. 물질은 스스로 존재하며 원래부터 무질서한 혼돈(카오스 chaos) 상태다. 제일 원리와 물리계 중간에 데미우르고스(장인이라는 뜻이다)가 있었다. 이 데미우르고스가 혼돈 상태의 물질을 우리가 사는 물질계로 만들었다. 데미우르고스는 만물을 만들 때 더 높은 세계의 유형을 따라 만들었다. 그러나 물질이 본성상 흠을 지니고 있기에 물질에서 만들어진 물질계 역시 그 영향을 벗어나지 못한다. 물질계도 흠과 결점을 지닐 수밖에 없는 것이다. 영지주의 신화에 담긴 창조주와 창조 관념이 플라톤의 생각과 비슷하다.[3]

영지주의 신화의 줄거리

영지주의 창조 신화의 토대는 다음과 같다. 물질 세계와 영적 세계가 모두 실재하지만 영적 세계가 물질 세계보다 훨씬 중요하다. 최상신인 참하느님은 오직 한 분이시며 이 최상신으로부터 '에온'이라[4] 불리는 신적 존재들이 유출되

---

[3] Pearson, *Ancient Gnosticism*, 150-151; Brakke, *The Gnostics: Myth, Ritual, and Diversity in Early Christianity*, 59-62 참조.
[4] 이 에온들은 아버지와 성령과 그리스도 삼위(Trinity)의 하느님으로부터 유출된 신성의 연장이라 할 수 있다. 에온들의 숫자는 영지주의 작품 또는 분파마다 다르게 제시된다:

었다. 최상신과 그분에게서 유출된 에온들이 천상계인 플레로마를 구성한다. 이 기본 토대 위에 에온이 유출된 경위와 각자의 기능에 대해서 그리고 우주의 창조에 대해 다양한 이야기가 만들어진다.

요한의 비전은 매우 방대하게 창조 신화를 소개한다. 핵심 내용은 다음과 같다. 눈에 보이는 이 세상이 생겨나기 전에 신들의 세계가 먼저 생겨났다. 하느님은 단 한 분이시며 '눈에 보이지 않는 영'이시다. 이 하느님에게서 여러 에온들이 유출되어 천상계 곧 플레로마를 구성한다. 플레로마는 아무런 결핍이 없이 충만하고 완전한 영적 세계다. 그런데 플레로마 맨 하단에 있는 소피아가 독단적 판단으로 배우자의 동의도 구하지 않은 채 소생을 낳는다. 그자가 창조주 얄다바옷이다. 소피아는 자신의 숨(영)을 얄다바옷에게 불어 넣고는 플레로마 바깥으로 내쫓는다. 이 얄다바옷이 물질계를 만든 장본인이다. 얄다바옷은 자신의 수하 세력들과 함께 물 위에 비친 하느님의 모상을 보고 그것을 따라, 그리고 자기와 닮게 인간을 만든다. 그런데 인간이 일어서지도 못하자 인간에게 숨을 불어 넣는다. 이로써 소피아의 영이 인간에게 들어가고 인간은 비로소 온전한 생명체가 된다. 이때 참인간은 '영'이고 육신은 영을 가두는 감옥에 지나지 않는다. 인간의 몸을 창조한 이는 하급신 얄다바옷이지만 '영'이 속하는 곳은 하느님이다. 결국 인간의 영이 돌아갈 곳은 창조주의 나라가 아니라 하느님의 나라, 곧 플레로마다. 그런데 어리석고 무지한 창조주는 최상신과 천상계의 존재를 알지 못하고서 '신은 나밖에 없다'고 주장한다. 그리고 인간은 자기 안에 신적 불꽃을 지니고 있지만 이를 자각하지 못한다. 영이 육신이라는 감옥에 갇히면서 자신의 기원을 망각해 버렸기 때문이다. 어쩌면 죽을 때까지 기억하지 못할 수도 있다. 그래서 이를 깨우쳐 줄 존재가 필요하다. 이렇게 잠든 인간을 깨우는 이, 인간의 잃어버린 기억을 되찾게 해 주는 이가 바로 구원자다. 곧 구원자는 인간으로 하여금 자기 안에 하느님의 영

Matkin, *The Complete Idiot's Guide to The Gnostic Gospels*, 14.

이 깃들어 있음을 깨닫게 하려고 이 땅에 파견된 이다. 인간은 이러한 깨달음, 곧 그노시스를 획득함으로써 본향으로 돌아갈 수 있다.

이상이 영지주의 신화의 큰 줄기다. 이 개요가 영지주의 신화들에서 발견되는, 복합적이고 상상력 넘치는 그리고 비논리적인 다양한 요소들을 모두 설명하지는 못한다. 오히려 이러한 개관이 영지주의의 다양성을 어느 한 이론으로 축소시키는 우가 될 수도 있다. 비논리적인 이야기들을 일관된 논리로 설명한다는 것 자체가 무리일지도 모른다. 영지주의 신화를 그리스 철학과 창세기의 복합적 산물로 이해하면서 해석에 다양성을 열어둔다면 큰 잘못은 아닐 것이다.

영지주의 신화의 탄생 배경: 구약성경의 재해석

신화가 만들어지던 시대의 눈으로 바라보면 신화는 사실도 아니었지만 거짓된 이야기도 아니었다. 신화는 인간의 이해를 넘어선 지혜의 세계를 펼쳐 보이며 세상의 의미를 파악하는 수단이 되기도 했다. 신화는 그저 웃어넘길 지어낸 이야기가 아니라 이 세상과 인간이 어떻게 생겨났는지, 인간의 운명은 어떠한지, 왜 악이 존재하는지, 그리고 인간이 죽은 이후의 삶은 어떠한지, 지상이 아닌 저 세상은 있는지, 있다면 어떠한 세계인지 탐구하고 설명하려는 노력의 일환이었다. 물론 신화적 이야기들이 항상 이해하기 쉽지만은 않으며 상당히 복잡한 경우도 많다. 이성과 논리로는 도무지 설명할 수 없는 경우도 적지 않다. 신화는 신화로서 받아들이고 이해해야 한다. 이성과 논리가 아니라 이야기를 통해서 전달하고자 했던 메시지를 찾아내야 한다. 사실이 아닌 이야기에도 진실은 담겨 있게 마련이다. 영지주의자들은 사실이 아닌 이야기에서 진실을 찾고자 했던 것이다.

영지주의자들은 성경의 이야기를 읽으면서 글자 너머에 있는 진실을 탐구했다. 그들은 창세기 1장과 2장의 인류 창조 이야기가 조금씩 다르다는 사실에 주목하고 성경 구절을 하나하나 글자 그대로 받아들여서는 안 된다고 느꼈다. 사실 2세기 그리스도인들 사이에 이미 구약의 창조 이야기에 의구심을 가지는 이들이 있었다. 대표적인 경우가 마르키온이었다. 그는 구약의 하느님을 거부하였다. 질투하고 분노하는 구약의 하느님이 신약에서 말하는 사랑의 하느님과 같은 분이실 수 없다고 보았다. 후대 영지주의자들은 마르키온의 관점을 공유하면서 창세기 이야기를 받아들이되 액면 그대로 이해하지는 않고 그들만의 새로운 이야기로 재구성하고자 하였다.

영지주의자들은 그리스 철학의 **우의적 해석법**을 받아들여 성경의 이야기들을 상징과 우의로 해석하였다.[5] 현대의 신학자들은 창세기에 나오는 원조들의 타락 이야기를 인간의 실존적 상황의 상징으로 보며 역사적 사건의 서술로 보지는 않는다. 이와 비슷하게 영지주의자들은 창세기 이야기를 순수한 역사적 사실로서가 아니라 하나의 상징과 우의로 받아들인다. 다시 말해 창세기는 세상과 저 윗세상에 대한 통찰을 상징과 우의로 표현한 이야기라는 것이다.

이런 맥락에서 영지주의자들은 하느님이 엿새만에 세상과 인간을 창조하시고 이레째 되는 날 쉬

> **우의적 해석과 문자적 해석** 우의적 해석이 영지주의자들의 전유물은 아니다. 정통 교회도 구약성경, 특히 창세기 이야기를 글자 그대로 받아들이지 않으며 성경에서 하느님을 의인화한 것은 독자의 이해를 돕기 위한 방편으로 본다. 성경의 상징과 비유를 글자 그대로 읽는다면 하느님을 질투와 분노와 증오로 가득한 신으로 해석한다 해도 무리가 아닐 것이다. 문자적 해석은 이렇게 오해를 낳을 여지가 있다. 상징과 우의는 상징과 우의로서 받아들여야 한다. 문자적 해석이 필요한 부분은 문자적으로, 상징과 우의로 해석해야 할 부분은 상징으로서 해석해야 불필요한 오해를 낳지 않을 것이다.

---

5) 그리스 철학자들은 신화를 상징과 우의로 바라보았지만 헬레니즘 시대 일반 대중들은 신화 이야기를 일종의 준역사로 보았으며 '엘레우시스' 비교나 다른 신비 종교의 입문자들은 신화를 환시 체험과 결부시켜 일상 삶에도 적용하였다. 영지주의자들이 신화를 바라보고 접근한 방식도 이들과 비슷했던 것 같다. 그리하여 영지주의자들은 자신들의 환시 체험에 근거하여 창세기의 창조 이야기를 하나의 신화로 이해하면서 신화를 액면 그대로가 아니라 상징으로 해석해야 한다고 보았다.

사실과 진실▪ 사실과 진실에 관한 김소연 시인의 설명은, 신화를 사실이 아닌 진실로서 읽는 데 도움이 된다. 신화가 사실은 아니지만 그 안에 담긴 진실의 의미는 퇴색하지 않는다.

"사실이 온전하게 존재하는 곳은 아무 데도 없다. 사실은 언제나 사실과 연관된 사람들에 의해서 편집되고 만들어진다. 편집되고 만들어진다는 건 이미 사실이 아니라는 뜻이다. 우리는 가끔 객관적인 판단을 하고 싶어서 객관화된 사실에 집착하곤 한다. 사실이라는 것을 추적하는 과정에는 사실이 존재하지 않는다. 사실은 눈에 보이는 것만을 이야기하기 때문에 관점의 차이를 극복한 객관화가 가능할 것 같지만 그렇지 못하다. 내가 들고 있는 이 머그잔이 위에서 내려다보면 둥근 원이지만, 옆에서 바라보면 직사각형이듯, 사실은 언제나 전체의 형상을 놓친다. 머그잔을 사실 그대로 보여 주기 위해서는 다각적인 시선으로 그것을 바라볼 수 있어야 한다. 하지만 입체적이고 다각적인 시선도 놓치는 것이 많다. 머그잔의 질감을 제대로 알리면 보는 것보다는 만져보아야 하며, 더 자세한 속성을 알리면 두드려도 보고 깨뜨려도 보아야 한다. 그 모든 감각들을 동원하면 감정이 개입되기 때문에 사실적이지 않게 되고 … 그런 의미에서, 사실이 진실보다 더 애매하다. …

진실은 언제나 매복해 있다. 매복해 있기 때문에 불쑥불쑥 드러나며, 드러나지 않을 때도 많다. … 육안으로 볼 수 없고 심안으로 보아야 한다. 사실은 몇 가지 단서로 추적이 가능하지만, 진실은 단서를 들이댄다고 해서 추적할 수도 없다. … 사실은 낱낱이 분석할수록 명징해지는 측면이 있지만, 진실은 분석하고 나면 형체가 흐트러지고 종합했을 때에 오히려 명징해지는 속성이 있다."

▪ 김소연, 『마음사전』, 197-198.

셨다는 이야기와 아담과 하와 및 뱀의 이야기를 글자 그대로 받아들이지 않는다. 그들은 이 이야기를 하나의 **사실**이나 역사로서가 아니라 **진실**을 암시하는 신화적 이야기로 받아들인다. 그리고 이를 토대로 자신들의 세계관과 철학을 확장·발전시킨다. 창세기를 인간의 역사, 지상 세계의 역사라기보다는 영원한 세계에 관한 이야기로 이해한 것이다. 그리고 그 이야기를 토대로 새로운 이야기를 만들어 낸다. 그들의 이야기에는 그리스도교적 요소와 이교적 요소가 공존하며 일반 그리스도인들에게는 낯선 용어들이 다수 등장한다. '에온', '아르콘', '오토게네스', '플레로마' 등이 대표적이다.[6]

---

[6] 에온: 최상신에게서 유출된 신적 존재, 영원, 시대, 세계라는 의미를 모두 지닌다. 따라서 영원한 시대, 영원의 세계라고 풀이된다. 아르콘: 보통 악의 대명사로 불리는 이 세상의 지배자, 데미우르고스 혹은 그의 수하 세력. 오토게네스: '스스로 생겨난 이'라는 뜻의 구원자. 플레로마: 충만, 완전성을 뜻하는 천상의 영적 세계. 영지주의 용어들은 Smith, *A Dictionary of Gnosticism*을 참조할 수 있다.

이처럼 영지주의자들은 그리스 철학의 도움을 빌려 창세기 이야기를 재구성했다.[7] 이를테면 창세기 2장에 나오는 두 번째 창조 이야기를 이렇게 바꾼다. "인간은 그 안에 있는 빛의 그림자로 말미암아 눈에 띄는 존재가 되었다. 그리고 그의 생각이 그를 만든 자들 모두보다 더 탁월하였다. 그(아르콘)들이 위로 올려다보았을 때 그들은 그(인간)의 생각이 탁월하다는 것을 깨달았다. 그래서 그들은 모든 아르콘들과 천사들의 조언을 구했다. 그들은 불과 흙과 물을 취하여 그것들을 한데, 그리고 네 개의 불바람과 섞었다. 그리고 그것들을 한데 모아 휘젓고 큰 소용돌이를 일으켰다. 그리고 그것을 죽음의 그림자 속에 담았다. 흙과 물과 불과 바람(영)을 가지고 (인간을) 새로 빚어 만들기 위해서였다.[8] 그것은 물질에서 나온 것, 곧 어둠의 무지, 욕정, 그들의 아류-영이다. 그것은 곧 육체라는 형체의 무덤, 도둑들이 사람에게 입힌 옷, 망각의 족쇄다. 그리고 그는 죽을 운명의 인간이 되었다"(요한의 비전 20-21). 자기들보다 더 지혜로워진 인간을 보고 질투를 느낀 창조주와 아르콘들이 불, 흙, 물, 바람으로 새로운 사람을 만드는데 이것이 곧 죽을 운명의 인간이었다는 것이다.

'아르콘들의 실체'도[9] 창세기 1—6장의 영지주의식 비틀기, 혹은 재구성이라 말할 수 있다. 무엇보다 그들은 사람을 만든 것이 최상신의 일이 아니라 하급신들의 일이라 여겼다. 그리고 하급신들이 만든 인간의 내면은 하느님의 모상으로, 외면은 아르콘들의 모습을 따른다고 한다. "아르콘들은 함께 계획을 세우며 말하였다. '자, 사람을 만듭시다. 그는 땅에서 나온 흙이 될 테요.' 그리하여 그들은 자신들의 피조물, 곧 오직 흙으로만 된 사람을 빚어 만들었다.

---

7) 초대 교회 때에 이미 성경을 재해석하는 사람들이 있었다. 때로는 그 정도가 지나쳤는지 사도들의 비판을 받기도 한다: "무식하고 믿음이 확고하지 못한 자들은 다른 성경 구절들을 곡해하듯이 그것들(바오로의 편지들)도 곡해하여 스스로 멸망을 불러옵니다"(2베드 3,16).

8) 창세 2,7 참조.

9) '아르콘들의 실체'는 나그 함마디 코덱스 II,4에 전한다.

… 그들은 땅에서 [흙]을 취하여 그들의 [사람을] 빚어 만들되, 그들의 몸과 닮게 그리고 물에 비친 하느님의 [모상에] 따라 그렇게 하였다"(아르콘들의 실체 87). 영지주의자들은 인간이 뱀의 유혹에 넘어가 하느님의 명을 어기고 선악과를 따 먹음으로써 낙원에서 쫓겨나는 장면도 자기네 시각으로 재해석한다(진리의 증언 45-49). 가령 진리의 증언 저자는, 창세 1—2장의 낙원설화를 언급하면서 구약의 창조주가 참된 하느님이 아니라고 주장한다. 그 근거로는 첫째, 창조주가 아담이 '지식의 나무' 열매를 따먹지 못하게 만든 막은 것이 악하다는 것이다. 둘째, 저자는 아담에게 '너 어디 있느냐?'고 묻는 신은 '예지'가 없다는 뜻인지 묻는다. 하느님은 처음부터 모든 것을 알지 않느냐는 것이다. 셋째, 아담이 생명의 나무 열매를 먹고 영원히 살게 되는 일이 없도록 동산에서 내쫓자고 말하는 데서 창조주의 악함이 드러난다고 한다. 나아가 저자는 아버지의 죄를 자녀들에게 지우는 구약성경 대목을 언급하면서 창조주가 악신이라는 점을 재차 강조한다(진리의 증언 45-49).

대표적 영지주의 창조 신화

이 세상이 어떻게 창조되었고 인간이 어떻게 존재하게 되었는지 보여 주는 영지주의 창조 신화는 주로 발렌티누스파와 셋파 작품 속에 전한다. 발렌티누스파 신화와 셋파 신화는 서로 비슷한 점도 있지만 때로는 상반된 길을 걷기도 한다. 두 신화 모두 인간이 왜, 그리고 어떻게 해서 지금 여기에 존재하고 있는지 설명한다는 점에서는 같다. 두 신화는 특히 인간이 탄생 이전에는 어떤 모습이었으며 또 죽음 이후에는 어떻게 되는가 하는 문제에 천착한다. 나그 함마디 문헌들 가운데 어떤 작품은 발렌티누스파에, 어떤 것은 셋파에 속한다. 학자에 따라 달리 분류하는 경우도 있으며, 토마 복음서나 마리아 복음서처럼 두 학파의 관점을 모두 보여 주는 경우도 있다. 발렌티누스파에 속하는 작품으로는, 진리의 복음과 필립보 복음을 대표로 꼽을 수 있다. 학자에 따라 야고보의 첫째 묵시록, 야고보의 둘째 묵시록, 야고보의 비전도 발렌티누스파로 분류하는 경우가 있다.[10]

셋파 신화

셋파 작품으로는 요한의 비전과 유다 복음이 대표적이다. 요한의 비전은 영지주의 창조신화의 대표 격이라 단언할 수 있는데, 천상계에서 시작하여 우주와 인류의 창조를 거쳐 인간의 운명과 구원까지 아우르는 방대한 내용을 담고 있다.

요한의 비전에 담긴 셋파 창조 신화의 토대는 다음과 같다. 최상신인 참하느님은 오직 한 분이시며 이 최상신으로부터 '에온'이라 불리는 신적 존재들이 유출되었다.[11] 이때 에온들은 남녀 한 쌍씩 짝을 지어 존재한다. 최상신과 그분에게서 유출된 에온들이 천상계인 플레로마를 구성한다. 그런데 천상계의 최하단에 위치한 소피아가 최상신의 허락도 받지 않고 짝의 동의도 구하지 않은 채 홀로 소생을 낳는 실수를 범한다. 이렇게 소피아의 실수로 태어난 자가 창조주 얄다바옷이다. 얄다바옷은 천상계에 속하지도 못하고 그 바깥으로 쫓겨난다. 천상계 바깥에서 얄다바옷은 자신의 수하 세력들을[12] 만들고 나서

---

10) King, *What Is Gnosticism?*, 154-156. 발렌티누스파에 속하는 작품은 진리의 복음, 필립보 복음, 부활에 관한 논고, 삼부작 논고 등이 있다. 야고보의 첫째 묵시록, 야고보의 둘째 묵시록, 진리의 증언, 야고보의 비전, 베드로가 필립보에게 보낸 편지에 관해서는 학자들 사이에 이견을 보인다. 셋파에 속하는 작품으로는 요한의 비전, 유다 복음, 아르콘들의 실체, (콥트어) 이집트인들의 복음, 아담의 묵시록, 셋의 세 지팡이, 조스트리아노스, 노레아의 생각, 마르사네스, 알로게네스 등이다.

11) 정통 교회의 신학과 달리 이들에게는 하느님이 삼위에 국한되지 않는다: Matkin, *The Complete Idiot's Guide to The Gnostic Gospels*, 14.

12) 수하 세력은 아르콘 $\check{\alpha}\rho\chi\omega\nu$, 권세 $\dot{\epsilon}\xi o \upsilon \sigma \acute{\iota} \alpha$, 능신 $\delta \acute{\upsilon} \nu \alpha \mu \iota \varsigma$ 등 다양한 이름으로 불린다. 모두 권위와 힘 또는 능력으로 인간 세상을 다스림을 표현하는 말들이다.

그들과 함께 물질계와 인간을 창조한다. 그러고는 하느님이나 천상계의 존재를 알지 못한 채 자기 말고는 다른 신은 없다고 주장한다. 게다가 창조주는 자기가 만든 인간이 자기보다 똑똑해지자 질투하기까지 한다. 흙으로 만든 인간이 활기가 없어 일어서지도 못하자 숨을 불어넣어주는데 그 숨을 통해 소피아의 영이 인간에게 들어간 탓에 인간이 자신보다 더 똑똑해졌기 때문이다. 이 신화에서 인간은 흙으로 된 육신과 소피아의 '영'으로 이루어져 있는데, 후자인 '영'이 참된 나이고 육신은 영을 가두는 감옥이다. 창조주에 의해 물질세상에 갇혀 버린 참인간인 '영'은 어리석은 신 얄다바옷과 그 수하 세력들의 지배를 받고 있다. 그리고 자신이 천상계에서 유래했다는 사실조차 망각하고 무지와 어둠 속에 빠져 신음하고 있다. 이것이 인간이 처한 상황이다.

영지주의 신화에 따르면 하급신인 창조주가 만든 세상과 인간이 결국 모두 불완전하며 악할 수밖에 없다. 그러나 인류의 창조에는 긍정적인 요소도 개입되어 있다. 인간도 창조주의 사악한 피조물들 가운데 하나이긴 하지만 자기 안에 '섬광' 혹은 '씨앗'이라 불리는 신적 요소를 지니고 있기 때문이다. 한마디로 이 섬광은 하느님의 영이며, 인간은 자기 자신 안에서 이것을 발견할 수 있다. 그리하여 인간은 자신 안에 깃든 신적 요소로 인해 다른 피조물들과 차이가 나며 온전히 악하기만 한 것은 아니다.[13]

그런데 모든 인간이 자기 안에 그리고 다른 사람 안에 깃든 신적 불꽃을 감지하는 것은 아니다. 영(魂)이 육신이라는 감옥에 갇히면서 자신의 기원을 망각해 버렸기 때문이다. 어쩌면 죽을 때까지 기억하지 못할 수도 있다. 그래서 이를 깨우쳐 줄 존재가 필요하다. 이렇게 잠든 인간을 깨우는 이, 인간의 잃어버린 기억을 되찾게 해 주는 이가 바로 구원자다. 따라서 구원자의 메시지는 인간으로 하여금 자기 안에 하느님의 영이 깃들어 있음을 깨달으라는 것이다. 이러한 깨우침(이것이 그노시스다)을 통해 인간은 완전성에 이르고 천상으

---

13) Matkin, *The Complete Idiot's Guide to The Gnostic Gospels*, 42.

로 올라가 다시 하느님과 하나가 될 수 있다.

발렌티누스파 신화

발렌티누스라는 유명한 교사가 이끌었던[14] 발렌티누스파의 창조 신화도 중요하다.[15] 발렌티누스가 실제로 어떤 형태의 영지주의 신화를 펼쳤을지 짐작하는 일이 그리 간단한 일은 아니다. 이레네우스가 발렌티누스의 영지주의 신화를 소개하지만(『이단 논박』 1.1.1-1.8.5) 이를 통해 그 줄거리만 파악할 수 있을 뿐 전체 내용을 알기는 쉽지 않다. 이레네우스는 발렌티누스의 제자인 프톨레미를 먼저 다룬 다음 발렌티누스를 거쳐 초창기 영지주의자들을 지나 뿌리인 시몬 마구스에게까지 거슬러 올라간다. 학자들은 이레네우스의 증언과 발렌티누스파의 작품으로 추정되는 나그 함마디 문헌들을 종합하여 발렌티누스의 사상 체계를 재구성하고자 시도하였다. 사실 발렌티누스와 그 제자들의 활동 기간이 길었던 만큼 시간이 지나면서 얼마간 변천을 겪었을 것은 분명하다. 그러나 그 정도가 어떠했는지, 그리고 초기·중기·후기 별로 정확히 어떤 차이가 나는지 알아낼 방법이 없다. 이 점을 염두에 두면서 학자들이 재구성한 발렌티누스파 영지주의 신화는 대략 다음과 같다.[16]

• **플레로마**[17] 유일한 최상신에게서 출발하는 일반적 영지주의 신화와 달리

---

14) 발렌티누스는 알렉산드리아 출신으로 100년경부터 165년 사망 때까지 활발히 활동하였다.

15) 테르툴리아누스, 『발렌티누스파 논박』도 비슷한 줄거리의 신화를 전한다.

16) 특히 Layton, *The Gnostic Scriptures*, 276-302; Pearson, *Ancient Gnosticism*, 147-169을 참조하라.

17) Pearson, *Ancient Gnosticism*, 148-149 참조.

발렌티누스 체계에서는 한 쌍의 남녀 신에게서 시작한다(히폴리투스 「이단 논박」 6.24). 원초적 심연 Bythos이라 불리는 아버지 신이 침묵 Sige이라는 이름의 여성 신과 짝을 이룬다. 그들에게서 지성 Nous과 진리 Aletheia라는 한 쌍의 남녀 에온이 유출된다. 이 넷에게서 다시 두 쌍의 에온이 더 유출된다. 말씀 Logos, 생명 Zoe, 사람 Anthropos과 교회 Ecclesia가 그 이름들이다. 다시 이 여덟에게서 다른 에온들이 더 유출된다. 말씀과 생명에게서 열 에온, 사람과 교회에게서 열두 에온이 나온다. 이들(한 쌍의 남녀 최고신과 서른 에온)이 모두 함께 충만한 천상계 곧 플레로마를 구성한다(이레네우스 「이단 논박」 1.1.1-2).

총 서른 에온 중에 마지막은 여성 에온인 소피아다. 영지주의 신화에서 소피아는 대개 최상신을 동경하여 자기 짝 혹은 최상신의 동의를 구하지 않은 채 홀로 후손을 생산한 에온으로 그려진다. 반면에 발렌티누스는 소피아 말고도 플레로마의 에온들이 모두 최상신인 아버지를 알고 싶어 했다고 한다. 그러나 지성 Nous만이 아버지에 대한 지식 Gnosis을 소유했다. 소피아는 아버지께 한 걸음 더 다가서려 하였으나 한계 Horos라는 에온이 가로막는다. 소피아는 아버지를 알지 못한다는 절망감에 빠져 플레로마의 나머지 에온들에게서 떨어져 나간다(「이단 논박」 1.2.1-3).

플레로마는 곧바로 한계라는 이름의 다른 에온을 발출하여 플레로마 안쪽과 플레로마 바깥쪽을 구분 짓는다. 그리하여 소피아는 플레로마 바깥에 홀로 남겨진다. 그 다음에 플레로마는 **그리스도와 성령**이라는 새로운 에온을 유출한다. 전체 플레로마를 안정시킴과 동시에 소피아를 구하여 다시 플레로마로 불러들이기 위해서였다(「이단 논박」 1.2.4-5).

결국 소피아는 그리스도의 도움으로 다시 플레

그리스도는 어느 에온에게서? 같은 발렌티누스파에 속한 사람이라도 예수 그리스도에 대한 생각은 조금씩 달랐다. 특히 그리스도가 어떻게 생겨났느냐에 대한 의견은 천차만별이었다. 테르툴리아누스는 같은 발렌티누스파라 하더라도 주 예수님에 대한 생각은 서로 달랐음을 전한다. 주 예수님이 플레로마의 모든 에온들로부터 유출되었다고도 하고 '말씀'과 '생명'이라는 에온 쌍에게서 유출된 열 에온에게서 나왔다고도 한다. 어떤 이들은, 예수님은 '사람'과 '교회'라는 에온 쌍에게서 유출된 열두 에온에게서 나왔으며 그러한 이유로 예수님에게 '사람의 아들'이라는 칭호가 붙었다고 한다. 예수님은 그리스도와 성령에 의해 만들어졌다고도 한다. 이처럼 예수님에 대한 생각도 천차만별인데 하느님에 대한 생각은 얼마나 달랐겠느냐, 하는 것이 테르툴리아누스의 비판이었다(테르툴리아누스, 「발렌티누스파 논박」 39).

로마로 돌아온다. 그러나 그 과정에서 소피아의 '고뇌에 찬 생각'이 소피아와 분리되어 홀로 플레로마 바깥에 남겨진다. 고뇌가 플레로마에서 차지할 자리는 없는 것이다. 이렇게 해서 소피아는 천상계 안쪽의 '상위 소피아'와 천상계 바깥의 '하위 소피아'로 나뉜다. 소피아가 상하로 구분되는 것은 발렌티누스 체계 고유의 특징이다. 하위 소피아는 아카모트라고도 불린다(이레네우스 『이단 논박』 1.4.1).

최상신인 아버지는 이쯤에서 멈추지 않으신다. 아버지는 플레로마의 완전한 회복을 원하셨기 때문이다. 고뇌에 찬 아카모트를 치유하기 위해 플레로마의 에온들은 구원자 예수를 유출한다. 예수는 아카모트의 고통을 제거하고 그 고통을 다른 것으로 바꾼다. 아카모트의 비탄과 공포에서 나온 것이 물질이다. 플레로마로 돌아가고 싶어 하는 아카모트의 회한과 열망에서는 영혼이 나온다. 고통에서 해방되었을 때 아카모트가 느낀 기쁨에서는 영이 나왔다. 아카모트에게서 물질·영혼·영, 이렇게 세 실체가 나왔다는 것은 발렌티누스파 사상체계만의 특징이기도 하다(히폴리투스 『이단 논박』 6.24-27).

- **데미우르고스의 탄생: 우주와 인류의 창조**[18] 아카모트는 영혼이라는 실체로 새로운 존재 곧 데미우르고스를 만든다. 그리고 데미우르고스는 물질과 영혼을 재료로 써서 우주를 창조하였다(이레네우스 『이단 논박』 1.5; 히폴리투스 『이단 논박』 6.28). 발렌티누스파 작품에서는 데미우르고스가 다른 영지주의 신화에서와 달리 그리 사악한 존재로 제시되지 않는다. 발렌티누스파에서 데미우르고스는 어리석음과 무지로 표현된다(이레네우스 『이단 논박』 1.5).

데미우르고스는 인류를 창조한 장본인이기도 하다. 데미우르고스는 물질과 영혼을 재료로 인간을 창조하였다. 여기에다 하위 소피아인 아카모

---

18) Pearson, *Ancient Gnosticism*, 160-161 참조.

트가 몰래 영을 불어넣었다. 이렇게 해서 인간은 물질·영혼·영, 이렇게 세 요소로 구성된다. 인간의 구성 요소 가운데 구원의 대상이 되는 것은 영 뿐이다. 영은 결국 플레로마로 돌아갈 것이다. 반면에 인간의 물질적 요소, 곧 육체는 해체되어 사라질 것이다. 혼적 요소는 둘 사이에 끼어 있어 이쪽으로 향하거나 혹은 저쪽으로 향한다.

• **인간과 그 운명**[19] 한 인간이 영·영혼·육체 이렇게 세 요소로 이루어져 있듯이 인류도 영적 인간·혼적 인간·육체적 인간, 세 부류로 나뉘어져 있다. 영적 인간은 육체와 영혼 외에 영을 더 갖고 있으며 구원이 보장되어 있다. 육체적 인간 혹은 물질적 인간은 영혼이나 영이 없이 오직 물질로만 이루어져 있으며 구원의 희망이 없다. 그 중간인 혼적 인간에게는 구원의 가능성이 열려 있다. 다만 그들은 이 세상을 위해 살지 하느님을 위해 살지 선택해야 한다. 하느님을 위해 살기로 결단을 내린 혼적 인간은 구원자의 도움으로 구원을 얻을 수 있다.[20] 여기서 세 범주의 인류는 현실 세계의 인간들에게 직접 대응한다. 본성상 구원받을 수 있는 영적 인간은 영지주의자들에 해당한다. 구원이 아예 불가능한 물질적 인간은 영적인 문제 자체에 아무런 관심이 없고 오직 물질에만 관심이 있는 사람들이다. 그 중간에 있는 혼적 인간은 평범한 교회 신자들로서 믿음과 올바른 행업에 의해 구원받을 수 있는 사람들이다(이레네우스 『이단 논박』 1.6).

아카모트는 결국 구원자와 결합하여 새로운 에온 쌍을 형성하고 플레로마로 돌아간다. 그노시스를 얻은 자들, 곧 영지주의자들도 플레로마

---

19) Pearson, *Ancient Gnosticism*, 157-159 참조.
20) 한편 구원자는 나자렛 예수의 세례 때 그에게 내려와서 나자렛 예수를 통해 아버지를 계시하였다. 그 뒤 예수가 십자가형을 당하기 직전에 구원자는 그에게서 떠나갔다. 결국 구원자는 십자가 수난을 당하지 않았다.

돌아간다.[21] 그들은 몸과 영혼을 벗고 아카모트-구원자 쌍과 함께 천상계로 올라가 그곳에서 천사와 결합될 것이다(이레네우스 『이단 논박』 1.7).[22] 반면에 물질적 인간은 죽음으로 소멸할 뿐이다. 그리고 혼적 인간들 가운데 하느님이 아닌 세상을 선택한 사람들도 물질적 인간과 함께 소멸할 것이다. 구원자의 가르침을 따라 하느님을 위해 산 혼적 인간은 구원을 받지만 플레로마로 돌아가지는 않는다. 대신 플레로마 바깥의 '중간 영역'이라 불리는 곳에서 데미우르고스와 함께 영원히 살 것이다(『이단 논박』 1.7.5).

— ◆◆◆ —

영지주의 신화에 기본 토대는, 하느님은 선하신 분이시며 악이 없으시다는 것이었다. 영지주의자들은 참하느님은 선하신 분이라 믿었다.[23] 저 위에 선하신 하느님이 존재하신다는 사실을 알리기 위해 이 땅에 온 이가 예수 그리스도이며 예수의 십자가 죽음과 부활은 아버지 하느님에 대한 지식의 계시이자 공포였다고 가르친다.[24] 그리고 구원은 살아 있는 예수를 통해 인간이 자기 자신과 아버지 하느님과의 관계를 깨닫는 데 있다고 한다.

그리스도교 영지주의자들, 특히 발렌티누스파 사람들은 하느님 외에 다

---

21) 발렌티누스파 작품의 대표 격인 진리의 복음 저자는 플레로마로 돌아가 하느님 아버지와 일치를 이루는 것을 목표로 삼는다. 아버지 안에서 안식을 취하는 과정은 무지에 대한 인식에서 시작된다. 무지를 타파하는 수단은 '지식' 그노시스이다. 이 지식은 어떤 사실에 대한 인식이 아니라 진리에 눈뜨는 것, 자기 자신의 기원이 하느님임을 깨닫는 것을 말한다.

22) 이 주제는 제5장의 영지주의자들과 성사의 하위 내용 중 2. 신방의 성사에서 자세히 다루었다.

23) Robinson (ed.), "The Tripartite Tractate", 60. 영지주의자들이 악하다고 여긴 신은 창조주 데미우르고스였지 최상신이 아니었다.

24) 진리의 복음을 참조하라.

른 신들의 존재도 인정했지만 예수 그리스도가 세상의 구원자임을 믿은 것은 원-정통 교회 사람들과 같았다. 그래서인지 다양한 영지주의 분파 가운데에서 발렌티누스파가 원-정통 교회에 가장 큰 위협이 되었다.[25] 신화도 발렌티누스파 신화가 셋파 신화보다 그리스도교적 성향이 더욱 강하다. 아마도 발렌티누스의 활동 시기가 원-정통 교부들의 활동 시기와 거의 비슷했던 이유 때문이었을 것이다. 발렌티누스의 작품으로 여겨지기도 하는 진리의 복음이 원-정통 그리스도교의 가르침과 비슷한 내용을 많이 담고 있는 것도 같은 이유에서다.[26]

영지주의 신화에 대한 고찰

영지주의 신화에서 표현하는 예수 이야기는 정통 그리스도교에서 가르치는 예수님 이야기와 차이가 난다. 정통 교회에서는 예수님의 아버지와 세상의 창조주가 같은 분이시다. 하느님께서 만드신 물질계 역시 본질적으로 좋은 것이다. 구원은 무지 때문이 아니라 죄로 인해 하느님과 인간의 관계가 틀어졌기 때문에 필요하다. 그리고 예수님의 십자가는 정통 그리스도교 신학의 중심이라 할 수 있다. 반면에 영지주의자들에게는 십자가가 별 의미가 없다. 그들에게 예수님이 중요한 이유는 예수님이 영적 스승으로서 오류에 빠진 인류를 하느님께 인도하기 때문이다. 이러한 차이와 간극을 가지고 정통 그리스도인들과 영지주의자들이 어떻게 공존할 수 있

---

25) Valantasis, *Gnosticism and Other Vanished Religions*, 47.

26) Lester, *The Everything Gnostic Gospels Book*, 175. 어떤 학자들은 진리의 복음이 영지주의자들과 원-정통 그리스도인들을 모두 겨냥하여 만들어진 강론이라 추정한다. 발란타시스의 말을 빌자면 "발렌티누스파 사람들은 결코 교회를 떠난 적이 없다. 오히려 교회가 그들을 쫓아내었다": Valantasis, *Gnosticism and Other Vanished Religions*, 45.

없는지 오히려 신기할 따름이다.

구약의 하느님은 어리석은 창조주인가?

영지주의 창조 신화의 중심 주제는 이 세상의 창조주가 신성한 신들 가운데 하나가 아니라 그 신들 가운데 하나가 '실수'로 만든(혹은 낳은) 창조물이라는 것이다. 창조주는 대개 얄다바옷이나 데미우르고스라는 이름으로 불린다.[27] 데미우르고스라는 명칭과 그 역할은 플라톤에게서 비롯되었지만 영지주의 신화에서는 그 성격이 명백히 달라진다. 플라톤은 데미우르고스가 이미 존재하던 관념과 형상들로부터 그리고 혼돈의 물질들로부터 세상을 만들었다고 하는데,[28] 플라톤의 데미우르고스는 사악한 신이라고 말할 수 없다. 그러나 영지주의자들은 대개 데미우르고스를 천상계 바깥에서 창조된 종속적이고 사악한 하급신으로 소개한다.[29] 이렇게 사악한 하급신이 물질 세계를 창조한 사실은 이 세상에 죄와 악이 들어오게 된 이유가 되기도 한다.[30]

이처럼 영지주의 창조 신화는 구약의 창세기에서 모티프를 따오기는 했지만 그 중심 내용에 있어서는 큰 차이가 난다. 창세기에 따르면 창조주가 최상신인 하느님이며 이 하느님께서 모든 것을 좋게 만드셨다. "하느님께서 보시니 손수 만드신 모든 것이 참 좋았다"(창세 1,31). 그런데 아담과 하와가 뱀의 유혹

---

27) Valantasis, *Gnosticism and Other Vanished Religions*, 148. 창조주는 네브로, 사클라스, 사마엘 등 다른 이름으로도 불린다. 요한의 비전, 유다 복음 등을 참조하라.

28) Matkin, *The Complete Idiot's Guide to The Gnostic Gospels*, 176.

29) Matkin, *The Complete Idiot's Guide to The Gnostic Gospels*, 181.

30) 어떤 영지주의자들은 데미우르고스가 창조에 직접 관여했기에 물질 세계에 존재하는 모든 것이 악하다고 여기기도 한다: Ehrman, *Lost Christianity: Christian Scripture and the Battle over Authentication*, 55.

에 빠져 하느님의 명을 거역하면서 죄가 시작되었다. 반면에 영지주의 신화에서는 세상의 창조주가 최상신이 아닌 하급의 악한 신이며, 따라서 그가 만든 모든 것, 곧 모든 피조물이 다 불완전하고 악하다.

그렇다면 영지주의자들이 말하는 창조주는 과연 구약의 하느님과 같은가? 그렇지 않다. 우선 영지주의자들의 창조주 데미우르고스는 악신이며 인간보다 어리석은 존재이다. 스스로 존재하는 자가 아니라 하급 에온인 소피아가 최상신의 동의도 구하지 않은 채 홀로 낳은 실수의 산물일 뿐이다. 구약성경의 하느님은 데미우르고스와 명백히 다르다. 그분은 참으로 존재하시는 분, 진정한 하느님으로 소개된다. '나는 있는 자'다라는 뜻의 야훼라는 이름이 이를 암시한다. 하느님은 어디에나 계시지만 세상에 존재하는 그 어떤 것도 하느님을 담을 수 없다거나 오직 한 분뿐이시라거나 아무도 그 이름을 발설해서는 안 된다는 표현들이 하느님의 초월성을 드러낸다. 그런데 초월적 존재이신 하느님이 인간 세계와 관계를 맺으신다고 한다. 초월적 하느님께서 몸소 인간을 창조하시고 인간 역사에도 개입하시어, 한 백성을 뽑으시고 계약을 맺으신 것이다.

원-정통 교회도 구약의 하느님 상을 그대로 이어나간다. 오직 한 분이신 하느님이 초월신과 인격신의 면모를 모두 갖추셨다는 것이다. 다시 말해 하느님은 물질 세계를 초월해 계시지만 그럼에도 불구하고 인간사에 개입하시며 인간과 관계를 맺으시는 분이시라 믿는다.

이처럼 인간사에 개입하시는 구약의 하느님은, 그리스 철학자들과 영지주의자들의 최상신과도 확실히 차이가 난다.[31] 구약의 하느님이 인격신과 초월신의 면모를 모두 갖추었다면 영지주의자들은 최상신은 초월신으로서, 그리

---

31) 영지주의자들의 최상신과 구약의 하느님 사이에는 또 다른 차이도 있다. 영지주의자들의 최상신은 때로 어머니이면서 아버지인, 남녀양성겸유 혹은 여성이기도 하고 남성이기도 한 분으로 표현된다. 반면 구약의 하느님은 성으로 표현되지 않으며, 굳이 표현한다면 그 표상은 '아버지' 곧 남성에 가깝다.

고 창조주는 인격신으로서 구분하여 제시한다. 물론 그들이 말하는 인격신 창조주는 최상신보다 열등한 존재이며 진정한 신이라고 볼 수 없다.

성선설? 혹은 성악설?

영지주의는 인간이 사악한 하급신이 만든 피조물로서 본질적으로 악할 수밖에 없지만 자기 안에 신의 섬광을 지니고 있어 악한 존재이기만 하지는 않다고 가르친다. 그렇다면 인간은 자기 안에 신적 요소가 있다는 사실을 어떻게 알게 되는가? 겉으로 보기에 인간은 다른 피조물들보다 우수한 면도 있지만 다른 동물과 크게 다르지 않다는 점도 부정할 수가 없다. 순수하고 해맑던 아기가 자라면서 쉽사리 악에 기울어지고 다른 피조물들을 괴롭히는 모습을 보면서 인간은 태어날 때부터 악한 게 아닌가, 하고 생각할 수도 있다. 순자의 성악설도 쉽게 이해되는 부분이다. 아마도 거의 모든 인간이 자신이 얼마나 쉽게 악에 기울어지는지, 얼마나 죄와 악에 취약한 존재인지 경험할 것이다. 그러면서도 자기 안에는 더 나은 방향으로 발전하고자 하는 내적 힘이 있음을 느낀다. 그 힘을 영지주의자들은 신적 불꽃이라 불렀다.

영지주의 신화가 성선설이냐 성악설이냐를 묻는다면, 둘 다라고 답하겠다. 인간은 (참된 나는 천상에서 유래한 영이기에) 그 존재 자체가 본질적으로 선하기도 하고, (몸은 어리석은 창조주에게서 유래했기에) 본질적으로 악하기도 하다. 달리 말해 영지주의 신화에서 인간은 선과 악의 두 요소를 모두 갖추고 있다.

그런데 대부분의 영지주의 작품에서는 각 인간이 처음부터 서로 다르게 태어난다고 가르친다. 어떤 이는 영적 인간, 어떤 이는 육적 인간, 그리고 어떤 이는 그 중간인 혼적 인간으로 태어날 때부터 정해져 있다는 것이다. 영적 인간이란 자기 안에 신적 요소를 갖고 있는 사람이고, 육적 인간은 그렇지 않은 사람, 그 중간에 해당하는 혼적 인간은 자신 안에 신적 요소를 갖고 있기는 하나 그 사실을 깨닫지 못한 사람이다. 영지주의자들이 인간을 세 부류로 나눈 것은 막연한 추론에서가 아니라 모든 인간의 공통된 경험이 바탕이 된 것 같다. 선과 악 사이에서 맴도는 범부들이 있는가 하면 악의 화신으로 보이는 사람도 있고, 범부들과는 차원이 다르게 고귀한 사람들도 있음을 경험으로 알 수 있다. 성선설이나 성악설만으로는 인간의 다양성을 설명할 수 없다. 그래서 영지주의자들은 인간의 다양성에 대한 해결책으로 이런 중도적 입장을 내놓은 것 같다. 그런데 과연 인간은 처음부터 서로 다르게 태어나는 것일까? 변화의 가능성은 없는 것일까?

제7장
영지주의 모티프

영지주의자들은 하느님, 인간, 세상, 구원 등에 관한 사상과 개념들을 신화의 형태로 표현할 줄 알았다. 가르치려는 내용을 딱딱한 교리문답식이 아니라 재밌는 이야기나 시의 형태로 담아낼 줄 알았던 것이다. 이 본문들은, 종교나 철학이 다루는 무거운 주제를 논리적으로 풀어나가는 식이 아니라 신화와 은유적 표현을 통해 전개해 나가기에 현대인의 눈에는 무의미하고 허황된 이야기로 보일지도 모른다. 영지주의 문학을 제대로 이해하려면 은유와 상징 너머에 있는 저자의 숨은 의도를 읽어내려는 노력이 필요하다.

세계관

우리의 참된 자아는 플레로마에서 비롯된 신적 섬광이라는 소식과 함께 창조주 데미우르고스와 그 수하 세력인 아르콘에 대한 부정적 묘사, 그리고 그로 인한 창조된 세계의 불완전성과 악의 존재, 이런 불합리에서 인류를 구해 줄 구원자, 이 모든 것이 합해져서 영지주의 세계관을 형성한다. 영지주의가 하나의 세계관이기는 하지만 반드시 믿어야 할 신학적 교리를 가지고 있지는 않다. 영지주의 성서는 일차적으로 내용이 신비주의적이며 모든 신비는 다양한 방식으로 해석될 수 있다. 다른 신화들과 마찬가지로 영지주의 신화도 여러 가지 의미를 지니고 있으며 그 중 어느 하나를 없애는 것은 바람직하지 않다. 신화에서 여러 심리학적 진실들도 드러날 수 있으며 그 어느 것도 소홀히 해서는 안 될 것이다.

개요: 물질 세계과 영적 세계

세상은 불완전하다. 유다교 및 그리스도교 전통은 불안전의 원인을 인간에게서 찾는다. 곧 첫 인간의 범죄가 인류의 타락뿐 아니라 전 피조물의 타락으로 이끌었다는 것이다(창세 1—2장; 로마 5,14-19). 그리고 지상 세계의 과오와 악은 이러한 타락의 결과다. 따라서 인간이 낙원을 파괴시킨 최초의 범죄자들이며 약탈자인 셈이다.

영지주의자들도 세상을 오점 투성이로 본다. 사실 영지주의는 지상의 삶이 고통으로 가득하며 영구적이지 않다는 것을 인정하는 데서 시작된다. 인생은 고달프고 인간은 언젠가 죽는다. 모든 생명체는 자신이 살아가기 위해 다른 생명체를 희생시킨다. 육식 동물이건 초식 동물이건 다른 생명체를 희생시켜야 살 수 있는 것은 매한가지다. 따라서 모든 생명체가 고통과 공포와 죽음을 피할 도리가 없다. 게다가 온갖 자연 재해들을 상기해보라. 지진, 홍수, 불, 한파, 화산 폭발, 역병 등 헤아릴 수 없는 재해들이 삽시간에 수많은 목숨을 앗아간다.

영지주의자들은 세상이 이처럼 불완전하고 악한 현실에 주목하고 그 원인을 추적한다. 그들은 세상이 악한 원인을 인간이 아닌 다른 곳에서 찾는다. 세상이 악한 이유는 첫 인간이 저지른 원죄 때문이 아니라 세상과 인간이 잘못된 방식으로 창조되었기 때문이라는 것이다. 무지한 창조주가 세상을 창조했기에 그 세상은 불완전할 수밖에 없다. 그리고 창조주가 자신에게 시중들게 할 목적으로 인간을 만드는 과정에서 사람의 몸속에 갇히게 된 하느님의 시적 불꽃(영)이 자신의 유래를 망각해 버렸다. 게다가 세상은 인간의 의식을 하느님으로부터 멀어지게 만든다. 곧 물질은 인간의 마음을 외부로 향하게 만들며, 머리에 가득한 온갖 상념들도 참된 자신인 영 pneuma에게서 멀어지게 만든다. 결국 인간은 자신의 영을 망각하고 따라서 하느님도 잊어버리고 만다. 이렇게 인간을 하느님으로부터 멀어지게 만드는 것이 악이며, 인간이 하느님으로부터 멀어지고 고립되어 있는 상태가 원죄이다.

물질 세계가 영과 하느님의 결합을 막는다고 믿는 이상 영지주의자들은 세상을 혐오할 수밖에 없다.[1] 그들은 고통과 무지로 가득한 세상에서 벗어나야 한다고 가르친다. 그리고 그러기 위해서는 의식의 변화가 선행되어야 한다고 한다. 의식 수준이 물질 세계를 넘어 영적 세계로 도약하지 않고서는 어둠 속에 갇힌 노예 생활은 멈추지 않고 계속되기 때문이다. 따라서 세상 속에 혹은 육체 속에 갇힌 영이 물질 세계를 벗어나 영적 세계로 높이 비상해야 한다. 그곳에 참된 행복과 의미가 있다. 인간의 영은, 이 영적 세계로 날아오르는 중에 본향인 하느님과 조우하게 된다.[2] 영지주의자들이 추구하는 것은 결국 물질을 초월하여 참된 궁극적 실체, 하느님께 비상함으로써 그분과 결합하는 것이다. 이로써 인간의 영은 본향으로 돌아가 본디 누리던 영광을 다시 회복하게 된다.

---

[1] 이 세상을 비관적으로 본다는 의미에서 확실히 영지주의자는 비관론자가 맞다. 그러나 그들이 이 세상이 아니라 그 너머의 보다 나은 세상을 꿈꾼다는 의미에서는 그렇지 않다.

[2] 하느님과 인간의 조우를 이해하는 데 플라톤의 동굴의 비유가 도움이 된다. 동굴에 갇힌 사람은 바깥을 보지 못한 채 동굴 내벽에 드리워진 그림자를 실체로 오인한다. 그러나 실체는 그림자가 아니라 이 그림자를 만드는 빛이다. 영지주의자들은 인간이 그림자에서 벗어나 실체와 직접 소통할 수 있으리라 믿는다. 여기서 그림자는 창조된 세계요 실체는 하느님이다.

특징

1. 과거 지향

주류 그리스도인들은 세상이 앞을 향해 나아간다고 본다. 그들은 그저 에덴동산으로 되돌아가기를 희망하지 않는다. 이미 죄가 인간에게 들어왔고 죄와 함께 죽음도 왔다. 그리스도께서 죄에서 인간을 구원하기 위해 이 세상에 오셨고 십자가에 못 박혀 돌아가셨다. 그리스도의 재림으로 인간의 구원이 완성되고 새로운 세상이 열릴 것이다. 과거로의 회귀가 아니라 앞으로 나아가는 길, 미래로 향하는 길이 있는 것이다.

영지주의자들은 과거를 꿈꾸며 과거로 회귀하기를 희망한다. 육체라는 감옥에 갇힌 영이 육체를 입기 이전의 상태로 돌아가서 자신이 떠나온 천상의 플레로마로 회귀하기를 꿈꾼다(토마 복음 16; 18; 22; 23; 37; 114). 영이 누릴 영원성에 비하면 육체의 유한성은 아무 의미가 없다. 우리의 육체가 겪는 모든 것, 행복도 슬픔도 사라질 것이며 우리의 참존재는 천상의 고향으로 돌아가 과거의 영광을 회복할 것이다.

2. 처음 상태의 회복

영지주의 작품에는 처음으로 돌아가려는 영지주의자들의 염원을 표현하는 구절이 자주 나온다. 곧 천상과 인류 사이에 드리워진 장벽을 부수고 처음의 합일 상태로 되돌아가려는 염원이 작품 곳곳에서 드러난다. 이러한 염원은 보통 다음과 같은 언어로 표현된다. "너희가 둘을 하나로 만들고 안을 바깥처럼 만들고 바깥을 안처럼 만들고 위를 아래처럼 만들고, 남자와 여자를 오직 하나로 만들어 남자를 남자가 아니게 하고 여자를 여자가 아니게 한다면, … 그 때 너희는 하늘 나라에 들어갈 것이다"(토마 22).

영지주의자들은 물질계가 하급신인 창조주에 의해 만들어졌으며, 천상에 속하던 영이 창조주에 의해 육체 속에 갇히게 되면서 천상과 결별하게 되었다고 믿는다. 물질계가 천상계와 영혼을 갈라놓는 장벽이 된 셈이다. 영지주의자들은 이 모든 결별과 장벽을 극복하여 물질계를 떠나 영혼의 본향인 천상으로 돌아가기를 염원한다. "둘을 하나로 만들고 …" 등이 모두 구별과 장벽을 없애고자 하는 표현들이다. '남자도 아니고 여자도 아니'라는 말은 바로 영의 본래 상태, 최초의 원형 상태를 가리킨다. 따라서 이런 표현들에는 모두 인간의 영이 물질과 육체를 초월하여 최초의 상태를 회복하고 천상으로 회귀하기를 바라는 희망이 담겨 있다.

남자와 여자로 구별된 현 상태를 초월하고자 하는 염원은 첫 인간인 아담이 본디는 남녀양성겸유Androgyne였다는 믿음, 혹은 남자도 아니고 여자도 아닌 무성의 인간이었다는 믿음에 근거한다.[3] 그런 다음 하와가 창조되면서 첫 인간이 각각 남자와 여자로 구별되었다는 것이다. 이 구별을 되돌리고 태초의 상태를 회복하고자 함이 영지주의자들의 바람이다.

그렇다고 그들이, 남녀 양성으로 구별된 인간의 실존을 해결하는 방법이 단순히 육체적으로 결합하는 데 있다고 믿지는 않았다. 육체적으로 남자냐 여자냐가 중요한 것이 아니었기 때문이다. 그들에게 중요한 것은 영의 회복이었다. 이것은 토마 복음 114의 예수님 말씀에 잘 나타난다.

"시몬 베드로가 그들에게 말하였다. '여자들은 생명에 합당하지 않으니 마리아를 우리한테서 내보냅시다.' 예수님께서 말씀하셨다. '자, 내가 몸소 그녀를 인도하여 그녀를 남자로 만들겠다. 그리하면 그녀는 남자인 너희와 비슷한 살아 있는 영이 될 것이다. 자신을 남자로 만드는 여자는 모두 하늘 나라에

---

3) 이런 믿음은 영지주의자들 이전부터 있었다. 플라톤의 『향연』을 참조하라. 이에 따르면 인간은 본디 남녀동체로 만들어졌지만 그들의 힘이 너무 세지고 오만해지자 신들이 남자와 여자로 분리하였다. 이 때문에 남자와 여자는 자신의 잃어버린 반쪽을 찾아 헤매며, 마침내 잃어버린 반쪽을 찾아 결합했을 때 비로소 완전해진다.

들어갈 것이기 때문이다."

그런데 여자가 하늘 나라로 들어가려면 자신을 남자로 만들어야 한다는 말의 이면에는 남자가 영적으로 우월하다는 생각이 숨겨져 있다. 여자가 남자가 되어야 비로소 '살아 있는 영'이 된다는 표현도 마찬가지다. 영지주의자들 역시 남자를 여자보다 우월하게 보는 시대의 한계를 넘어서지는 못했다. 그러나 이 말씀의 핵심은 '살아 있는 영'이 되는 데에 있다. 여자라고 하늘 나라에 들어가지 못하고 남자라고 모두 하늘 나라에 들어가는 것은 아니겠기 때문이다. 따라서 이 말씀은 여자든 남자든 성이라는 굴레와 육체의 한계를 벗어나 영이 자유롭게 해방되어야 한다는 뜻으로 받아들여야 한다. 그래야만 하늘 나라에 들어갈 수 있다는 것이다.

3. 하느님 나라는 '이미 여기에'

신약성경 주석가들은 하느님 나라를 가리켜 '이미 그러나 아직'이라는 구절로 묘사한다. 예수님의 오심으로 하느님 나라가 이미 시작되었으나 아직 완성되지는 않았다는 뜻이다. 곧 하느님 나라는 지금 여기에 있으나 아직 충만히 실현되지 않았다.

토마 복음서의 하느님 나라는 '이미 여기에'라는 말로 묘사할 수 있다. 더 이상 완성을 기다리는 그 무엇도 남아 있지 않다. 자기 자신을 알고 하느님을 아는 사람에게 하느님 나라는 이미 실현되었고 성취되었다. 단지 눈을 열고 마음을 열어 그것을 알아보기만 하면 된다. 그래서 "죽은 이들의 안식은 언제 이루어집니까? 언제 새로운 세상이 옵니까?"라는 제자들의 물음에 예수님께서는 "너희가 기다리는 것은 이미 왔다. 그런데도 너희는 그것을 깨닫지 못한다"(토마 51) 하고 대답하신다. 그런 의미에서 하느님을 만나는 일을 이다음으로 미루어서는 안 된다. "너희가 살아 있는 동안에 살아 계신 분을 바라보아라. 그래야 죽지 않을 것이며, 그분을 보려고 해도 보지 못하는 일이 없을 것이다"(토마 59).

영지주의자들이 말하는 하느님 나라는, 하느님의 뜻이 실현되는 더 나은 세상이 아니라 영적인 깨달음, 신과의 합일이기에 '이미 그러나 아직'으로는 모자란다. 지식은, 지금 여기서 살아 있는 동안에 얻어야 한다. 그리고 살아 있는 동안에 하느님과 합일해야 한다.

하느님

고대 영지주의자들의 주무대였던 유다교와 그리스도교 세계는 유일신 사상이 지배하던 곳이었다. 그들에게 하느님은 창조주이자 우주에 법을 주어 다스리며 유지하는 분이시기도 했다. 영지주의자들은 이에 반기를 들어 좋으신 하느님이 좋게 만들었다는 세상에 왜 악이 존재하는지, 그리고 무수한 불행과 재앙들이 어떻게 해서 생겨났는지 묻는다. 악의 기원 문제에 천착한 그들은 악의 근원을 인류의 조상에게서 찾지 않는다. 아담과 하와의 불순종으로 이 모든 악과 재앙이 생겨난 것은 아니라는 설명이다. 대신에 그들은 악의 근원을 창조주에게서 찾는다. 완전무결하게 지어진 세상이 타락한 것이 아니며, 세상은 애초부터 불완전하게 창조되었다는 것이다. 곧 세상이 완전한 신, 최상신에 의해서가 아니라 불완전한 신에 의해 창조되었으므로 불완전할 수밖에 없다고 한다(히폴리투스 『이단 논박』 7.19).

최상신과 창조주

영지주의자들이 한 분이신 최상신을 믿었다는 점은 의심의 여지가 없다. 그들에 따르면, 다른 신적 존재들과 하급신과 그 수하 세력들도 궁극적으로 최상신에게서 유래하였다. 그들 모두 최상신의 연장선상에 있다고 해도 과언이 아니다. 하급신들의 존재도 인정한 영지주의는, 신은 오직 한 분뿐이라는 유일신론monotheism 보다는 여러 신들 가운데 최고신을 믿은 일신론henotheism에 가깝다.

그러나 영지주의자들은 창조주인 구약성경의 하느님을 최고신과 엄격히 구분한다.[4] 그들은 창조주를 어리석고 눈먼 신으로 폄하한다. "(아르콘들의) 우두머리는 눈이 멀었다. 그는 자신의 힘과 무지 [그리고] 오만 [때문에] 이렇게 말하였다. '내가 하느님이다. [나 이외에는] 아무도 없다!' 이렇게 말했을 때 그는 [플레로마를 거슬러 죄를 지은 셈이다. 그런데 (우두머리가 한) 이 말이 불멸성에게까지 올라갔다. 그리고 불멸성으로부터 한 소리가 나와 이렇게 말하였다. '너는 오류에 빠졌다. 사마엘, 눈먼 자들의 신이여!'"(아르콘들의 실체 86-87)

영지주의자들은 이 세상을 창조한 데미우르고스를 넘어서는 완전한 신이 따로 있다고 믿었다. "그분은 하느님, 모든 것의 아버지이시며, 모든 것 위에 계신, 눈에 보이지 않는 분이시다. 그분은 불멸하시며, 순결한 빛, 어떠한 눈도 바라볼 수 없는 (빛)이시다. 그분은 눈에 보이지 않는 영이시다. 그분을 신들처럼, 혹은 그와 비슷한 분으로 생각해서는 안 된다. 그분은 신 이상의 분이시다. 그분 위에 아무도 존재하지 않기 때문이다. 사실 그분을 다스리는 주군은 없다. 그분은 그분보다 작은 것 안에 계시지 않으시며 만물이 그분 안에 존재한다. 그분 홀로 영원하시다. 그분은 아무것도 필요로 하지 않으시기 때문이다. 사실 그분은 완전 자체이시다. 그분은 부족함이 없으셔서 무언가로 채워지셔야 하는 분이 아니기 때문이다. 그분은 항상 빛 속에서 완전하시다"(요한의 비전 2-3).

영지주의자들의 최상신은 플라톤의 신처럼 초월적 실재로서 창조된 세계

---

[4] 필립보 복음서에서는 사람들이 자신을 위해 만든 신을 숭배하는 것을 비판한다: "세상에서는 이런 식입니다. 사람들이 신을 만들고 자신들이 만든 것들을 숭배합니다. 그러나 신들이 사람들을 숭배해야 할 것입니다"(72).

와 관계를 맺지 않는다.[5] 엄밀히 말해 창조와는 아무 상관이 없다. 따라서 최상신은 지상에서 일어나는 일과도 별 상관이 없다. 선악을 판단하고 축복과 저주를 내리는 일들은 다른 하급신이 관장한다. 최상신은 지상 세계와 그 안에서 일어나는 모든 일을 초월한 존재다. 초월적 신은 창조하지 않는다. 다만 이 최상신에게서 신적 본질이 유출된다. 그리고 이러한 유출을 통해 다른 신적 존재들인 에온들이 생겨난다. 이 에온들 가운데 하나가 창조주를 낳고 또 이 창조주가 세상과 인간을 창조한다. 이처럼 최상신은 직접 창조에 관여하지 않는다. 궁극적으로는 최상신이 모든 창조의 제일 원인이며 다른 신적 실체들은 이차적 원인이라 볼 수 있다.

영지주의자들에 따르면 실제로 세상과 인간을 창조한 이는 하느님이 아니라 창조주 얄다바옷, 그리스어로 **데미우르고스**다. 얄다바옷은 최하위 에온인 소피아가 최상신의 허락도 구하지 않고 배필의 동의도 구하지 않은 채 홀로 낳은 피조물이다. 소피아는 얄다바옷을 낳자마자 플레로마 바깥으로 던져버린다. 천상계와는 전혀 어울리지 않는 존재였던 까닭이다.

데미우르고스 영지주의 장식석에 새겨져 있는 그의 모습은 사자 얼굴에 뱀의 꼬리를 가졌다. de Montfaucon, *L'antiquité expliquée et représentée en figures*에 소개되어 있다.

"사색의 소피아(지혜)가 — 그녀도 에온이다 — 마음속으로 눈에

---

5) 초월적 최상신은 두려움과 경외의 대상이지 인간이 인식할 수 있는 대상이 아니다. 최상신은 인간 이성을 초월하여 계시므로 어떠한 분이신지 알 수 없으며 언어로도 표현할 수 없다. "그분은 몇 분이신가, 라든지 그분은 무엇과 같으신가 하고 말할 수 없다. 아무도 그분을 이해할 수 없기 때문이다"(요한의 비전 3). 그래서 최상신께 닿을 수 있는 길은 오직 신비의 길뿐이다. 신비주의적 깨달음 체험만이 최상신께 나아갈 수 있는 유일한 길이다.

보이지 않는 영과 예지에 관한 생각과 상념에 빠졌다. 그녀는 자기
안에서 (그분과) 닮은 것을 내어놓고자 하였다. 영의 의지와 상관없이,
— 그분은 동의하지 않으셨다 — 짝도 없이, 그분의 의향과는
상관없이. 그녀의 남성적 위격은 (이에) 동의하지 않았고 그녀의
배우자를 찾지도 못했다. 그러나 그녀는 영의 의지와 무관하게 배우자
모르게 (혼자) 숙고하고 실행에 옮겼다. … 그리하여 불완전한 어떤
것이 그녀에게서 나왔다. 그런데 그자는 그녀의 모습과 달랐다. 그녀가
짝 없이 그를 만들었기 때문이다. … 그녀가 자신의 욕망(의 결과물)을
보았을 때 그는 숫제 다른 형상 곧 사자의 얼굴을 한 뱀의 형상을
띠고 있었다. 그리고 그의 눈은 빛을 발하는 번갯불 같았다. 그녀는
그를 자기에게서 멀리, 자기가 있던 곳topos 밖으로 집어던졌다. 불멸의
존재들 가운데 어느 누구도 그를 보지 못하게 하려는 것이었다.
그녀가 무지 중에 그를 만들었기 때문이었다. … 그녀는 그의 이름을
얄다바옷이라 지었다"(요한의 비전 9-10).

소피아가 불어넣어 준 힘(영) 덕분에 강해진 얄다바옷은 자신을 시중들 아르콘들과 천사들을 만든다. 그리고 태어나자마자 천상계에서 쫓겨난 까닭에 그곳의 존재를 알지 못하는 그는 한갓 피조물에 지나지 않으면서도 자기 말고 다른 신이 없다고 한다. "(얄다바옷은) 자기를 둘러싼 피조물과 자신으로부터 생겨난, 자기를 둘러싼 수많은 천사들을 보고 그들에게 말하였다. '나는 질투하는 신이다. 그리고 나 이외에 다른 신은 없다.'[6] 그러나 그가 이 말을 선포함으로써 자기 앞에 있는 천사들에게 다른 신이 존재한다는 것을 알릴 뿐이었다. 사실 다른 신이 없다면 그가 누구를 질투할 수 있겠는가?"(요한의 비전 13).

---

6) 탈출 20,3-5: "너에게는 나 말고 다른 신이 있어서는 안 된다. … 주 너의 하느님인 나는 질투하는 하느님이다"를 참조하라.

얄다바옷은 수하 세력인 아르콘들과 함께 인간을 만들고 그 세계를 다스린다. 영지주의자들은 구약성경의 하느님 야훼가 바로 이 얄다바옷, 데미우르고스라 생각한다. 영지주의자들이 구약의 하느님을 폄훼하는 시선은 바로 이런 맥락에서 나왔다.

최상신을 창조주와 구분한 까닭은?

영지주의자들은 창세기 이야기를 왜 이런 식으로 바꾸었을까? 그들이 원한 것이 정말로 유다인들의 하느님을 깎아내리는 것이었을까? 영지주의자들이 창세기 이야기를 그들 식으로 재구성한 데에는 나름의 이유가 있었다.
　무엇보다 영지주의자들은 구약의 하느님에게서 당혹감을 느꼈던 것 같다. 초대 그리스도교의 지식 계층은 플라톤, 필론, 플로티누스 등의 가르침에 익숙해 있었다. 따라서 신을 복수하는 하느님, 질투의 하느님, 분노하는 하느님으로 그리는 구약성경의 묘사에 당황하지 않을 수 없었을 것이다. 특히 이민족을 차별하는 모습도 받아들이기 어려웠을 것이다. 이런 편협해 보이는 구약의 하느님보다는 신약의 예수님이 제시하는 자비로운 하느님 상이 영지주의자들에게 더 매력적으로 다가왔을 법하다. 그리하여 영지주의자들은 구약의 하느님과 신약의 하느님을 구분하여, 전자는 창조주 데미우르고스로 후자는 참된 하느님으로 받아들였다('마르키온' 항목 참조).
　사실 그리스-로마 철학에 익숙한 사람들에게 초월적 하느님은 이 세상의 창조와 지배에는 무관하다는 입장이 그 반대보다 더 자연스러웠을 것이다. 일부 유다인들도 인간처럼 화도 내고 질투하며 복수를 하는 구약의 인격신을 받아들이기 힘들었던 것 같다. 알렉산드리아의 필론은 신실한 유다인으로서 이스라엘의 하느님과 구약성경을 그 무엇보다 중시하면서도 성경의 하느님을 그리스-로마 철학의 눈으로 재해석할 줄도 알았다. 구약의 인격신과 그리스 철학의 초월적 하느님을 조화시키기 위해 필론이 도입한 개념이 로고스나 '주님', '힘' 등 중간자적 존재들이다. 그리고 그는 '하느님'과 '주님'을 구분하기도 하였다.[7] 나그 함마디에서 발견된 여러 문헌에서는 필론에서 한 걸음 더 나아가 구약의 하느님은 참된 하느님이 아니며 숭배할 가치가 없다고 가르친다.

영지주의자들은 그리스 철학자들의 초월신 개념을 포기하지 않는다. 그리고 철학자들의 초월신과 구약성경의 창조주를 철저히 구분하면서 인간 세상을 창조하고 인류 역사에 개입하는 신은 진정한 신이 아님을 강조한다. 그들이 철학자들의 신을 우위에, 그리고 구약의 창조주를 하위에 둠으로써 그리스 철학과 구약성경의 융합을 모색했던 것 같다.

— ◆◆◆ —

창세기 이야기에 대해 깊이 생각하지 않고서 영지주의자들을 종교적 탈선자들로 매도하는 것은 공평하지 못하다. 창세기가 전하는 창조주와 예수님의 아버지 하느님이 어쩐지 일관되지 않다고 느끼는 것이 별로 이상한 일은 아니다. 영지주의자들은 유다인들의 하느님을 배격하려 한 것이 아니라 인간처럼 질투와 분노를 드러내는 하느님, 민족을 차별하는 듯한 하느님을 받아들일 수 없었을 뿐인 듯하다. 나아가 불순종했다는 이유로 인류 전체를 저주하여 낙원에서 쫓아내고 죽을 운명이 되게 만든 하느님을 진정한 신으로 인정할 수 없었던 것이다. 원수를 사랑하라고 가르치는 하느님(신약)과 이에는 이, 복수는 나의 것이라 외치는 하느님(구약)의 간극을 메우기가 쉽지 않았을 것이다. 이들이 택한 것은 자애로운 최상신과 인간을 질투하는 창조주를 구분하는 작업이었다. 그리하여 인간의 부정적인 면을 고루 갖춘 창조주는 하급신으로, 이 모든 인간성과 무관한 참된 하느님은 최상신으로 구분한 것이다. 이렇게 해서

---

7) 솅크, 『필론 입문』, 136-149을 참조하라.

최상신과 하급신 창조주의 구분이 이루어진다. 사실 구약성경에서 하느님을 인간적 시각으로 묘사한 부분을 액면 그대로 받아들인다면 영지주의자들의 결론은 피하기 어려울 것 같다. 인간의 언어로 표현할 수 없는 초월적 하느님을 인간의 언어로 묘사한 것이라는 성경의 한계를 수용할 필요가 있다. 그래야 구약의 하느님은 인간을 질투하는 저급한 신이라고 오해하는 우를 범하지 않을 것이다.

인간

영지주의자들에 따르면 인간은 육체, 영혼과 영으로 이루어져 있다. 인간의 본질은 영이며 육체는 이 본질을 담은 그릇에 지나지 않는다. 그릇인 육체는 흙에서 나왔으며 물질 세계에 속한다. 그러나 본질인 영은 물질 세계에 속하지 않는다. 영은 저 먼 곳, 참하느님이 계시는 플레로마의 세계에서 나왔다. 영은 인간에 깃든 신적 본질이며 신적 섬광 혹은 불꽃이라 불린다. 영지주의 전통은 세상을 천상계와 지상계로, 그리고 인간을 물질적 요소와 영적 요소로 양분해서 보기에 종종 '이분법적' 세계관을 갖고 있다고 일컬어진다.

요한의 비전은 인간의 창조 과정을 자세히 묘사한다. 인간의 창조는 얄다바옷과 그의 수하 세력들이 연합하여 이루어진 일이다. 이에 따르면, 하늘에서 하느님의 모상인 '첫 인간'이 출현하여 저 아래 얄다바옷의 세상을 비추자 그 모습이 물 위에 비친다. 얄다바옷은 물 위에 비친 '첫 인간'의 형상을 보고 수하 세력인 아르콘들에게 외친다. "자, 하느님의 모상에 따라 우리와 닮은 모습으로 사람을 만들자. 그리하면 그분의 모상이 우리에게 빛이 되어줄 것이다!"(요한의 비전 15).[8] 그리하여 얄다바옷은 권세들과 합작하여 사람을 만든다.

---

8) 창세 1,26-27: "'우리와 비슷하게 우리 모습으로 사람을 만들자. …' 하느님께서는 이렇

"그들은 서로의 힘으로, 자기들에게 주어진 특성에 맞추어 (사람을) 만들었다. 그리고 권세들은 저마다 자신이 본 모상의 형상에 맞는 특성을 (사람)의 영혼 안에 하나씩 넣어 주었다"(15). 이처럼 얄다바옷은 물 위에 비친 천상의 '첫 인간'의 모상대로 인간을 만든다. 그리고 그 사람을 아담이라 부른다.

이어서 인간의 창조 과정이 더욱 자세히 소개된다. 인간의 몸이 만들어지는 순서는 이렇다. 혼적 육체가 먼저 그 다음에 물질적 육체가 만들어진다. 그런 뒤 혼적 육체와 물질적 육체가 합쳐지는데 이것이 사람의 몸이다. 사람의 몸은 결국 천사들의 합작으로 탄생한 것이다. "혼적 육체와 물질적 육체가 각 부분마다 전부 완성될 때까지 그(천사)들은 함께 일한다"(요한의 비전 19). 인간의 심리적 요소 역시 얄다바옷의 수하 세력인 다이몬들의 작품이다. 쾌락, 욕정, 슬픔, 두려움이라는 네 다이몬에게서 온갖 정염이 나왔다는 것이다.

얄다바옷과 그 수하 세력들은 힘을 합하여 '첫 인간'의 모상대로, 그리고 자기들을 닮은 모습으로 사람을 만들었다. 그런데 그들이 만든 사람이 활력과 생기가 전혀 없고 시간이 지나도 아무런 움직임이 없었다. 아직 온전하지 못한 미완성의 인간이었던 것이다. 이 미완성의 사람 몸에 영이 들어가서 온전한 인간이 되는 과정은 플레로마의 소피아 구원 계획과 맞물린다.

소피아는 자신의 소생인 얄다바옷에게 주었던 힘을 되찾게 해 달라고 아버지 하느님께 간청한다. 하느님은 소피아의 힘을 되돌리기 위한 계획을 세우시고 얄다바옷과 그 무리에게 다섯 개의 빛을 보내신다. 그들은 얄다바옷을 부추겨 사람에게 숨을 불어넣게 만든다. "그의 얼굴에 대고 당신의 영(숨)을 불어넣으십시오. 그러면 그의 몸이 일어설 것입니다"(요한의 비전 19).[9] 이에 얄

게 당신의 모습으로 사람을 창조하셨다. 하느님의 모습으로 사람을 창조하시되 남자와 여자로 그들을 창조하셨다." 아르콘들의 실체 87-88에도 하급신 무리에 의한 인간 창조 이야기가 전해진다.

9) 창세 2,7: "그때에 주 하느님께서 흙의 먼지로 사람을 빚으시고, 그 코에 생명의 숨을 불어넣으시니, 사람이 생명체가 되었다"를 참조하라.

다바옷이 사람에게 숨을 불어넣자 그의 영이 사람(혼적 육체)에게 들어간다. 그러자 그 사람은 움직이기 시작하면서 힘도 생기고 밝게 빛난다. 이 숨(영)이 바로 소피아가 얄다바옷에게 불어넣어 주었던 그 힘이었기 때문이다. 소피아의 힘을 사람에게 뺏긴 얄다바옷의 무리들은 질투를 느낀다. 사람이 그들보다 더 위대해진 까닭이다. "바로 그 순간 나머지 힘(능신)들은 질투를 느꼈다. 그들 모두의 덕분에 (사람이) 존재하게 되었을 뿐만 아니라 그들의 힘까지 그 사람에게 주었기 때문이다. 그리고 그의 지력(슬기)이 그를 만든 자들보다, 심지어 우두머리 아르콘보다 더 강해졌다"(요한의 비전 19-20).

이렇게 소피아의 힘을 받아들인 인간은 비로소 영과 육신(혼적 육체와 물질적 육체 또는 영혼과 육체)으로 이루어진 온전한 인간이 되어 움직이기도 하고 밝게 빛나기도 한다. 그리고 곧바로 인간의 지력이 얄다바옷보다 뛰어나다는 사실이 드러난다. 결국 사람의 육신은 얄다바옷의 무리가 만들었고, 그 영은 궁극적으로 소피아에게서 유래하였다. 육신은 얄다바옷과 물질 세계에, 영은 하느님과 천상계에 속하는 것이다.

인간의 실존: 유배와 고립 그리고 결핍

영지주의자들은 인간의 실존을 유배와 고립으로 이해한다. 그들에 따르면 인간의 영은 낯선 땅에 살고 있는 이방인이다. 천상에 속하는 영이 이 세상에 유배 온 것이다. 때로 우리는 자신을 부모 없는 고아처럼 느낀다. 영지주의자들은 늘 그렇게 느꼈다. 자신이 낯선 땅에 버려진 이방인이며 고아 같다는 것이다. 이 세상에 버려진 인간은 결핍과 부족감에 시달릴 수밖에 없다. 이러한 결핍감은 아버지를 모르는 '무지'에서 온다. 아버지를 몰랐기에 결핍이 있었다면 아버지를 아는(그노시스) 순간 결핍은 사라진다. "결핍이 존재한 이유는 아버지께서 알려지지 않았기 때문이므로, 아버지께서 알려지면 그 순간부터는 더 이상 결핍이 존재하지 않을 것입니다. … 지식을 얻게 되면 그 사람의 무지는 사라집니다. 빛이 나타나면 사라지는 어둠처럼, 결핍도 완전성 안에서는 사라집니다"(진리의 복음 24-25).

결국 영지주의자들에게는, 이 땅의 삶을 낯선 이방인의 삶으로 느낀다는 것이 슬픔이나 혼란의 원인이 되지 않는다. 그들에게 유배의 쓸쓸함과 고독감은 적이 아니라 친구다. 고독이 그들을 깨달음으로 인도하기 때문이다. 유배의 어둠과 고독은 자유로 가는 길에 불을 밝힌다. 우리가 이 세상의 이방인이며 이 세상은 유배지일 뿐임을 깨닫는 것은 우리의 진정한 본향으로 되돌아가는 첫걸음이 된다. 우리가 이 땅에 추락한 것을 깨닫기 시작하는 순간 천상계로의 비상이 시작되는 것이다.[10]

이 세상에 버려진 인간의 실존은 무지, 악몽 혹은 주취로도 표현된다. 그리고 지식을 통해 자신의 기원을 깨달음으로써 잠에서 깨어나고 주취에서 벗어난다고 한다. 따라서 지식을 얻는다는 것은 자신이 잠에 빠져 있고 술에 취해 있음을 깨닫는 일이기도 하다. "그들은 아버지를 몰랐습니다. … (그들) 하나하나가 무지하던 시절에는 잠에 빠져 늘 이런 식이었습니다. 그러다가 그는 잠에서 깨어난 것처럼 이렇게 지식을 얻게 되었습니다. 돌아와 잠에서 깨어난 사람은 다행입니다. 그리고 눈먼 이들의 눈을 열어준 이는 행복합니다"(진리의 복음 28-30).

영지주의자들은 말한다. 혼동과 파괴의 이 세상, 고통과 악에 물든 이 세상, 아버지로부터 분리되어 고립된 현재는 착각이며 악몽일 뿐이다. 일어나라. 깨어나라. 이 모두가 현실이 아니라 꿈이다![11]

---

10) 영지주의자들은 고대 세계의 신비철학자들과 마찬가지로 신화적 실재를 다른 눈으로 바라보았다. 그들은 자신을 둘러싼 세상과 저 위의 물리적 하늘보다는 자신 안의 세상 다시 말해 이 세상 너머의 세상, 이 세상의 한계를 초월한 세상에 더 큰 관심을 둔다. 영지주의자들의 신화는 개별 영혼이 이 세상의 한계를 초월하는 체험을 독려하기 위해 만들어졌다. 그들이 보기에 초월이란 물질성의 한계뿐 아니라 정신의 한계도 넘어서는 것을 의미한다.

11) 야고보의 비전을 보라: "말씀logos을 들어라! 지식Gnosis을 깨달아라! 생명을 사랑하

아담과 하와

영지주의자들이 유다교와 정통 그리스도교의 창세기 해석에 반기를 들었다는 것은 하와에 대한 설명에서도 드러난다. 그들은, 최초의 인간인 아담과 하와의 불순명이 '타락'으로 이어졌으며 그 이후 인류 전체가 타락에 대한 책임을 공유하게 되었다는 정통 교회의 입장에 반대한다. 사실 창세기에 대한 이런 식의 해석은 여성에 대한 부정적 시각을 낳았으며, 여자를 "낙원에서 일어난 불순종의 공모자"로 간주한다.[12]

그러나 창세기를 역사로서가 아니라 상징적 의미를 지닌 신화로서 읽는 영지주의 그리스도인들은 아담과 하와를 역사상의 인물로서가 아니라 모든 인간 안에 내재된 두 가지 원리로서 받아들인다. 아담은 영혼psyche의 화신이다. 여기서 영혼이란 사고와 감정이 나오는 정신과 감정의 복합체를 말한다. 하와는 영pneuma을 표상한다. 영은 영혼보다 고차원적인 초월적 의식을 뜻한다.[13]

여자에 대한 창조 이야기는 창세기에 두 가지 버전이 전해지는데, 하나는 하와가 아담의 갈빗대에서 만들어졌다는 것이고(창세 2,21), 다른 하나는 하느님께서 당신의 모상대로 첫 인간을 남녀 한 쌍으로 만드셨다는 것이다(창세 1,26-

---

여라. 그러면 아무도 너희를 박해하지 않을 것이며, 너희 자신 말고는 아무도 너희를 억압하지 않을 것이다. 오, 비참한 이들이여! 오, 불운한 이들이여! 오, 진리(를 가장한) 위선자들이여! 지식(을 거스르는) 거짓말쟁이들이여! 영을 거스르는 범죄자들이여! 너희는 어찌 지금까지 줄곧 듣고만 있느냐? 너희는 처음부터 말을 해야 했다. 지금까지 너희는 잠만 자느냐? 하늘 나라가 너희를 맞아들일 수 있도록 처음부터 너희는 깨어 있어야 했다"(9).

12) Hoeller, *Gnosticism; New Light on the Ancient Tradition of Inner Knowing*, 26. 교부들 가운데 한 명인 테르툴리아누스는 이와 비슷한 시각을 내보이며 여자 신도들에게 다음과 같이 썼다. "여러분은 악마의 문입니다. … 여러분은 악마가 감히 공격하지 못한 그를 설득시킨 장본인입니다. … 여러분 각자가 하와라는 사실을 알지 못합니까? 여러분 성(여성)에 대한 하느님의 결정은 이 시대에도 살아 있습니다. 죄과도 여전히 살아 있습니다"(「여자들의 예배에 관하여」 1.12).

13) Hoeller, *Gnosticism; New Light on the Ancient Tradition of Inner Knowing*, 26.

27). 영지주의자들이 좋아한 이야기는 후자이다. 그들은 두 번째 창조 이야기에 대해 다양하게 해석하였다. 이 이야기에서는 창조주 자체가 남녀양성의 본성을 지녔으리라는 추정이 가능하며 여성을 남성과 동등하게 취급한다.[14]

영지주의자들은 하와가 사악한 뱀에게 속아 하느님의 명을 어기고 나아가 아담까지 유혹하여 불순종하게 만들었다는 이야기도 곧이곧대로 받아들이지 않는다. 그들은 이 이야기를 살짝 비틀어 새로운 시각으로 재구성한다. 하와는 잘 속아 넘어가는 어리석은 여자도 아니고 유혹자도 아니다. 그녀는 현명한 여자, 천상의 지혜인 소피아의 딸이며 잠에 빠진 아담을 깨우는 사람이다. 그러므로 영지주의 문헌에서는 대개 하와가 아담보다 현명하고 훌륭한 사람으로 그려진다. 가령 아르콘들의 실체에 따르면, 아르콘들은 아담을 잠들게 한 다음 그의 옆구리에서 "살아 있는 여자"를 분리해내는데, 그 결과 아담에게는 "영혼"만 남고 하와는 "영"을 부여받게 된다. "영혼"만 가진 아담보다 "영"을 부여받은 하와가 더 높은 존재라는 것이다(아르콘들의 실체 89).

뱀과 인간

정통 교회는 하와가 선악과를 따 먹으면 하느님처럼 되어 선악을 알게 된다는 뱀의 말에 넘어간 것이(창세 3장) 향후 인류의 운명을 결정한 일생일대의 실수였다고 가르친다. 그러나 나그 함마디 사본에 담긴 진리의 증언은 이 해석을 뒤집는다. 진리의 증언은 창세기 3장을 재해석하면서 뱀을 악의 화신이 아니라 동산에 있는 생명체 가운데 가장 슬기로운 존재로 부각시킨다. 그리고 뱀의 지혜를 찬양함과 동시에 창조주를 비난한다. 창조주는 심술궂고 무지한 악신

---

14) Hoeller, *Gnosticism; New Light on the Ancient Tradition of Inner Knowing*, 27. 여자를 남자의 갈빗대로 만들었다는 이야기보다 인간을 만드시되 남자와 여자로 만들었다는 이야기가 양성 평등적인 것은 분명하다.

이며, 뱀은 생명과 지식의 계시자라는 것이다. 그리고 창조주가 아담과 하와에게 선악과를 따 먹지 못하게 막은 것은 질투에서 비롯된 일로 설명한다. 인간이 고차원적 지식에 눈뜨는 것을 원치 않았다는 것이다. 그리고 창조주는 자기의 마음에 들지 않는 사람에게는 무자비한 벌을 내리는 악신일 뿐이라고 한다. 이처럼 창조주가 질투와 무지의 화신이라면 뱀은 인류에게 생명과 지식을 가져다 준 구원자다. 모세가 파라오 앞에서 쳐든 지팡이가 뱀으로 바뀐 것도 우연이 아니다. 모세가 광야에서 만든 구리 뱀(민수 21,4-9)은 그리스도에 다름 아니다. 불 뱀에 물려 죽게 된 사람도 모세의 구리 뱀을 보고는 살아났기 때문이다(진리의 증언 45-49).[15]

'아르콘들의 실체' *Hypostasis of the Archons*에서는 하와와 뱀이 모두 소피아가 주는 가르침의 수혜자로 제시된다. 소피아는 자신의 지혜가 뱀에게 들어가는 것을 허락하고, 그리하여 뱀은 아담과 하와에게 '지식'의 열매를 따먹게 인도하는 스승이 된다(89-90).

정통 교회에서는 아담과 하와가 금지된 열매를 따 먹고 하느님의 저주를 받아 낙원에서 누리던 은총 지위에서 추락했다고 표현한다. 이것이 최초의 '타락' Fall이다. 그러나 영지주의자들은 이것을 '그들의 눈이 열렸다'고 표현한다. 지식(그노시스)을 얻었다는 것이다. 그러므로 지식의 나무 열매를 따 먹게 해 준 뱀은, 지식의 계시자요 눈을 뜨게 해 준 구원자로 여겨진다.

지식의 열매를 따먹은 아담과 하와는 창조주의 저주를 받지만 그 대신에 '지식'을 얻었으며 후손들에게도 지식을 전달해 줄 수 있게 되었다고 한다.[16]

---

15) 진리의 증언은 나그 함마디 코덱스 IX,3에 실려 있다: Pearson, "The Testimony of Truth", 106-107. 159-169을 참조하라.

16) 아르콘들의 실체는 나그 함마디 코덱스 II,4에 실렸다. Bullard/Layton, "The Hypostasis of the Archons", 220-259을 참조하라.

노레아와 셋

아르콘의 실체에서, 아벨이 카인에게 살해당한 뒤 하와는 아담에게 셋과 노레아를 낳아준다. 하와의 딸 노레아는 슬기로운 여인으로서 나중에 노아의 아내가 된다. 그때까지 사람들의 자손이 계속 불어나고 있었으며 그들은 아담과 하와처럼 창조주에게 불순종하였다. 그들은 지혜로워져서 아르콘들에게서 해방되려 애썼다. 노아는 방주를 만들어 세이르 산 위에 놓아두라는 창조주의 명령을 듣는다. 노레아는 아르콘들에게 협력하지 않도록 남편 노아를 설득한다. 노레아는 노아가 나무로 만든 배를 불태워버리기까지 한다. 창조주의 수하 세력들은 이에 대한 벌로써 노레아를 범하려 한다. 노레아는 그들과 싸우다 소리를 질러 참된 하느님께 도움을 청한다. 그러자 참된 하느님은 황금 천사 엘렐레트 Eleleth를 보낸다. 천사는 그녀를 구해낼 뿐 아니라 그녀에게 지혜를 가르친다. 천사에 따르면, 노레아와 그 후손들은 '근원적 아버지'에게서 났으며 그들의 영혼은 저 위의 빛에서 유래했다고 한다. 그리고 '참된 인간'이 오는 날, 그들은 눈먼 신들의 구속에서 해방되어 죽음을 짓밟고 영원한 생명을 누리게 될 것이라고 한다. 그리고 자기들이 유래한 한계 없는 빛으로 올라갈 것이라고 한다. 그리고 모든 빛의 자녀들은 진리와 자신들의 뿌리와 만물의 아버지와 거룩한 영을 알게 될 것이라고 한다(아르콘들의 실체 92-93). 여기서 노레아는 '영'을 간직한, '진리'를 아는 이들의 어머니로 제시된다. 그리고 노레아의 자손들(곧 영지자들)은 결국 하급신의 속박에서 벗어나 빛의 세계로 올라가게 된다고 한다. 창세기에 등장하지 않는 여성 노레아가 아르콘들의 실체에서 영지주의자들의 어머니로 그려진 것은 의미심장하다. 영지주의 문학이 여성에게 얼마나 큰 지위를 부여했는지 보여주기 때문이다.[17]

---

17) 아르콘들의 실체, 요한의 비전, 노레아의 생각 등이 노레아와 방주 이야기를 언급한다. 이 본문들은 모두 하나같이 노레아의 후손이 방주가 아니라 빛나는 구름 속에 숨었다고 전한다. 구름 속에서 참된 하느님의 천사들의 보호를 받았다는 것이다.

카인이 아벨을 살해한 뒤 태어난 셋Seth은 영지주의 문학에서 큰 위치를 차지한다. 사실 셋은 유다교 전통에서도 중요한 인물로 그려진다. 요세푸스는 셋의 후손들이 경건한 삶을 살았을 뿐만 아니라, 인류의 지식을 보존하는 데 중요한 역할을 했다는 전통을 전하고 있다.[18] 요세푸스는 셋을 덕성이 뛰어난 인물로 묘사하며, 그의 후손들 역시 그 미덕을 따랐다고 기록한다. 그에 따르면 셋의 후손들은 지식의 발명과 보존에 기여했다. 셋의 후손들이 천체의 운행과 배열에 관한 지혜(천문학)를 발명했다는 것이다. 그리고 그들은 자신들이 발명한 지식이 후세에 전해지도록, 두 개의 기둥을 세웠다고 한다. 아담이 예언한 대홍수와 대화재에 대비하여 하나는 벽돌로, 다른 하나는 돌로 만들어서 그 기둥들에 그들이 발견한 지식들을 새겨 넣었다는 것이다(요세푸스, 『유다고대사』 1.68-72). 유다교 전통에서 셋이 '지식'과 관련하여 중요한 인물로 간주된 것은 분명하다. 같은 맥락에서 영지주의자들은 종종 자신들을 셋의 후손이라 칭한다. 자신들이 '지식'의 발명과 보존에 기여했다는 의미에서일 것이다.

영지주의에서 셋이 중요한 역할을 한다는 것은 잘 알려져 있다.[19] 셋은 특히 셋파 영지주의 문헌에서 중요하게 다뤄진다. 셋과 그의 후손과 관련한 대표적인 셋파 문헌은 아담의 묵시록(나그 함마디 Codex V,5)이다.[20] 아담이 셋에게 알려준 계시를 표방하는 이 작품에서 아담은 셋에게 자신들이 창조된 경위와 셋의 후손의 미래에 대해 알려준다. 이에 따르면 아담과 하와는 본디 둘이 아닌 하나였으며 위대한 영광을 소유했다고 한다. 그리고 하와가 아담에게 영원하신 하느님의 지식의 말씀을 가르쳐주었다고 한다. 그리하여 그들은 위대한 천사들과 비슷해졌으며 자기들을 만든 사악한 창조주보다 더 높은 존재가 되었다고 한다. 이에 분개한 창조주가 이들을 두 에온으로 분리했다고 한다. 둘

---

18) Klijn, *Seth in Jewish, Christian and Gnostic Literature*, 23-25.

19) Klijn, *Seth in Jewish, Christian and Gnostic Literature*, 81.

20) Klijn, *Seth in Jewish, Christian and Gnostic Literature*, 90.

로 분리된 아담과 하와는 본디 가졌던 영광과 지식을 잃어버렸다고 한다. 그리고 그 영광과 지식은 그들의 '씨앗' 속으로 들어갔다고 한다. 지식과 영광이 셋의 후손을 통해 후대로 전달되기 위해서라는 것이다. 그런데 어느 날 잠에 빠진 아담의 꿈에 세 인물이 나타나 아담의 지식을 부분적으로 회복시켜준다. 그리고 아담과 하와의 씨앗에서 태어날 미래의 구원자/계몽자에 대해 알려준다. 아담은 세 인물에게서 들은 모든 이야기를 셋에게 알려준다. 그리고 셋과 그의 후손은 영원하신 하느님을 섬기면서 살고 나머지 사람들은 창조주의 노예가 되어 살면서 둘이 적이 될 것이라고 한다. 미래의 어느 날 구원자/계몽자가 오면 둘 사이의 싸움을 끝내고 셋의 후손들을 데려갈 것이라고 한다. 아담의 묵시록에서 셋과 그 후손은 영지주의자들을 대표하는 인물, '지식'과 '영광'을 지닌 사람들로 그려진다. 이들은 지식이 없는 다른 사람들과 달리 참 하느님에게 속하며 참 하느님을 섬기고 산다는 것이다. 그리고 지식이 없는 다른 사람들은 창조주에게 구속되어 그의 노예로 살면서 셋의 후손들을 박해한다고 한다. 구원자/계몽자의 도래로 셋의 후손에게 영원한 승리가 주어지리라 약속하는 것으로 아담의 묵시록이 마무리된다.[21] 영지주의 전통의 아버지로 여겨지는 셋은 요한의 비전, 콥트어 이집트인들의 복음이나 셋의 세 지팡이 등에서도 중요하게 다뤄진다.

구원

    사람들은 대개 자기 안에 신적 섬광이 깃들어 있다는 사실을 알지 못한다. 창조주와 아르콘들이 섬광을 육체라는 감옥에 가두어 두고 인간을 노예로 부릴 수 있는 것이 바로 이 무지 때문이다. 또한 인간을 지상의 것에 집

---

21) Klijn, *Seth in Jewish, Christian and Gnostic Literature*, 90-96.

착하게 만드는 모든 것이 인간을 창조주의 노예로 남게 한다.

 요한의 비전은 인간이 창조주의 노예가 된 과정을 다음과 같이 설명한다. 하나는 숙명(헤이마르메네)의 탄생이요 다른 하나는 인간에게 비루한 영을 보낸 일이다. 숙명은 창조주 얄다바옷과 그 수하 세력들이 소피아와 간음하여 생겨난 피조물이다. 인간을 눈멀게 만들어 하느님을 알지 못하게 하며 인간을 때와 시간에 묶어 둔 장본인이 바로 헤이마르메네, 곧 숙명이다. 결국 망각과 무지에 빠져 허덕이는 인간의 처지는 모두 얄다바옷의 소생인 숙명에게서 비롯된 일이다.

> "헤이마르메네에게서 온갖 잘못, 불의, 신성모독, 망각의 족쇄(사슬),
> 무지, 온갖 혹독한 계율, 무거운 죄와 커다란 공포가 나왔다.
> 이렇게 해서 모든 피조물은 눈이 멀게 되었고 그들 모두 위에
> 계시는 하느님을 알지 못하게 되었다. 그리고 망각의 족쇄로 인해
> 그들의 죄가 가려졌다. 그들은 치수와 때와 시간에 묶이게 되었다.
> 숙명(헤이마르메네)이 만물의 주군이 된 것이다"(요한의 비전 28).

 얄다바옷이 인간을 예속시키기 위해 세운 다른 계획은 인간에게 비루한 영을 보내는 것이었다. 얄다바옷의 천사들이 여자들의 남편으로 위장하여 그들을 비루한 영으로 가득 채운 것이다. 금, 은, 동 등 모든 재화를 이 천사들이 가져다 주었다. 인류는 이런 것들로 인해 근심에 싸이고 오류로 이끌리게 되었다. 그리고 그 결과는 영원한 노예 살이다. "(얄다바옷의 천사들은) 금, 은, 선물, 동, 철, 금속, 그리고 갖가지 종류의 것들을 (이 세상에) 가져왔다. 그리고 그들을 뒤따르던 사람들을 큰 근심 속으로 몰아넣으면서 그들을 수많은 오류로 인도하였다. (사람들은) 아무런 즐거움이 없이 늙어갔다. 그리고 어떠한 진리도 발견하지 못한 채, 진리의 하느님도 알지 못한 채 죽어갔다. 이렇게 해서 모든 피조물은 세상의 시작부터 지금에 이르기까지 영원히 노예가 되었다"(요한의 비전 29-30).

잠과 무지에 빠진 노예들인 인간이 잠에서 깨어나려면 자기 편에서 스스로 해방을 갈망해야 하지만 그것만으로는 부족하다. 이와 더불어 초자연적 도움 곧 구원자도 필요하다. 그래서 구원자는 잠든 영혼을 깨워 다시 데려가기 위해 천상의 영적 세계를 떠나 이 땅에 내려왔다. 그리고 인간의 영을 본향인 플레로마로 데려가 궁극적으로 하느님께 인도할 것이다. 영지주의 문헌에서 구원자로 제시되는 인물은 셋과 예수가 대표적이다.[22] 여기서 구원자는 그 무엇보다 잠에 빠진 인간의 영을 흔들어 깨우는 이다. 요한의 비전은 잠에 빠진 인간의 상황과 이를 일깨우는 구원자의 모습을 다음과 같이 묘사한다. 여기서 구원자는 빛의 프로노이아라는 이름으로 불린다.

"나(빛의 프로노이아)는 … 그들의 감옥, 곧 육체의 감옥 한가운데로 들어갔다. 그리고 나는 말하였다. '듣는 이는 깊은 잠에서 깨어나라!' 그러자 그가 울면서 눈물을 흘렸다. 그는 많은 눈물을 닦아내고 말하였다. '누가 내 이름을 부릅니까? 이 희망은 어디에서부터 나에게 왔습니까? 나는 아직 감옥의 족쇄에 갇혀 있는데 말입니다.' 그래서 나는 말하였다. '나는 순결한 빛의 프로노이아다. 나는 동정이신 영의 생각이며 너를 영예로운 그곳으로 데려가는 자다. 일어나라! 그리고 들은 자가 바로 너임을 기억하여라! 그리고 너의 뿌리를 따라가라! 그것은 바로 나, 자비로운 이다. 그리고 빈곤의 천사들과 혼란의 다이몬들과 너를 유혹하는 모든 자에게서 너 자신을 지켜라! 그리고 깊은 잠과 저승의 울타리를 조심하여라.' 그리고 나는 그를 일으켜 세우고 그를 물의 빛으로, 다섯 겹으로 봉인하였다. 지금부터는 더

---

[22] 마니를 구원자로 제시하는 문헌들도 있다. 그러나 영지주의자들은 대부분 예수를 가장 중요한 구원자로 여긴다. 이란과 아시아에서 활동한 마니도 예수를 구원자로 숭배하였으며 자신은 예수 그리스도의 예언자라고 하였다. Hoeller, *Gnosticism: New Light on the Ancient Tradition of Inner Knowing*, 19.

이상 죽음이 그를 이기지 못하게 하려는 것이었다"(요한의 비전 31).

구원자의 필요성

영지주의 구원 개념은 힌두나 불교 전통에서 발견되는 해방, 혹은 해탈 개념과 비슷하다. 영지주의자들은 구원을 죄로부터의 구원으로 보지 않고 무지로부터의 구원으로 본다. 죄는 무지의 결과일 뿐이다. 그노시스(지식)를 통해 하느님을 아는 사람은 모든 죄를 씻어낸다. 그노시스가 없는 사람은 범죄에 머무를 수밖에 없다. 무지, 곧 영적 실재에 대한 무지는 그노시스로 제거될 수 있다. 그노시스의 결정적 계시는 빛의 사자 곧 예수와 같은 구원자가 가져다주었다.

그노시스에 의한 구원은 인간 스스로 깨달음을 얻어 이루는 독자적 체험으로 생각하기 쉽지만 반드시 그렇지는 않다. 영지주의 문학에서 자력으로 그노시스를 얻을 가능성이 전적으로 부정되지는 않지만 대개는 그노시스를 주는 계시자 혹은 그노시스에 이르도록 도움을 줄 조력자가 제시된다. 구원의 지식이 단순히 독서나 지성적 추론이나 대화의 결과물도 아니다. 영적 무지의 굴레에서 벗어나기 위해서는 우리 자신의 노력뿐 아니라 외부의 도움도 있어야 한다. 그래서 구원자는 언제나 필요하다.

구원의 개인적 차원

영지주의는 그노시스의 잠재력 혹은 구원의 가능성이 사람 안에 내재되어 있음을 인정한다. 구원은 누군가가 모든 인류를 대표하여 이룩하는 일도 아니고 집단적으로 이루어지는 일도 아니다. 구원은 어디까지나 개인적으로 일어난다. 따라서 정통 그리스도교에서 말하는 대속 신학이 영지주의자들에게는 무의미하다.

영지주의자들에 따르면 세계는 본디 완전하게 창조되지 않았으며 현 상태의 불완전성은 죄와 타락의 결과가 아니다. 그리고 인류의 조상이 지은 원죄가 후대 사람들에게 이어져 내려오는 것도 아니라고 한다. 결국 하느님의 아들이 인류의 죄를 기워 갚기 위해 희생을 치를 필요는 없다는 것이다. 빛의 사자가 이 땅에 내려오는 것은 인간을 대신하여 희생을 치르기 위해서가 아니라 무지를 뒤흔들어 깨우기 위해서라고 한다. 우리는 모두 우리를 일깨워 줄 가르침과 우리 안에 내재한 해방 가능성을 드러내 줄 해방의 신비(성사)를 필요로 한다는 것이다.

빛의 사자가 영적 나태에서 흔들어 깨운 사람은 참된 영지자(영적 인간, 깨달은 사람)가 되고 그렇지 못한 사람은 무지한 채 지상에 얽매여 지낸다. 그런데 구원을 가져다주는 깨달음은, 영이 육체에 머물러 있는 동안에 일어나야 한다. 죽음으로 영이 자동적으로 노예 상태에서 벗어나는 것이 아니기 때문이다. 이러한 해방의 지식을 얻은 사람은 육체라는 감옥에 여전히 머물러 있으면서도 영적 자유를 누린다. 반면에 아직 깨달음을 얻지 못한 영은, 그것이 육체 안에 있건 육체를 떠났건 속박된 노예 상태를 벗어나지 못한다. 여러 영지주의 문헌에서 인간은 더 이상 다시 태어날 필요가 없을 때까지, 곧 완전한 깨달음을 얻기 전까지 다시 태어난다는 윤회 사상이 엿보인다. 이는 불교의 윤회 사상과도 비슷하며 소크라테스 역시 비슷한 가르침을 전했다.

소피아

유배와 고립은 인간에게만 국한된 현상이 아니며 인간 차원에서 시작된 일도 아니다. 영지주의자들은, 사람이 존재하기 전, 우주가 생겨나기 전에 유배와 귀환의 드라마가 신들의 세계에서 일어났는데 그 주인공은 여성인 신적 존재 소피아라고 한다. 피스티스 소피아와 요한의 비전이 소피아의 타락과 구원을 상세히 다루고 있다.

소피아와 데미우르고스

요한의 비전에 따르면 소피아는 천상계의 에온들 가운데 가장 하위를 차지한다. 짝과 함께 에온 쌍syzygy을 이루며 플레로마에서 지내던 소피아는 최상신인 아버지를 동경하게 된다. 그리하여 소피아는 배필의 동의도 구하지 않은 채 홀로 잉태하여 자식을 낳는데 그가 데미우르고스다. 데미우르고스는 얄다바옷, 사클라스, 샤마엘 등으로도 불린다. 소피아의 실수로 태어난 데미우르고스는 자신의 왕국을 세우는데 그것이 우리가 아는 물질 세계다.

데미우르고스는 종종 사악한 존재로 여겨진다(히폴리투스 『이단 논박』 7.19). 그러나 데미우르고스의 특징은 '악함'보다는 '무지'에 가깝다. 본문들은 데미우르고스가 자기 위에 어떤 존재에 대해서도 알지 못했다고 전한다. 그는 자기 어머니의 존재마저도 알지 못한다. 그의 창조물인 인간에게 소피아가 자신의 숨 혹은 영을 불어넣어 줄 수 있었던 것도 데미우르고스의 무지 덕분이었다(이레네우스 『이단 논박』 1.5). 창조된 세계, 특히 창조된 인간은 데미우르고스의 흠 많은 작품이면서 동시에 소피아의 천상의 지혜가 깃든 존재이기도 하다.

이레네우스는 영지주의 시각을 비판하면서 창조주는 소피아 아카모트가 그를 통해 일하고 있음을 알지 못한 채 자기 혼자서 세상과 인간을 만들고 있다고 착각했다고 묘사한다. 이처럼 창조주는 무지한데다가 기만과 오만으로 가득 차 있기도 하다. 창조주는 '자기만이 유일한 하느님이며 자기 위에 다른 하느님은 없다'고 믿는다. 소피아는 화가 나서 다른 신적 존재들, 그것도 데미우르고스보다 높은 신적 존재들이 있다고 반박한다. 그러나 데미우르고스는 자신의 생각을 고집하며 자신이 다스리는 피조물들이 그가 참되고 유일한 신임을 믿게 만든다(이레네우스 『이단 논박』 1.5; 1.7).

결국 소피아의 곤경은 다른 에온들의 눈에 띈다. 플레로마의 다른 구성원들은 그녀의 유배를 애석해하며 최상신에게 용서해 달라고 청한다. 그들은 마침내 합심하여 소피아를 다시 플레로마로 귀환시키는 데 성공한다(이레네우스 「이단 논박」 1.4).[23]

소피아 개념의 기원

소피아에 대한 신화가 영지주의자들의 손에 탄생한 것은 아니다. 그것은 기원후 2-3세기의 산물이 아니라 그보다 훨씬 오래전에 생겨났다. 이미 구약성경에 하느님의 지혜를 의인화하여 표현한 구절들이 많다. 히브리어로 호크마, 그리스어로 소피아로 번역된 지혜는 세상 창조 전부터 있었다고 전해진다. 구약성경 가운데 잠언, 코헬렛, 집회서, 지혜서, 아가서 등의 지혜문학에서 호크마-소피아는 종종 일인칭으로 독자들을 향하여 선포한다. 지혜는 항상 여성형으로 제시되며 보통 창조 때 하느님과 함께 있으면서 도왔다고 선언한다. 잠언 8,22-31이 훌륭한 예가 된다.[24]

> "주님께서는 그 옛날 모든 일을 하시기 전에 당신의 첫 작품으로 나를 지으셨다. 나는 한처음 세상이 시작되기 전에 영원에서부터 모습이 갖추어졌다. 심연이 생기기 전에, 물 많은 샘들이 생기기 전에 나는 태어났다. 산들이 자리 잡기 전에, 언덕들이 생기기 전에 나는 태어났다. 그분께서 땅과 들을, 누리의 첫 흙을 만드시기 전이다. 그분께서 하늘을 세우실 때, 심연 위에 테두리를 정하실 때 나 거기

---

23) 소피아의 타락과 구원 이야기는 피스티스 소피아에도 자세히 묘사된다. 소피아의 타락은 피스티스 소피아 1.30-31에, 구원은 2.67-74에 전해진다.

24) Pearson, *Ancient Gnosticism*, 108-110 참조.

있었다. 그분께서 위의 구름을 굳히시고 심연의 샘들을 솟구치게
하실 때, 물이 그분의 명령을 어기지 않도록 바다에 경계를 두실
때, 그분께서 땅의 기초를 놓으실 때 나는 그분 곁에서 사랑받는
아이(장인)였다. 나는 날마다 그분께 즐거움이었고 언제나 그분 앞에서
뛰놀았다. 나는 그분께서 지으신 땅 위에서 뛰놀며 사람들을 내
기쁨으로 삼았다"(잠언 8,22-31).

집회 24장에서도 지혜는 일인칭으로 자신에 대해 서술한다.

"나(지혜)는 지극히 높으신 분의 입에서 나와 안개처럼 땅을 덮었다.
나는 높은 하늘에 거처를 정하고 구름 기둥 위에 내 자리를 정했다.
나 홀로 하늘의 궁창을 돌아다니고 심연의 바닥을 거닐었다.
바다의 파도와 온 땅을, 온 백성과 모든 민족들을 다스렸다.
나는 누구의 땅에 머물까 하고 이 모든 것 가운데에서 안식처를 찾고
있었다.
그때 만물의 창조주께서 내게 명령을 내리시고 나를 창조하신 분께서
내 천막을 칠 자리를 마련해 주셨다. 그분께서 말씀하셨다. '야곱 안에
거처를 정하고 이스라엘 안에서 상속을 받아라.'
**한처음 세기가 시작하기 전에 그분께서 나를 창조하셨고 나는 영원에
이르기까지 사라지지 않으리라.**
나는 거룩한 천막 안에서 그분을 섬겼으며 이렇게 시온에 자리
잡았다.
그분께서는 이처럼 사랑받는 도성에서 나를 쉬게 하셨다.
나의 권세는 예루살렘에 있다.
나는 영광스러운 백성 안에 뿌리를 내리고 나의 상속을 주님의 몫
안에서 차지하게 되었다. 나는 레바논의 향백나무처럼, 헤르몬 산에
서 있는 삼나무처럼 자랐다. 나는 엔 게디의 야자나무처럼 예리코의

장미처럼 평원의 싱싱한 올리브 나무처럼 플라타너스처럼 자랐다.
나는 향기로운 계피와 낙타가시나무처럼 값진 몰약처럼 풍자 향과
오닉스 향과 유향처럼 천막 안에서 피어오르는 향연처럼 사방에
향내를 풍겼다. …
나는 아름다운 사랑과 경외심의 어머니요 지식과 거룩한 희망의
어머니다.
나는 내 모든 자녀들에게, 그분께 말씀을 받은 이들에게 영원한
것들을 준다.
나에게 오너라, 나를 원하는 이들아.
와서 내 열매를 배불리 먹어라.
나를 기억함은 꿀보다 달고 나를 차지함은 꿀 송이보다 달다.
나를 먹는 이들은 더욱 배고프고
나를 마시는 이들은 더욱 목마르리라.
나에게 순종하는 이는 수치를 당하지 않고 나와 함께 일하는 이들은
죄를 짓지 않으리라"(집회 24,3-22).

소피아(지혜)와 관련된 성경의 가르침을 발전시키는 데 가장 큰 공을 세운 신학자이자 철학자라면 단연 필론을 꼽을 수 있을 것이다.[25] 그는 알렉산드리아 출신의 유다인으로서 초창기 그리스도교와 거의 동시대를 살았던 인물이다(그는 기원후 약 50년경에 사망한다). 필론은 영지주의의 가르침과 유사한 가르침들을 내놓았고 따라서 그를 원-영지주의자 proto-gnostic로 여기는 학자들도 있다. 필론은 인간이 신적 지식을 얻을 수 있는 가능성 곧 깨달음의 잠재력을 가지고 있다고 믿었다. 그리고 그런 깨달음을 촉발하기 위해서는 하느님에게서 나오는 도움이 필요하다고 보았는데 이러한 도움들 가운데 대표적인 것이

---

25) Pearson, *Ancient Gnosticism*, 110 참조.

로고스, 하느님의 맏배, 맏아들이며, 다른 하나가 하느님의 지혜인 소피아다. 필론은 소피아를 모든 피조물의 어머니라고 불렀다. 필론이 소피아를 이렇게 부른 것은 앞서 인용한 잠언 구절에서 착안했을 터이다. 소피아에 대한 필론의 생각은 당대 유다인들 사이에서도 호응을 얻었으며 이교적 개념으로 여겨지지 않았을 것이다.[26]

소피아와 관련된 영지주의 신화는 아마 시몬 마구스에 의해 처음 만들어졌을 법하다. 시몬 마구스는 사도 시대에 활동했던 인물로 직접 '소피아'라는 이름을 사용하지는 않았지만 후대의 소피아 신화와 매우 유사한 내용을 가르쳤다. 그는 여성인 신적 존재 엔노이아가 물질 세계에 내려왔다가 포로로 잡혔다고 이야기한다. 오늘날의 많은 학자들은 소피아 전승이 유다인들 사이에서 만들어졌으리라 본다. 유다교는 유일신 사상을 표방했지만 여신적 존재를 언급하는 경우도 적지 않다.[27] 때로는 이들이 바빌로니아의 풍요의 여신 등과 관련이 있으며 소피아와는 아무 상관이 없다. 그러나 '하느님의 지혜(소피아)'와 관련된 전승도 있었는데 이 지혜는 때로는 하느님의 딸, 때로는 하느님의 배필로 소개되었다. 헬레니즘 시대 유다인들의 종교적 분위기는 다소 관용적이어서 소피아 같은 여신적 인물에 대해서도 공개적으로 이야기할 수 있었던 것 같다. 이러한 바탕 위에서 영지주의 교사들은 지혜의 여신 소피아의 이야기를 더욱 풍성한 형태로 발전시킬 수 있었을 것이다.

소피아 관련 작품들

소피아 전승은 영지주의자들 특히 발렌티누스파에 의해 그 전성기를 맞았다.

---

26) 솅크, 『필론 입문』, 139-142을 참조하라.
27) Patai, *The Hebrew Goddess*를 참조하라.

피스티스 소피아 피스티스 소피아는 예수님과 그 제자들이 나눈 대화로서 총 네 권으로 구성되었다. 때는 예수님 부활과 승천 사이, 장소는 올리브 산으로 설정되었다. 첫 두 권은 소피아의 이야기를 다룬다. 첫째 책은 예수님의 영광스러운 변모를 묘사하는 것으로 시작한다. 영광스럽게 변모하신 주님께서 빛 속에서 천상의 에온들에게로 올라가신다. 그분께서 돌아오신 다음 소피아의 '타락'을 이야기하며 자신이 어떻게 그녀를 도울 수 있었는지 이야기하신다. 둘째 책에서는 소피아가 빛을 향해 올라가서 자신의 자리인 열셋째 에온으로 되돌아가는 과정을 이야기한다. 소피아의 회개 이야기 뒤에는 솔로몬의 송가에서 인용한 구절들과 시편 구절이 이어진다. 셋째 책에서는 천상계에 존재하는 영적 존재들의 품계와 질서를 길게 묘사한다. 넷째 책에서는 영혼의 회개 μετάνοια의 필요성과 그 조건을 상세히 설명한다. 회개한 영혼과 그렇지 않은 영혼이 겪게 될 서로 다른 운명에 대해서도 알려 준다.■

■ 피스티스 소피아에는 제자들의 질문과 토론도 담겨 있는데 그 가운데 마리아 막달레나가 탁월한 위치를 차지하고 있다.

영지주의자들은 지혜를 추상적 관념으로서가 아니라 하나의 신적 실체 곧 천상계 에온들 가운데 하나로서 받아들였다. 반면에 정통 교회는 구약의 지혜 전승을 해석하면서 대개 지혜를 인격적 실체로서가 아니라 추상적 관념 또는 지성적 자질로서 받아들였다.[28] 지혜가 의인화되어 1인칭으로 서술되는 경우라도 마찬가지였다.

거의 모든 영지주의 작품에 소피아가 등장한다. 상당수의 나그 함마디 문헌이 소피아 신화를 직·간접적으로 언급하고 있다.[29] 나그 함마디 문서가 발견되기 전에는 **피스티스 소피아**가 소피아 신화를 다룬 대표적 작품이었다. 소피아의 타락과 구원 과정을 자세히 소개한 이 작품은 소피아의 이야기를 가장 완전한 형태로 전하고 있다.

소피아에 대한 인물 묘사나 그녀와 관련된 신화의 줄거리는 작품마다 조금씩 혹은 크게 차이가 난다. 소피아의 타락 원인을 때로는 그녀의 오만에서, 때로는 아버지 하느님에 대한 사랑과 동경에서, 때로는 배필 없이 홀로 잉태하고자 하는 원의에서 찾는다. 소피아와 데미우르고스와의 관계도 작품마다 조금씩 다르게 묘사된다. 어떤 작품에서는 소

---

[28] '지혜'는 신구약성경을 통틀어 자주 등장한다. 창세기, 탈출기, 욥기, 마르코·요한 복음, 바오로 서간 특히 코린토 1서, 테살로니카 1서와 요한 묵시록 등에 자주 언급된다.

[29] Pearson, *Ancient Gnosticism*, 110-112; Rudolph, *Gnosis: The Nature and History of Gnosticism*, 76-83 참조.

피아가 제일 처음 물질적 요소를 만들었으며 그것으로부터 불완전한 우주를 창조한 뒤 이 불완전한 우주를 다스리게 하려고 데미우르고스를 낳았다고 한다. 어떤 작품에서는 모든 피조물을 데미우르고스의 작품으로 소개한다. 어떤 버전에서든 우주와 인류의 숙명에 소피아가 결정적 역할을 한다는 데는 변함이 없다.

그리스도

예수 그리스도를 어떻게 바라볼 것인가, 하는 문제는 예수님께서 오신 그때부터 지금껏 이어져오는 문제다. 정경의 네 복음서는 당시 사람들 사이에서조차 예수님을 바라보는 시각, 혹은 예수님께 기대한 내용이 매우 달랐음을 증명한다. 하느님께서 보내 주시기로 약속하신 다윗 가문의 메시아, 하느님의 아들, 모세나 엘리야와 같은 예언자, 지혜의 말씀을 전하는 지혜의 스승, 로마의 압제에서 이스라엘 백성을 해방시킬 혁명가 등 사람들마다 각양각색의 시선으로 예수님을 바라보았다. 무슬림들은 예수님을 예언자로서 공경하지만 하느님의 아들이라 부르는 데에는 반대한다. 무슬림들이 보기에 하느님에게 아들이 있다는 것 자체가 이상하다. 성과 출산은 육신의 일이며 신성에 걸맞지 않아 보이기 때문이다.

영지주의자들은 예수님을 어떻게 바라보았을까? 그들이 제시하는 예수님상은 어떠할까? 그들에게 가장 중요했던 예수님의 가르침은 무엇이었을까? 영지주의자들이 예수를 어떻게 바라보았는지 아는 데에는 특히 토마 복음서와 필립보 복음서가 큰 도움이 된다. 두 복음서가 예수님의 말씀을 많이 담고 있기 때문이다.[30]

---

30) 두 복음서의 저자나 편집자들이 예수님의 가르침을 보존하는 데 큰 관심을 가졌던

영지주의자들이 예수님을 특별히 공경했다는 데는 별 의심의 여지가 없다. 그들은 예수님 안에서 하느님의 일면을 보았던 것이 틀림없다. 그들에게 예수님은 무엇보다 인류가 처한 현실, 곧 물질 세상에 갇혀 자신이 천상에서 유래했음을 망각한 현실과 무지를 깨우침으로써 인류의 노예 살이를 종식시킬 선각자이자 해방자이자 스승으로서[31] 인식되었다. 예수님은 깨달음을 주는 분, 그리고 물질 세계와 창조주의 지배하에 있는 노예 살이에서 해방시키는 해방자이시며, 가르침과 성사(입문과 해방의 신비)를 통해 자신의 임무를 수행하셨다고 한다.

예수: 영지주의 스승

예수님의 어록에 해당하는 토마 복음은 그분의 스승으로서의 면모를 잘 드러낸다.[32]

언뜻 보기에 토마 복음서의 예수님은 윤리적 문제에 무관심하신 듯하다. 세상살이 전반에 대해 중요성을 두지 않는다는 게 더 맞는 표현 같다. 그래서 "세상을 발견하여 부자가 된 사람은 세상을 포기하라"고 말씀하신다(토마 110). 그리고 걱정과 염려, 세상적인 것들에 대한 집착을 버리라는 말씀도 빠지지 않는다. "아침부터 저녁까지, 저녁부터 아침까지 무엇을 몸에 걸칠까 걱정하지

것 같다. 특히 부활하신 주님께서 제자들 혹은 특정 제자들에게만 따로 전해 주신 비밀 가르침에 주안점을 두었던 듯하다. 그 가르침을 기록으로 남겨 다른 영지주의자들과 공유하기 위해서였을 것이다.

31) 팔레스티나의 일반 백성들은 예수님을 라삐나 종교적 스승으로 여겼을 가능성이 크다. 예수님이 사제 계급에 속하지 않았기 때문이다.

32) 영지주의자들은 네 복음서 가운데 요한 복음을 가장 선호하였다. '지식'과 '앎'을 강조하는 점이라든가 스승으로서의 예수님 이미지가 부각된 점이 영지주의자들의 마음에 들었을 것이다. 그들에게 예수님은 무엇보다 지혜의 스승이었던 것이다.

마라"(토마 36). "너희가 세상을 단식하지 않는다면 하늘 나라를 찾지 못할 것이다"(토마 27)라는 말씀도 마찬가지다. 고착된 교리들이 불러들이는 해악을 강조하시기도 한다. "너희가 단식을 한다면 자신에게 죄를 하나 짓는 셈이다. 너희가 기도를 한다면 너희는 심판을 받을 것이다. 자선을 베푼다면 너희 영혼에 해악을 끼치는 셈이다"(토마 14). 토마 복음의 예수님은 물질적 재화나 윤리 규정에 대한 과도한 관심과 집착에서 벗어나라고, 현재의 한계와 집착에서 벗어나 더 위대한 삶으로 나아가라고 가르치는 듯하다.

예수님이 의로운 천사냐, 철학자냐, 하는 것은 중요하지 않다(토마 13). 중요한 것은 자기 자신을 알려고 노력하는 것이며, 해방을 주는 지식(그노시스)을 얻으려 준비하는 것이다. "찾아라, 찾을 것이다. 너희가 나에게 물은 것들을, 전에는 말해 주지 않았지만 지금은 말해 주고 싶다. 그런데도 너희는 그것들을 찾으려 하지 않는다"(토마 92). "너희가 너희 자신을 알게 될 때 너희는 알려질 것이다. 그리고 너희가 살아 계신 아버지의 자녀라는 것을 깨닫게 될 것이다. 그러나 너희 자신을 알지 못한다면 너희는 가난 속에 있으며 너희가 가난 자체이다"(토마 3).

예수님의 영지주의적 말씀은 그분의 비범한 가르침 방식과 부합한다. 다른 스승들과 달리 예수님은 특정 사상이나 지식의 전달에 머물지 않고 그 이상의 것을 전해 주신다. 윤리적 혹은 종교적 노선을 인도하는 데서 그치지도 않으신다. 토마 복음에서 예수님의 가르침은 사람들의 이성과 감성에 그리고 무엇보다 영적 직관에 대고 호소한다. 그리고 은유와 신화, 상징과 비유를 다양하게 사용하면서 제자들을 깨달음으로 인도한다. "나는 세상 한가운데 발을 내딛고 그들에게 육신으로 나타났다. 나는 그들이 모두 술에 취하였으나 그들 가운데 어느 누구도 목말라하지 않는 것을 보았다. 그리고 나의 영혼은 사람들의 아들들 때문에 고통스러워하였다. 그들 마음의 눈이 멀어 보지 못하기 때문이다. 그들은 빈손으로 이 세상에 왔고 또 빈손으로 세상을 떠나려 하고 있다. 지금 그들은 술에 취해 있다. 그들이 술에서 깨어나는 그때 회개할 것이다"(토마 28). "나는 내 신비에 합당한 이들에게 내 신비를 말해 준다"(토마

62)는 말씀도 제자들을 그노시스로 인도하는 스승으로서의 면모를 잘 보여 주고 있다.

그리스도: 어둠을 밝히는 빛

예수 그리스도는 영지주의자들에게 신비로운 에온, 위대한 영적 존재이며 빛의 사절로서 인류에게 파견된 이다.33) 초대 교회 교부 히폴리투스는 페라테Peratae라는 영지주의 분파에서 전하는 영지주의 구원자의 말을 전하고 있다. "나는 영원한 밤의 에온에 있는, 잠자는 자를 깨우는 소리다"(히폴리투스 『이단 논박』 5.7). '영혼의 시편'에는 천상의 영적 그리스도가 그노시스의 비밀을 전하도록 자신을 지상에 파견해 달라고 하느님께 청하는 내용이 나온다. "인류를 위하여 저를 보내 주십시오, 아버지! 인장을 들고 내려가서 온 에온들을 지나 제 길을 갈 것입니다. 모든 신비들의 문을 열고 신적 존재들의 형상을 드러내 보이며 지식Gnosis이라 알려진 거룩한 길의 비밀들을 전해 줄 것입니다"(히폴리투스 『이단 논박』 5.7).34)

영지주의 예수 그리스도는 나자렛 출신의 목수의 아들 그 이상의 존재이다.35) 그리고 그는 하느님의 아들에 머물지도 않는다.36) 영지주의자들에게 예

---

33) 그리스도는 "모든 권세와 권력과 권능과 주권 위에, 그리고 현세만이 아니라 내세에서도 불릴 모든 이름 위에 뛰어"난 분이시라는 에페 1,21이 영지주의자들의 시선을 끌었을 법하다. 그리스도를 데미우르고스와 수하 세력인 아르콘들보다 위에 계신 분으로 묘사한 것으로도 해석할 수 있기 때문이다.

34) Hoeller, *Gnosticism: New Light on the Ancient Tradition of Inner Knowing*, 67-68에서 재인용하였다.

35) 예수는 토마 복음서에서 자신의 높은 지위에 대해 증언한다. 말씀 10; 17; 77; 82; 108 등을 참조하라.

36) 영지주의 작품에서 아버지, 아들, 성령을 언급하는 경우라도 예수를 삼위 가운데 두

수는 초월적 존재이며 지상에 잠시 머물다 돌아간 다른 세계의 존재, 다른 차원의 존재였다. 그리고 예수를 알기 위해서는 그노시스를 획득해야 한다고 한다(토마 복음 13 참조). 그런 다음에야 예수의 말과 행동, 그의 존재가 드러나고 그를 전체적으로 이해할 수 있다는 것이다.

그리스도교 역사가 시작된 지 2000년이 지난 오늘날에도 우리가 예수 그리스도를 제대로 이해하기 위해서는 늘 새로운 눈, 새로운 시각이 필요하다. 그래서 빛이 필요한 것이다. 신약성경은 그리스도가 무지의 어둠 속에 갇혀 있는 인간에게 빛을 주러 온 빛이심을 강조한다. "어둠 속에 앉아 있는 백성이 큰 빛을 보았다. 죽음의 그림자가 드리운 고장에 앉아 있는 이들에게 빛이 떠올랐다"(마태 4,16).[37] 영지주의 본문은 구원자가 지닌 빛으로서의 면모를 한층 더 부각시킨다. "감춰진 신비인 예수 그리스도는 이 복음을 통하여, 망각으로 인해 어둠 속에 있는 사람들을 비춰 주셨습니다. 그분은 그들을 비추며 길을 제시해 주셨습니다. 그 길은 그분이 그들에게 가르쳐 주신 진리입니다"(진리의 복음 18).

구원자가 가져다 준 진리는 인간을 노예 살이에서 해방시킨다. 노예인 인간이 지식을 통해 비로소 자유인이 되는 것이다. "진리에 대한 지식은 마음을 들어 높입니다. 다시 말해 그것(진리에 대한 지식)은 그들을 자유인으로 만들고 그들을 어떤 곳보다 높이 들어 올립니다. … 지식이 그들을 자유인이 될 수 있게 합니다"(필립보 복음 77). "(진리)는 자유를 줍니다. 말씀logos께서 말씀하셨습니다. '너희가 진리를 알면 진리가 너희를 자유롭게 할 것이다.' 무지는 노예이며 지식은 자유입니다. 우리가 진리를 알면 우리 안에서 진리의 열매를 발견할 것

번째 위격과 명시적으로 동일시하지는 않는다. 사실 영지주의자들에게 예수가 하느님의 아들이냐 아니냐 하는 것은 그다지 중요하지 않았다. 그 문제 자체를 거론하고 싶어 하지 않았는지도 모른다.

37) 요한 8,12도 참조하라: "나는 세상의 빛이다. 나를 따르는 이는 어둠 속을 걷지 않고 생명의 빛을 얻을 것이다."

입니다. 우리가 그것(진리)과 결합하면 그것은 우리의 완성 pleroma을 가져올 것입니다"(필립보 복음 84).

이처럼 영지주의 그리스도는 무지에 빠진 인간에게 지식을 주는 빛이시며, 노예 살이에서 해방시켜 자유롭게 만든 해방자, 이 세상에 갇힌 인간을 하늘로 다시 데려가기 위해 내려온 구원자시다.

속량이냐 해방이냐?

정통 그리스도인들은 예수님께서 인류의 죄를 대신 갚아 구원을 주시려 세상에 오셨다고 믿는다. 이러한 믿음이 가능한 것은 다음과 같은 논리에서다. 하느님은 세상과 인간을 좋게 만드셨다. 그러나 첫 인간이 하느님께 불순종함으로써 인간은 낙원에서 쫓겨나고 죽음과 고통이 세상 속에 들어왔다. 다시 말해 첫 인간의 불순종으로 모든 피조물이 다 함께 고통과 죽음을 겪는다. 낙원 혹은 은총의 지위에서 추락했다는 의미에서 이러한 상황을 '타락'이라 부른다. 하느님과 타락한 인간을 화해시키기 위해 하느님께서 외아들 예수 그리스도를 세상에 보내셨다. 예수님이 인류의 죄를 대신하여 십자가에서 돌아가시고 부활하심으로써 인류의 죄는 용서되고 구원의 길이 열렸다는 것이다.[38]

영지주의자들은 이러한 대속 신학에 의문을 품었다. 그들은 대속 신학에 동의할 수 없었다. 좋게 만들어진 세상이 첫 인간 때문에 타락하였으며 예수님의 수난과 죽음을 통해 다시 하느님과 화해할 수 있다는 논리가 그들에게는 설득력이 없었던 것이다. 그렇다고 영지주의자들이 예수님을 구원자로 여기지 않은 것은 아니다. 오히려 그 반대다. 영지주의자들은 자신을 이 세상에

---

38) 예수님의 대속적 죽음에 대해서는 1베드 2,24; 3,18; 1요한 2,2; 4,10; 1코린 15,3; 갈라 1,4; 히브 7,27; 10,12을 참조하라.

포로로 잡혀 온 유배자나 이방인으로 느꼈다. 그들에 따르면, 이 세상은 창조자가 만든 감옥이며 인간은 감옥에 갇혀 있다. 그리고 구원자는 인류의 죄를 대신하여 죽음으로써 아버지와 인간을 화해시키러 온 것이 아니라 감옥에 갇힌 이방인들을 풀어 주기 위해 온 것이다.

영지주의를 피상적으로만 알고 있는 사람들은, 종종 그들이 구원(또는 그노시스)을 중개자 없이 이루어지는 즉각적 체험으로 여기기에 구원자를 필요로 하지 않는다는 결론을 내린다. 물론 이것은 성급한 결론이다. 인간의 영은 바깥에서 이 세상으로 들어온 것이기에 해방을 일으키는 것 역시 바깥에서 와야 한다. 사실 해방될 수 있는 영적 잠재력은 인간 영혼 깊숙이 존재한다. 그러나 이러한 잠재력을 일깨우기 위해서는 외부적 개입이 필요하다. "무지한 이는 무언가가 필요한데, 그에게 필요한 이것은 엄청난 것입니다. 그에게는 자신을 완전하게 해 줄 분이 필요하기 때문입니다"(진리의 복음 21). 이런 인물은 바로 하늘에서 내려온 구원자, 혹은 빛의 사절이다. 그리스도교 영지주의에서는 이 구원자가 바로 예수다.[39]

— ◆◆◆ —

영지주의자들에게 구원은 외아들 예수의 희생을 통해 하느님 아버지와 인간이 화해를 이루는 것이라기보다는 그노시스를 통해 깨달음을 얻는 것이며 지상의 노예 살이 같은 삶에서 해방되는 것이다. 영지주의자들은 아담과 하와의 죄는 물론 어떤 큰 죄라도 전 인류와 세상의 파멸을 초래할 정도로 크지

---

39) 영지주의 전승에서 구원자는 로고스, 구원자, 그리스도 등으로 불린다. 이 이름들 상호 간의 관계는 그리 명확하지 않다. 영지주의자들은 대개, 예수가 요르단 강에서 세례자 요한에게 세례를 받는 순간에 영적 그리스도가 인간 예수에게 내려왔다고 믿는다. 예수는 거룩하고 비범한 사람이기는 하지만 영적 그리스도와는 존재론적으로 구분이 된다. 이 가설은 가현설이라 불린다.

않다고 여긴다. 물론 이 세상은 완전무결하지 않다. 그 안에 사는, 아니 엄밀히 말해 세상이라는 감옥에 갇힌 인간도 불완전하다. 어쩌면 흠투성이일지도 모른다. 그리고 눈이 가려져 있어 자신이 천상에서 온 줄도 모른다. 무지에 빠져 있는 것이다.

진리의 복음은 무지에 빠진 인간의 방황과 혼란을 다음과 같이 묘사한다. "그들은 아버지를 몰랐습니다. 그분께서 그들 눈에는 보이지 않는 분이셨기 때문입니다. 그것이 공포이자 혼란이며 불안정이고 의혹과 분열이었기에, 여기에서 수많은 무상한 환상들이 나왔으며 헛된 어리석음도 있었습니다. 그들은 마치 잠에 빠져 혼란스런 꿈속을 헤매는 것과 같았습니다. 그들은 피난처(로 도망치거나), 힘없이 다른 사람들을 뒤쫓거나, (다른 이를) 치고 있거나 맞고 있거나, 높은 곳에서 떨어지거나 날개도 없이 공중으로 올라가거나 합니다. 또한 그들을 뒤쫓는 사람이 없는데도 목숨을 끊는 사람들이 있는가 하면, 그들 편에서 이웃들을 죽이기도 합니다"(28-29).

영지주의자들은, 인간이 이 세상이라는 감옥과 무지에서 해방될 수 있는 길은 오직 지식과 깨달음을 통해서라고 한다. 그리고 예수는 무지를 깨우침으로써 이러한 해방을 실현하러 온 해방자이자 스승, 계시자라고 한다.[40] "그분은 길 잃은 이들에게 길이 되셨고, 무지한 이들에게 지식이 되셨습니다. (지식을) 찾는 이들에게는 발견이며, 흔들리는 이들에게는 견고함이고, 부정해진 이들에게는 흠 없음입니다"(진리의 복음 31).

계시를 통해 인간을 다시 하느님께 데려가는 구원자의 면모는 다음 문장에서도 드러난다. "그분이 나타나시어 파악할 수 없는 분이신 아버지에 관해 그들을 가르치시고, 생각 속에 있는 것을 그들 안에 불어넣어 주시며 그분 뜻을 이행했을 때, 그리하여 많은 사람들이 그 빛을 받아들였을 때에 그들은 그

---

[40] 진리의 복음 27: "그분은 그분의 감춰진 비밀을 드러내 보여 주고 그것을 해석해 주었습니다"; 31: "그분은 새로운 것들을 말씀하시며 지금도 여전히 아버지 마음속에 있는 것을 말씀하고 계십니다"를 보라.

분께 되돌아왔습니다"(진리의 복음 30-31).

육신의 부활이냐 영적 부활이냐?

영지주의자들은 대개 예수의 부활을 부정하는 것으로 여겨진다. 사실상 영지주의자들이 부활 자체를 부정하지는 않았다. 다만 신약성경에 나오는 다른 이야기들과 마찬가지로 부활도 글자 그대로 받아들여서는 안 된다는 입장이다.

사실상 정경 복음서들은 부활하신 예수님의 몸에 대해서 명확한 설명을 내놓지 않는다. 제자들이 예수님을 뵙고도 알아보지 못한 사실이나 유령을 보는 줄 착각한 점(루카 24,37)을 미루어 볼 때 부활하신 주님이 그 전과 달라진 모습이었으리라 짐작할 수 있다. 실제로 마르코 복음에서는 부활하신 주님께서 다른 모습으로 나타나셨다고 전한다. "그 뒤 그들 가운데 두 사람이 걸어서 시골로 가고 있을 때, 예수님께서 다른 모습으로$ἐν\ ἑτέρᾳ\ μορφῇ$ 그들에게 나타나셨다"는 것이다(마르 16,12). 병행구절인 루카 복음에서는 제자들이 눈이 가리어 주님을 알아보지 못하다가(24,16) 그분께서 빵을 떼어 나누어 주시자 "그들의 눈이 열려 예수님을 알아보았다"고 한다(24,31). 그러나 그분께서는 이미 사라지고 안 계셨다. 마리아 막달레나도 예외는 아니었다. 그녀도 무덤에서 예수님을 만나고서도 알아보지 못한다(요한 20,14). 주님께서 "마리아야!" 하고 부르시자 비로소 주님인 줄 깨닫는다(요한 20,16).

다른 한편 주님께서는 당신이 유령이 아니라고 하시면서 "내 손과 내 발을 보아라. 바로 나다. 나를 만져 보아라. 유령은 살과 뼈가 없지만, 나는 너희도 보다시피 살과 뼈가 있다"고 하시며 몸소 제자들에게 손과 발을 보여 주신다(루카 24,39-41). 게다가 구운 물고기를 받아 제자들 앞에서 잡수기까지 하신다(루카 24,42-43). 요한 복음에서는 주님께서 토마스에게 손에 난 못 자국과 옆구리에 창에 찔린 자국을 제 손으로 직접 확인해 보라고 하신다(20,26-27).

이런 식으로 정경 복음서 저자들은 부활하신 주님께서 우리 몸과는 다를 지언정[41] 일종의 육신을 갖고 계셨음을 강조한다. 몸으로 부활하시되 우리 몸과는 다른 몸, 물질로 된 몸과는 다른 차원의 몸을 가지셨다는 것이다.

영지주의자들은 예수님의 부활에 대해서 직접적으로 부인하지 않는다. 그러나 육신의 부활에 큰 의미를 두지 않는다. 그들에게 정작 중요한 것은 인간의 영이지 육신이 아니기 때문이다. 그래서 그들은 예수님이 우리 몸과 다른 차원의 몸으로 부활하셨다하더라도 거기에서 별 의미를 찾지 못한다. 어떤 육신이든 육신은 육신일 뿐이기 때문이다.

영지주의자들에게 정말 중요한 것은 예수님의 영이다. 따라서 그들은 예수님과 예수님 부활의 영적 특성과 의미에 주의를 기울인다. 예수님은 부활 전에도 부활 후에도 육신을 지닌 것처럼 보였다는 데는 정통 그리스도인들이나 영지주의자들이나 차이가 없다. 차이라면 정통 그리스도인들은 주님이 육신을 지니신 것처럼 보였을 뿐 아니라 실제로도 그러하였다고 믿지만, 영지주의자들은 그분께서 육신을 지닌 것처럼 보였을 뿐이라 믿었다는 것이다. 예수님의 몸은 우리의 순전한 환상이요 착각일 뿐 실제로는 몸을 가지지 않았다는 것이다. 이처럼 예수님이 몸을 지닌 것처럼 보였을 뿐이라 $\delta o \kappa \acute{\epsilon} \omega$ 믿는 사람들을 가현주의자들이라 부른다. 같은 가현주의자라 하더라도 이들과 조금 다르게 생각하는 사람들도 있다. 이들은 예수님은 우리와 똑같은 몸을 지닌 우리와 똑같은 인간이었으며 세례 때 천상의 그리스도가 그에게 내려와 잠시 머물렀다고 믿는다. 그래서 그리스도가 예수님으로 보였을 뿐, 실제로는 서로 다른 실체였다는 것이다. 이런 맥락에서 영지주의 문헌들은 예수님의 부활을 영

---

[41] 주님께서 살과 **뼈**를 가지고 계심을 강조하는 대목에서 저자는 주님께서 문이 다 잠겨 있는데도 방에 들어오셨다고 전하면서(요한 20,19.26), 그분의 몸이 우리 것과 다름을 암시한다.

적 부활로 제시한다. 예를 들어, 부활에 대한 논고는, 죽음을 삼키신 구원자께서 불멸의 에온으로 변모하셨으며 다시 일어나시어 우리에게 불사의 길을 열어주셨다고 한다(45.14-23). 여기에 암시된 구원자의 부활은 육신의 부활이 아니라 영적 부활임은 명백하다.[42]

사실 영지주의자들에게 부활하신 주님의 몸이 어떠한 몸이었느냐 하는 문제보다 더 중요한 것은 부활이 지닌 의미였다. 주님의 부활은 그노시스(지식, 깨달음)를 갈망하는 모든 사람들에게 보다 심오한 영적 의미를 가진다. 우리는 모두, 어떤 의미로, 어둠 속에 갇혀 있는 죽은 자들이며, 무지와 몽매에 빠져 있기에 우리의 희망은 어둠과 무지와 몽매에서 벗어나는 것, 그리고 다시 빛으로 깨어나는 것이라는 의미다. 그리고 그것이 부활이라는 것이다. 곧 예수 그리스도가 그러했듯이 우리도 죽음의 어둠, 무지의 어둠에서 빛으로 다시 깨어나리라는 것이다. 그리고 이러한 부활은 우리가 죽은 뒤, 혹은 최후의 심판 때까지 기다려야 하는 것이 아니라고 한다. 썩어 없어진 우리 몸이 다시 살아나는 것이 아니라 지금 여기에서 이루어지는 영의 부활이라는 것이다.

그런 의미에서 부활에 대한 논고는 육신과 영혼은 부활에 참여하지 않으며 영과 정신만 부활에 관여한다고 한다. "죽은 가시적인 지체들, 그것들은 구원받지 못할 것이다. 그 안에 존재하는, 살아 있는 지체들은 다시 일어날 것이다"(부활논고 47.48-48.2). 영지주의자들이 말하는 부활이 영적 부활임은 다음 구절에서도 잘 드러난다. "우리는 그분에 의해, 빛살이 태양에 의해 끌어당겨지듯, 하늘까지 끌어당겨지고 있다. 어떤 것도 우리를 붙잡아두지 못한다. 이것이 영적 부활이다. 그것은 혼적인 것과 육적인 것을 똑같이 삼켜 버린다"(45.39-46.2). 같은 맥락에서 부활논고는 부활이 "사물의 변화이며 새로움으로의 전환"이라고 하면서 "불멸성이 멸하는 것 위에 내려오고, 빛이 어둠 위에 내려와 그것을 삼켜 버리며 플레로마는 결핍된 것을 채운다"고 한다. 그리고

---

[42] 『영지주의자들의 성서』, 223-230 참조.

그것이 부활의 의미라고 한다(48.19-49.6).

같은 의미에서 필립보 복음서는 다음과 같이 말한다. "'주님께서는 먼저 돌아가셨다가 일어나셨다'고 말하는 사람들은 오류에 빠진 것입니다. 그분께서는 먼저 일어나셨고 그 다음에 돌아가셨기 때문입니다. 어느 누구라도 먼저 부활을 얻지 않으면 죽지도 않을 것입니다"(필립보 복음 56).

영지주의자들에게 부활은 죽은 뒤에 혹은 최후의 심판 이후에 일어나는 일이 아니라 살아 있는 동안 일어나야 할 일이다. 그리고 그들에게 부활은 그노시스 혹은 진정한 영적 각성을 상징하는 말이다. 우리가 누구인지, 어디서 와서 어디로 가고 있는지 알게 될 때 우리는 부활한 것이며 참지식, 그노시스에 도달한 것이다. 영지주의 전통에서 그리스도의 부활은 우리의 부활 혹은 각성을 촉진하는 일종의 유도제 역할을 한다. 만일 우리가 무지에서 깨어나 깨달음을 얻지 않는다면, 그리스도의 삶도 죽음도 부활도 아무 소용이 없다. 우리는 삶 속에서 그리스도의 삶과 수난과 죽음을 본받아야 할 뿐만 아니라 그리스도의 부활까지 본받아야 한다.

우리가 우리 삶 안에서 깨달음을 얻는 순간, 곧 충만한 그노시스의 순간 우리의 영은 깨어나 육신이라는 무덤에서 일어나게 된다. 이제 망각과 무지는 사라지고 우리의 영이 떠나온 곳을 기억해 내어 다시 그곳으로 돌아가게 된다. 이것이 영지주의가 말하는 부활이다(부활논고 45.37-46.2).

죄와 악

전지전능하고 선하신 하느님이 이 세상과 인간을 만드신 창조주라면 이 세상에 왜 고통과 악이 존재하며 왜 재앙과 재난이 끊임없이 일어나는가? 신정론Theodicy과 관련된 이 질문은 동서를 불문하고 오랜 옛날부터 제기된 인류 공통의 문제다. 이 세상을 만든 창조주가 전지전능하지 않거나, 그래서 악을 막을 수 없거나, 창조주가 선하지 않기에 악을 허용/유발하는 것이라야

이 질문에 대한 답이 가능하다. 신이 악이 일어날지 예측하지 못하고 악을 막을 수도 없다면 전지전능하지 않은 것이고, 악을 예측할 수도 있고 막을 수도 있으나 막기를 원하지 않는 것이라면 그 신은 악의적이라는 것이다. 악을 막을 수도 없고 막고 싶어 하지도 않는다면 그 신은 무능한데다 악의적이기까지 하고, 막을 수도 있고 막고 싶어 하는 신이라면 도대체 왜 악이 존재하느냐는 것이다. 에피쿠로스의 역설 Epicurian paradox이라고도 불리는 이 문제는 3세기 교부 락탄티우스에 의해 우리에게 전해졌다(『하느님의 진노』De ira Dei. 13.20-21). 락탄티우스는 전지전능하고 선하신 신이 창조주라면 왜 이 세상에 악이 존재하는가라는 이 질문을 에피쿠로스에게 돌리고 있다. 해당 질문을 통해 에피쿠로스가 신이 존재하지 않음을 논증했다는 것이다. 전지전능하고 선한 신이란 존재하지 않는다는 것, 그러하기에 이 세상에 악이 존재한다는 설명이다.[43]

이 설명 말고도 인류가 내놓은 설명은 더 있다. 하느님에게는 선과 악의 구분이 없으며 오히려 둘 다 포용하는 분이라는 설명에서부터, 선신과 악신이 나란히 존재하며 이 세상은 선신과 악신의 전쟁터라는 이원론적 설명까지 다양하다. 선하신 하느님께서 어떤 이유에서 (가령 인간의 자유의지를 존중하시어) 악을 일시적으로 허락하시지만 결국에는 악을 물리치시고 승리하시리라는 설명도 있다.

초세기의 영지주의자들도 악의 문제와 씨름하였다. 그들은 유일신 개념으로는 악의 존재를 설명할 수 없다고 보았다. 그리하여 선하신 하느님과 악을 존재하게 만든 신을 구분하였다. 하느님은 오직 한 분뿐이시며 그 밖에 다른 신은 없다는 유일신 사상은 악의 존재를 설명하지 못한다고 보았기 때문이다. 선한 하느님에게서 어떻게 악이 생겨날 수 있는지 설명이 불가능하다는 것이다. 따라서 그들은 선하신 하느님과 저급한 악신을 구분하면서 이 세상에 악

---

43) Sherry, "Problem of Evil": https://www.britannica.com/topic/problem-of-evil.

이 들어오게 된 원인을 저급한 악신인 창조주에게로 돌린다.[44]

악의 기원에 대한 다양한 설명

악의 기원 문제는 여러 종교 전통에서 다양한 방식으로 다루어졌다.[45] 악까지 포괄하는 선한 유일신론에 근거한 설명과, 극단적 이원론에 의거한 설명이 대표적이다. 악을 무지와 연관시키는 경우도 있고 악을 원죄와 결부하여 설명하는 경우도 있다. 선과 악이 모두 같은 하느님에게서 나왔다는 설명도 있었다. 수메르-바빌론 전통에서는 신들이 끔찍한 것들, 곧 사악한 마귀들이나 괴물 같은 존재들, 인간의 삶을 위협하고 비참하게 만드는 모든 조건들을 만들어내었다고도 했다. 그리스-로마 신화가 전하는 신들의 모습도 선한 신과는 거리가 먼 경우가 많다. 그래서 신들이 인간과 똑같이 시기하고 질투하고 싸우고 음모를 꾸미는 등 '선함'과는 동떨어진 특색들을 가진 것으로 그려진다. 악이 신과 무관한 어떤 것이 아니라 신에게서 비롯된 혹은 신의 특성이기도 하다고 여겨졌던 것이다.[46]

이는 고대인들이 신 혹은 신들을 자신들과 비슷한 존재로 여겼기 때문이다. 인간의 내면에 선과 악이 공존하듯 신(들)의 본성 안에도 선과 악이 공존

---

44) 하지만 이 설명 역시 불완전해 보인다. 최상신과 저급한 창조주가 서로 구분되는 존재이기는 하지만 창조주의 기원을 거슬러 올라가다보면 결국 최상신에게까지 이르기 때문이다. 창조주의 어머니 소피아가 궁극적으로 최상신에게서 유출되어 나왔으니 비록 소피아가 최상신의 허락 없이 홀로 창조주를 낳았다고는 해도 창조주의 최종 뿌리는 최상신임을 부인할 수 없을 것이다. 악의 기원 문제는 참으로 해결하기 어려운 난제 중에서도 최고 난제인 것 같다.

45) Koslowski, *The Origin and the Overcoming of Evil and Suffering in the World Religions*.

46) "Religious responses to the problem of evil": https://en.wikipedia.org/wiki/Religious_responses_to_the_problem_of_evil.

한다고 생각했을 것이다. 인간이 자신들의 특성을 신들에게 역투사하여 하느님이 선과 악의 성향을 모두 갖고 있다고 설명한 것이다. 이들에게는 선과 악을 모두 포괄하는 하느님이라야 악을 통제할 수 있지 선하기만 해서는 어떻게 악을 이길 수 있겠느냐는 말도 가능할 듯하다.

인간과 세상의 선한 면과 악한 면을 구분하면서, 선과 악을 포괄하는 하느님 대신 선신과 악신을 구분하는 이원론적 설명도 나왔다. 그 대표적인 예가 고대 페르시아 종교, 조로아스터교다. 그들은 진실하시고 선하신 하느님 아후라 마즈다(Ahura Mazda 혹은 오르마즈드 Ormazd)가 앙그라 마인유(Angra Mainyu, Ahriman)라 불리는 악신과 적대 관계에 있다고 믿는다. 이 두 신은 서로 주권을 다투며 영원한 우주적 전쟁을 벌이고 있다. 아후라 마즈다가 최상신이며 최종적으로 승리할 테지만 세상이 끝날 때까지 앙그라 마인유는 아후라 마즈다와 싸움을 지속하며 세상에 고통과 악을 가져온다. 이처럼 조로아스터교는 이원론으로 악의 존재를 설명한다. 이들은 선신 아후라 마즈다에게서 선이, 악신 앙그라 마인유에게서 악이 유래했다고 가르친다. 그리고 이 세상의 역사를 선신을 따르는 이들과 악신을 따르는 이들 사이에 벌어지는 투쟁, 선과 악, 빛과 어둠의 투쟁으로 여긴다. 그러므로 그들에 따르면 이 세상에는 선과 악이 공존한다. 세상은 온전히 악하지도 온전히 선하지도 않다는 것이다. 악의 실존도 현실, 선의 실존도 현실이라는 입장이다.[47]

고대 그리스 종교 오르페우스교도 디오니소스 신화를 통해 이 세상에 선과 악이 공존하고 있음을 이야기하고 있다. 이에 따르면 제우스가 자기 어머니를 범하여 낳은 딸 페르세포네에게 뱀의 형상으로 접근하여 디오니소스를 낳았다. 제우스는 디오니소스에게 세상을 다스릴 권한을 주고 그를 왕좌에 앉힌다. 이에 헤라가 타이탄들을 보내어 디오니소스를 왕좌에서 끌어내린다. 타이탄들은 디오니소스를 죽여서 산산조각을 낸 다음, 끓이고 구워서 먹어치

---

47) Rudolph, *Gnosis: The Nature and History of Gnosticism*, 59-60 참조.

운다. 그러자 제우스가 번개를 보내어 타이탄들을 불에 태우는데 그 검댕에서 사람들이 나왔다고 한다. 그리하여 사람은 디오니소스의 신성(영)과 선한 본성, 그리고 타이탄의 악한 본성을 공유하고 있다는 것이다.[48]

불교나 힌두교에서는 악과 그 기원을 의인화하거나 신격화하여 바라보지 않는다. 그들은 악을, 깨달음을 얻지 못한 혹은 빛의 조명을 받지 않은 실존의 한 상태로 이해한다. 그리고 그들은 악의 원인이 무지에 있다고 본다. 그들에 따르면 인간은 빛의 조명을 받아 깨어남(해탈)으로써 혹은 깨달음으로써 모든 업karma의 굴레와 악의 지배에서 벗어난다. 해탈을 얻은 사람의 삶은 이전과 완전히 달라지며 악도 더 이상 힘을 쓰지 못한다고 한다. 이처럼 힌두교와 불교는 카르마의 법칙, 곧 업과 인과율로 세상의 불완전성과 악의 이유를 설명한다. 그런데 카르마의 법칙은 고통스런 순환 과정을 묘사할 뿐, 그 과정이 왜 또는 어떻게 생겨났는지는 설명하지 않는다. 악이 존재하는 현상만 설명할 뿐 악의 기원과 원인을 밝히지는 않는 것이다.[49]

그리스도교는 유일신론의 토대 위에서 악의 기원을 설명한다. 그리스도교 전통은 악의 기원을 인간의 죄에서 찾는데 이 생각은 '원죄'Original sin 사상이라 불린다. 줄거리는 대략 다음과 같다. 오직 한 분뿐이신 하느님께서 세상과 인간을 창조하셨다. 선하신 하느님께서 창조하신 만큼 세상도 인간도 '보시니 좋았다.' 그러나 뱀의 꾐에 넘어간 하와가 하느님이 먹지 말라고 하신 선악과를 따 먹고 남편인 아담에게도 권하여 그도 먹으니 그때부터 이들이 부끄러움을 알게 되었다. 첫 인간이 지은 불순종의 죄가 원죄이며 그 대가로 인간은 낙원에서 쫓겨나고 죽을 운명이 되었다. 이렇게 첫 인간이 저지른 죄가 불러일으킨 피조물의 '타락'이 세상을 지금과 같은 상태로 만들었다는 것이다. 인간

---

48) Burkert, *Greek Religion*, 297-298 참조.

49) Williams/Tribe/Wynne, *Buddhist Thought: A Complete Introduction to the Indian Tradition*, 30-52; Koslowski, *The Origin and the Overcoming of Evil and Suffering in the World Religions*, 100-112 참조.

의 죄가 악과 죽음을 불러왔다는 뜻이다.[50]

영지주의자들에게 악이란?

영지주의자들은 우주의 조화와 아름다움을 부인하지 않으나 그 불완전함에 더 민감하게 반응한다. 우주는 조화롭고 질서정연하게 움직이지만 완전하지 않으며 오히려 이 세상은 악과 고통으로 가득하다는 것이다. 그리고 고통은 인간만이 아니라 다른 피조물들도 함께 겪는다고 한다. 바오로 사도의 표현을 빌리자면 "모든 피조물이 지금까지 다 함께 탄식하며 진통을 겪고" 있다. 그래서 "피조물만이 아니라 성령을 첫 선물로 받은 우리 자신도 하느님의 자녀가 되기를, 우리의 몸이 속량되기를 기다리며 속으로 탄식하고" 있다고 한다(로마 8,22-23). 악과 불완전함은 우리와 우리가 사는 세상의 일부가 되어 그 안에 녹아들어가 있다는 것이다.

1. 악의 기원

영지주의자들은 피조물의 불완전한 상태와 그에 따른 고통의 원인을 첫 인간이 범한 원죄에서 찾지 않는다. 대신 창조주의 불완전함에서 그 원인을 찾는다. 창조주가 불완전하고 악한 만큼 그가 창조한 모든 것도 불완전하고 악할 수밖에 없다는 것이다. 거꾸로 말해서 세상이 불완전하고 악한 것은 이 세상을 만든 창조주가 불완전하고 악하기 때문이라고 한다(히폴리투스 『이단 논박』

---

50) Koslowski, *The Origin and the Overcoming of Evil and Suffering in the World Religions*, 48-74 참조.

7.19).

영지주의자들이 이러한 입장을 취하게 된 데는 이유가 있다. 구약성경을 글자 그대로 읽으면 자칫 하느님은 질투와 분노로 가득한 신, 복수의 신으로서 자기를 따르지 않는 민족을 쓸어버리기도 하는 불공정한 신이라는 결론에 이를 수 있다. 창세기는 이러한 신이 세상과 인간을 만든 창조주라고 가르친다. 여기서 의문이 제기될 수 있다. 이토록 흠결 많고 공정과 자비와 거리가 있어 보이는 창조주가 과연 완전한 하느님일 수가 있는가? 라는 문제다. 이 질문에 영지주의자들은 내놓은 답변은 이렇다. 창조주는 참된 궁극적 실재, 진정한 하느님이 아니며 그보다 등급이 낮은 (어리석고 악한) 창조자 데미우르고스라는 것이다. 그리고 이 데미우르고스가 세상에 존재하는 악과 불완전함의 근원이라고 한다. 완전하지 않고, 온전히 선하지 않은 (혹은 악한) 자가 세상을 창조했기에, 그의 창조물인 이 세상도 불완전하고 악하다는 것이다(히폴리투스, 『이단 논박』 7.19).

2. 영지주의자들의 설명

영지주의자들은 악의 기원을 밝히는 문제에 신화를 이용한다. 그들이 만든 신화는 대개 충만한 천상의 플레로마에 대한 묘사로 시작된다(요한의 비전). 플레로마는 참된 하느님의 본성(충만, 완전함)이면서 동시에 그분께서 거하시는 장소이다. 또한 참된 하느님에게서 유출된 에온들의 조합이자 에온들이 거하는 장소이기도 하다. 이 플레로마는 선의 세계다. 그런데 시간이 시작되기 전에 이 플레로마에서 떨어져 나온 다른 신적 존재가 있었으니, 바로 데미우르고스와 그 수하 세력인 아르콘들이다.[51] 이들은 힘, 능력, 권세 등 다양한 이름으

---

51) 대체로 데미우르고스는, 플레로마의 최하위신인 소피아가 독단적으로 임신하고 낳

로 불리며 자기 안에 악의 성향을 지니고 있다. 이들이 우리가 사는 우주, 물질 세계를 만들었으며 자신들의 불완전한 모습을 본 따 우리 인간을 만들었다. 그들이 인간을 만든 이유는 자신들에게 시중들 존재가 필요했기 때문이다.

데미우르고스와 아르콘들이 세상과 인간을 만든 것은 이처럼 이기적인 욕구, 지배 욕구 때문이었다. 그들이 만든 피조물 속에 악이 스며든 것은 불가피한 일이었다. 피조물 가운데 하나인 인간 또한 창조주의 불완전한 본성을 닮았다. 인간의 몸은 질병과 죽음과 나머지 온갖 악의 지배를 받는다. 영혼조차 불완전성과 악에서 자유롭지 못하다. 오직 영pneuma만이, 인간 존재 깊숙이 숨어 있는 신적 섬광만이 악에서 자유로우며 참된 하느님을 향하고 있다는 것이다(요한의 비전).[52]

— ◆◆◆ —

세상에서는 끔찍한 일들이 지금도 일어나고 있다. 지진과 해일과 같은 자연재해는 말할 것도 없고, 테러와 전쟁, 가난과 굶주림, 질병, 각종 가공할 범죄 등 온갖 악의 공포와 고통을 피해갈 수 있는 곳은 없는 듯하다. 지금 생에서 겪고 있는 모든 고통과 재앙은 전생에 쌓아둔 업의 결과니 그저 묵묵히 받아들이는 수밖에 없다고 체념하는 사람도 있을 것이다. 전생의 업이 아니라 하더라도 지금 겪는 재앙을 현생에 지은 죄의 탓으로 돌리는 사람도 있을 것이다. 악이 승리하고 있는 듯이 보여도 결국에는 모든 것이 합하여 선을 이룬다고 낙관하는 사람들도 있을 것이다. 모든 악과 재앙은 하느님의 영광을 드러내기 위한 궁극적 수단이라고 설교하는 사람도 있을 것이다. 그러나 이러한 주장

은 뒤 플레로마 바깥에 내다버린 것으로 묘사된다.
52) Hoeller, *Gnosticism; New Light on the Ancient Tradition of Inner Knowing*, 77.

들 가운데 어느 하나도 현재 고통을 직면하고 있는 사람들에게 위안이나 해결책이 되지 못한다. 악은 어디까지나 악일 뿐이며, 고통은 고통일 뿐이다. 그런 사람들에게 섣불리 악의 원인을 설명하는 것은 가진 자의 교만일지도 모른다. 그러한 설명으로 악과 고통에 빠진 사람을 구원하지도 못한다.

자연 재해를 막고 각종 질병에 대한 치료책을 찾고 빈곤을 퇴치하더라도 인간이 악에서 해방되지는 않는다. 어쩌면 악은 물질과 사회와 경제를 넘어서 있는 것일지도 모른다. 악 역시 영적이고 초자연적인 것일지도 모른다. 바오로 사도의 말을 빌리면, 악의 기원은 저 높은 곳에 있는 악령들이다.[53] 따라서 물질적 수단만으로는 악을 이기지 못한다. 물론 온갖 수단을 강구하여 사악한 물질적 조건을 개선하기 위해 노력해야 하지만 어떠한 물질적 수단도 악과 고통을 완전히 퇴치하지는 못한다.

영지주의자들은 악의 퇴치를 부르짖지 않는다. 대신 악으로부터 해방되는 길, 혹은 악한 세상에서 벗어나는 길을 가르친다. 그들은 인간을, 물질 세계에서 빌린 육체에 일시적으로 거주하는 '영'이라고 설명한다. 지상에 사는 우리가 천상계의 신적 사랑을 받아들이고 거기에 응답할 수 있는 것은 바로 우리 몸속 깊은 곳에 숨어 있는 '영', 신적 섬광 덕분이다. 우리가 신적 사랑을 받아들여 깨달음Gnosis을 얻을 수 있는 것도 바로 이 영 덕분이다. 여기서 깨달음이란 참 하느님이 누구이시며, 참 나는 누구인가를 아는 것, 곧 참 '나'인 영은 참 하느님에게서 유래했으며 창조주의 것이 아니라는 사실을 아는 것이다. 그리고 그때 비로소 우리는 창조주의 지배, 세상의 지배에서 벗어난다. 영을 통해 그노시스, 깨달음을 얻음으로써 악의 지배와 이 세상의 지배, 궁극적으로 창조주의 지배에서 해방될 수 있다는 것이다.

영지주의 전통은 기원후 2-3세기에 최전성기를 보내고 4-5세기 이후에는 만다이즘이나 마니교와 카타르 등을 통해 명맥이 유지되었으며 오늘날에도

---

53) 에페 6,12 참조.

여러 형태로 이어져 오고 있다. 물론 이들이 아직도 데미우르고스가 이 세상을 창조했다고 믿거나 데미우르고스에 의해 이 세상에 악이 들어왔다고 생각하는지는 정확히 알 수 없다. 중요한 것은 이 신화들, 그 상징과 우의 속에 담긴 메시지다. 영지주의 신화들은 악의 존재와 그 힘에 대해 증언하고 있다. 영지주의는, 우리가 이 세상에서도 우리 자신에게서도 악을 제거하지 못할지는 모르지만, 그노시스를 통해 악보다 높은 곳으로 비상할 수 있다고 가르친다. 그리고 이러한 비상이 실현될 때 우리는 참으로 더 이상 아무 것도 두려워하지 않을 것이라고.[54]

---

54) Hoeller, *Gnosticism; New Light on the Ancient Tradition of Inner Knowing*, 80 참조.

제8장
영지주의에 대한 성찰

영지주의는 초대 그리스도교의 한 형태이기도 했지만 현대 종교 및 사상 체계로서도 여전히 유효하다. 더욱이 영지주의는 그 어느 시대보다 포스트모더니즘 시대에 더 잘 어울리는 듯하다. 민족 대학살, 전체주의 독재, 각종 테러리즘, 가공할 자연 재해, 묻지마 살인 등 온갖 끔찍한 범죄를 겪으면서 인류는 이 세상에서는 구원을 찾을 수 없다는 결론에 이른 것 같다. 구원의 비밀은 이 세상을 넘어선 다른 곳에서 찾아야 한다는 것이다.

사실 근대 서방 세계의 낙관주의, 세속주의, 합리주의와 진보주의는 이제 설 자리를 찾기 힘들다. 얼마 전까지만 해도 인류는 이성을 통해 자연의 법칙을 발견하고 그리하여 세상과 역사는 점점 진보하리라 기대했었다. 오늘날은 이러한 낙관적 기대가 별 설득력을 얻지 못한다. 이성을 통한 진보를 믿는 사람은 별로 없다.

이렇게 과학과 문명의 발전이 인류에게 행복을 가져다줄 것이라는 믿음이 무너진 지금 사람들은 의식적·무의식적으로 그 공백을 다른 것으로 채우려 하고 있다. 어떤 이는 자기 바깥으로 눈을 돌려 물질과 권력과 지위 등 자신의 욕망을 채우는 것으로 허기를 달래고, 어떤 이들은 종교 계율을 지킴으로써, 혹은 무조건적 신앙을 통해 구원을 얻으리라 믿으며 종교라는 울타리에 맹목적으로 매달린다. 그리고 어떤 이들은 자기 안으로 눈을 돌려 거기에서 진리와 해방의 근원을 찾는다. 영지주의자들은 첫 범주에 속하는 사람은 육적 인간, 둘째는 혼적 인간, 마지막 범주는 영적 인간으로 설명한다.

그러나 자기 안에서 진리를 찾고자 하는 노력은 영지주의자들의 전유물은 아니다. 진리와 구원은 바깥이 아니라 자기 안에서 찾아야 한다는 것은 정통 그리스도교의 입장이기도 하다. '하느님 나라는 너희 가운데 있다'는 말씀도 이런 맥락에서 이해할 수 있다. "바깥으로 달아나지 말고 너 자신 속을 파고들어라. 진리란 사람의 마음속에 있다"고 말한 사람은 영지주의자가 아니라 그리스도교 최고의 신학자 아우구스티누스이다.[1]

자기 안으로 눈을 돌려 자신이 누구인가를 알고 또 그렇게 해서 유한한 물질 세계에서 해방되고자 애쓰는 사람들이 많은 시대에 영지주의가 환영을 받을 것은 분명하다. 지금이 바로 그런 시대인 듯하다. 기존의 종교가 영을 추구하는 현대인들의 갈증을 충족시키지 못한다면 영지주의는 더욱 득세할 것이다.

영지주의와 동양의 종교들

최근 수십 년간 특히 19세기 중반 이후부터 서양의 많은 사람들이, 교리적 특성은 덜하고 영성과 영감을 중시하는 가르침과 관습을 찾으면서 동양의 종교로 관심을 돌리기 시작하였다. 이 시점에서 영지주의에 대한 관심이 새롭게 일어났다. 영지주의와 동양의 통찰 사이에 중대한 유사점이 존재한다는 사실이 새삼스레 부각된 것이다. 이를테면 영혼의 윤회나 깨달음에 대한 가르침이 그러하다. 신에게는 여성적 요소와 남성적 요소가 공존한다고 보는 점에서도 비슷하다. 영지주의 신화에서는 최상신

---

1) 알렉상드르 졸리앙, 『나를 아프게 하는 것이 나를 강하게 만든다』, 127.

에게서 신적 존재인 에온이 유출될 때마다 한 에온이 아니라 남녀 한 쌍의 두 에온이 동시에 유출되었다고 한다. 그래서 천상계의 신적 존재들은 모두 남녀 한 쌍으로 존재한다. 심지어 발렌티누스 신화에서는 최상신도 남녀양성겸유의 존재로 제시된다. 이러한 양성겸유적 신관은 동양 사상이 제시하는 음양의 원리와 유사하다.[2] 동양 사상에서도 태극이라는 하나의 원리가 음과 양으로 분화하면서 우주만물이 생겨났다고 가르친다. 중국의 반고 신화에 따르면, 태초에는 어두운 덩어리 혼돈 그 자체만 있었는데 이 상태를 무극無極 혹은 태극太極이라고 한다. 이 알 속 세계에서 잠자고 있던 반고가 깨어나자 태극이 음과 양 둘로 분화하였는데 이로써 우주의 분화가 시작되었다. 애초에 하나이던 태극이 분화하면서 음과 양의 대립하는 두 기운이 생겼다는 것이다. 이때 태극이 음과 양으로 분화되었다는 것은 두 개의 독자적 실체로 나뉘었다는 뜻이 아니라고 한다. 태극이라는 하나의 원리가 두 개의 상반되는 속성을 가지게 된 것으로 이해해야 한다는 것이다.[3] 이러한 음양의 원리는 영지주의 신화가 제시하는 천상계 에온의 형성 원리와 비슷하다.

영지주의는 힌두교나 불교와도 많은 유사점을 공유한다.[4] 어떤 이들은 동양의 사상이 영지주의에 영향을 미쳤다고 보기도 하고 그 반대를 주장하는 이들도 있다. 어쨌든 그노시스 혹은 깨달음 체험이 동서를 잇는 구심점 역할을 할 수 있음에 주목해야 한다. 동양의 그노시스든 서양의 그노시스든 같은 그노시스인 것이다.[5]

---

[2] 유다교나 그리스도교의 하느님은 남녀양성이라기보다는 남성적 이미지가 강하다는 점에서 영지주의 신관과 다르다.

[3] 위앤커, 『중국의 고대신화』, 31-43; 류시성/손영달, 『갑자서당』, 16-39을 참조하라.

[4] Hoeller, *Gnosticism: New Light on the Ancient Tradition of Inner Knowing*, 178-181을 참조하라.

[5] 일찍이 225년경 이 둘 사이의 유사점을 간파한 이는 정통 그리스도교 교부였던 히폴리투스였다. 그는 여러 이단을 반박하면서 인도의 브라만들에 대해 다음과 같이 기록하고 있다. "그들(브라만들)은 말한다. 하느님은 빛이시다. 그것은 사람이 볼 수 있는 종류의

힌두교

그노시스라는 단어는 산스크리트어 '갸나'jñāna와 어원이 같다. 둘 다 영적 '지식'을 뜻함은 물론이다. 요가 학파 가운데 하나가 갸나 요가라 불리기도 한다.[6] '지식을 통해 합일에 이르는 길'이라는 뜻이다. 영적 실재에 대한 직접적 지식에 입문하는 것은 요가 수련의 표준이라 할 수 있으며 인도에서는 널리 알려져 있다.[7] 그러나 요가의 역할은 지식의 역할을 보조해 주는 것으로 한정되며 궁극적 관심은 무엇보다도 참된 지식을 통한 무지의 제거에 있다. 다시 말해 브라흐만의 지식jñāna이 유일한 해탈의 수단으로 제시된다.[8] 사실상 이런 점에서 영지주의는 그 어떤 종교보다 힌두교와 많이 닮았다. 힌두교는 사실 하나의 종교라기보다는 여러 종교군이라 말할 수 있다. 그만큼 힌두교 안에는 큰 다양성이 존재한다. 어떤 이들은 철학적 성향이 강하고 어떤 이들은 수련을 중시하고 어떤 이들은 주술의 요소가 강하였다. 물론 이러한 다양성

빛이 아니며 태양과도 같지 않고 불과도 같지 않다. 그들에게 하느님은 담화이시다. 정확한 소리로 표현되는 담화가 아니라 지식Gnosis의 담화이시다. 그것을 통해 현자들은 자연의 숨겨진 신비를 깨닫는다"(『이단 논박』 5).

6) 대부분의 인도 철학이 요가적 수행법과 불가분의 관계에 있으며, 인도의 형이상학이 요가적 체험에 뿌리를 두고 있다는 것은 주지의 사실이다. 그러나 요가는 단일한 방법이나 체계로서 이어져 온 것이 아니라, 사조나 학파에 따라 다양한 종류의 요가가 개발되었다. 예컨대 파탄잘리의 고전 요가(혹은 rāja-yoga)가 상캬 철학에 기초한 것이라면, 갸나 요가jñāna-yoga는 베단타 철학에 기초한 것이라 할 수 있다. 갸나 요가란 지知에 의거하여 궁극적인 인간의 목적(해탈, 깨달음)을 달성하는 하나의 방식(길, mārga)을 의미하며, 아드바이타 베단타에서는 갸나 요가를 통해 무지로 인한 비아非我의 가탁(假託, adhyāsa)과 잘못된 동일시를 제거함으로써 망각된 진아眞我를 회복하고자 한다: 이호근, 샹카라의 해탈론에서 갸나(知)와 요가(行), http://blog.daum.net/bolee591/8132028.

7) Hoeller, *Gnosticism: New Light on the Ancient Tradition of Inner Knowing*, 178-179을 참조하라.

8) 지식 이외의 제식祭式이나 사유思惟는 브라흐만의 지식을 산출하는 보조 수단이지만, '지식'과는 본질이 다른 '행위'로서 부정된다: 이호근, 샹카라의 해탈론에서 갸나(知)와 요가(行), http://blog.daum.net/bolee591/8132028; 이태영, 『요가철학』, 53-56을 참조하라.

속에서도 힌두교에 속하는 각 종교들은 공통의 전통을 간직했다. 이런 점 또한 영지주의와 닮았다. 힌두교와 영지주의의 유사점은 여러 가지로 들 수 있다.[9] 첫째는 인간의 영 안에 신 혹은 신적 요소가 존재한다는 가르침이다. 힌두교에서 아트만은 브라흐만과 같다고 한다. 곧 보편적 신성이 각 사람 안에 존재한다는 것이다. 영지주의에서도 영 pneuma은 신에게서 유래한 신적 불꽃, 섬광이다. 그리고 자기 안에 있는 영의 존재를 깨달음으로써 자신의 근원까지 알게 된다고 한다. 자기 자신을 아는 것이 곧 신을 아는 것이라 믿는다는 점에서 힌두교와 영지주의는 뜻을 같이 한다.

둘째는 영지주의와 힌두교 둘 다 영적 세계와 물질 세계 사이에 수많은 신적 존재들이 있다고 믿는다. 힌두교는 명백한 다신교인 반면 영지주의는 최고신을 믿는 일신론의 틀 안에 머무른다. 그러나 영지주의를 순수한 유일신교라고 볼 수는 없으며 최고신 말고도 최고신에게서 유출된 여러 신적 존재들과 하급신 창조주의 존재도 믿는다.

셋째는 이원론적 요소다. 영지주의는 플레로마라는 천상계와 물질로 된 지상계가 엄격히 양분되어 있다고 믿는다. 힌두교는 이분법의 세계와 그렇지 않은 세계를 구분한다. 마야(환상)의 영역에서는 이분법이 우세하며 빛과 어둠이 투쟁하고 있으나, 궁극적 실재의 영역에서는 존재의 충만이 있다고 한다. 전자는 영지주의 지상계, 후자는 플레로마와 비슷하다.

불교

영지주의는 불교와도 유사점을 공유한다. 무엇보다 불교와 영지주의가 추구

---

9) Hoeller, *Gnosticism: New Light on the Ancient Tradition of Inner Knowing*, 179 참조. Kahn, "Gnosticism and the Pursuit of the Sacred", 15-28도 참조.

하는 목적이 같다. 다시 말해 깨달음을 통해 물질에 갇혀 있는 실존에서 해방되는 것, 곧 해탈이다. 그 밖에 둘 사이의 유사점들은 대략 다음과 같다.[10]

첫째, 구원은 지식, 곧 깨달음을 통해 이루어진다. '눈에 보이는 실존'의 '눈에 보이지 않는 기원'에 대해 깨달음을 얻는 것이 해방에 이르는 길이다.

둘째, 무지가 악의 근원이다.

셋째, 영지주의의 지식과 불교의 지식(깨달음)은 둘 다 일상적인 학습을 통해서보다는 내적 각성 혹은 내적 계시의 결과로 얻어진다.

넷째, 깨달음에는 단계가 있다. 영지주의에는 무지한 물질적 인간hyleticos과 깨달음을 얻은 영적 인간pneumatikos이 양극단에, 그리고 그 중간에 영적 깨달음이 잠재된 혼적 인간psychikos이 있다. 불교에도 깨달음을 얻은 각자(覺者, 불타)가[11] 있으며 그렇지 못한 자가 있다.

다섯째, 영지주의도 완전한 깨달음을 얻어 신과 합일하기 전까지 영혼은 윤회를 거듭한다고 한다. 불교에서도 깨달음을 얻어 열반에 들기 전까지 윤회를 거듭한다고 가르친다.

이러한 유사점들이 지금 서양에서 불교와 영지주의 전통이 함께 인기를 끌고 있는 이유가 될 것이다. 깨달음을 중요하게 생각하는 영지주의가 특히 3천년기에 적합하다고 여기는 이들이 있다. 실제로 수많은 자기 계발서들과 각종 문화 운동들이 내적 깨달음과 각성을 기치로 내걸고 있다. 그 어떤 것보다 자기 자신이 중요하며 먼저 자기 자신을 알아야 한다는 말은 어딜 가나 들을 수 있는 이야기가 되었다. 자기 자신이 곧 부처요 하느님이라는 말은 모든 것

---

10) Hoeller, *Gnosticism; New Light on the Ancient Tradition of Inner Knowing*, 179-181 참조. 휠러의 비교는 Conze, "Buddhism and Gnosticism", 651-667에 바탕을 두었다.

11) 불타: 산스크리트어, 팔리어 buddha의 음사. 각자覺者라 번역한다. 불타는 첫째로 석가모니를 가리킨다. 둘째로 불타는 궁극적인 진리를 깨달은 사람, 우주의 본성이나 참모습을 깨달은 사람, 모든 번뇌를 소멸한 사람을 가리킨다.

으로부터, 심지어 신으로부터도 독립하고 싶어 하는 현대인들의 구미를 당긴다. 2천년기를 마감하면서 우리는 시대의 문제에 답하지 못한 많은 이념들이 무너지는 것을 목격하였다. 과연 영지주의는 오늘날의 인류가 처한 곤경에 답을 줄 수 있을까?

영지주의자들과 근대 및 근대 후기 사상가들은 무엇이 다른가?

영지주의자들은 종종 니체나 실존주의, 심지어 독일의 나치즘과도 연결되곤 한다.[12] 실존주의나 카오스 이론 등 근대 사상 및 근대 후기 사상들은 인간의 영혼이 이 세상에 무방비로 던져져 불안과 실존적 공포를 겪고 있음을 강조하였다. 이러한 사고방식은 대체로 영지주의적 사고 방식과도 부합한다. 그러나 더 중요한 것은 비슷한 점보다 다른 점이다.

영지주의는 신과 구원자를 추구한다

실존주의자들은 이 세상 너머와 그곳에 있는 절대적 존재를 찾지 않는다. 반면에 영지주의자들은 인간이 떠나온 곳이 바로 그곳이며 궁극적으로 돌아가야 할 곳도 그곳임을 믿는다. 실존주의자들이 인간의 고립과 현실의 무의미함에 집중한다면 영지주의자들에게는 그보다는 현실 너머에 있는 진정한 실재

---

12) Jonas, *The Gnostic Religion: The Message of the Alien God and the Beginnings of Christianity*, 320-340을 참조하라.

세계를 추구하는 일이 더 중요하다. 이 세상에 던져진 영혼이 가야할 곳이 바로 저너머의 세상이라는 것이다. 실존주의자들이 신을 믿지도 찾지도 않는다면 영지주의자들은 신을 믿고 신을 찾는다. 근대 및 근대 후기 사상가들이 모든 것이 해체된 희망 없는 삶을 살고 있다면 영지주의자들은 구원을 염원하고 꿈꾼다.[13]

그러나 영지주의자들이 신과 구원자를 부정하지 않는다는 말은 맞지만 그 의미가 그리스도교의 것과는 다르다. 그리스도교의 하느님은 영지주의자들의 하느님보다 더 적극적이시다. 사랑으로 인간을 창조하시고, 인간에게 당신을 보여 주시며, 인간을 돌보아 주시고, 죄로 인해 당신에게서 멀어진 인간을 되찾으려 당신 아들을 구원자로 보내신다. 아들 예수는 인간의 죄를 대신하여 십자가에 못 박혀 돌아가신 분이시다. 그러나 영지주의자들의 하느님은 인간사와 무관하시며(그들에게 세상을 만든 창조주는 참하느님이 아니며 인간을 구속하는 지배자일 뿐이다), 구원자도 인간에게 깨달음을 주는 자이지 인간을 대신해서 죽는 자가 아니다. 인간의 깨달음을 도울 구원자가 필요하다고는 하나 그리스도교의 구원자처럼 절실한 존재는 아니다. 깨달음을 돕는 역할을, 자신을 바쳐 사람을 구하는 일에 비할 수는 없을 것이다. 영지주의자들의 구원은 타력 구원이라기보다는 자력 구원에 가까운 것 같다.

영지주의는 하나의 전통이다

영지주의는 전통을 부정하지 않는다. 오히려 영지주의 자체가 "가르침", "거룩한 책(경전)", "관습"의 세 요소를 갖춘 하나의 전통이다. 전통을 백안시하는 현대인들은 영지주의가 기존의 전통과 다르다는 데 더 열광하겠지만 영지주의

---

13) Hoeller, *Gnosticism; New Light on the Ancient Tradition of Inner Knowing*, 211.

역시 분명한 전통임을 부인할 수 없다. 가령 영지주의도 인생의 올바른 종착역으로 가는 길을 가르쳐 준다는 점에서 다른 전통들과 마찬가지 특징을 보인다. 영지주의자들은 인간이 영원으로부터 생겨났으며 영원을 지향하고 있음을 안다. 이것이 근대 및 후기 근대 사상가들과 영지주의자들의 근본적 차이다.[14]

영지주의자는 극도의 금욕주의에 가까웠다

영지주의자들은 교부들로부터 성적 방종과 도덕적 해이주의라는 비난을 받았다. 영지주의가 구약성경과 모세의 율법을 부정한 것은 사실이다. 그래서 그들은 종종 반-율법주의자들이라는 비난을 받았다. 그러나 모세의 율법을 부정한다는 사실만으로 그들이 아무런 기준도 없이 방종한 삶을 살았다는 뜻은 아니다. 이 세상을 무의미한 것으로 믿는 사람은 필연적으로 의미 없는 삶을 살게 된다고도 말할 수 없다. 근대 후기 사상가가 모두 제멋대로인 삶을 살지 않은 것과 마찬가지다.

오히려 영지주의자들은 대부분 극도로 금욕적인 삶을 살았던 것 같다. 히폴리투스는 마르키온이 추종자들에게 혼인과 출산을 금지하고 육식을 멀리하라고 가르쳤다고한다(『이단 논박』 7.18). 토마 행전은 육신의 혼인 대신 영적 혼인을 내세우고(14장), 다른 외경 행전들도 혼인 대신 정결과 독신의 삶을 장려한다. 후대의 마니교도나 카타르교도도 금욕주의로 유명했다. 실제로 영지주의는 극단적 금욕주의와 동일시되기도 한다. 이 세상 삶이 영혼의 유배 살이에 지나지 않고 육체는 영을 가두는 감옥일 뿐이라면 육체를 돌보는 일이 별 의미가 없을 것이다. 심지어 출산은 또 다른 유배 살이를 만들어내는 일에 지

---

14) Hoeller, *Gnosticism; New Light on the Ancient Tradition of Inner Knowing*, 211.

나지 않을 것이다. 따라서 혼인과 출산, 그리고 성생활은 지향해야 할 일이 아니라 지양해야 할 일이 될 것이다. 그러니 성적 방종과 영지주의는 별로 맞지 않는 듯하다.

물론 육체와 세상이 아무 의미가 없다면 육체의 일은 육체의 일로 내버려 둘 수도 있었을 법하다. 불교 승려 원효 대사처럼 사랑도 하고 자식도 낳으면서 거기에 집착하지 않고 도의 길을 가는 사람이 영지주의자들 중에서도 나왔을 법하다. 그런 행동이 다른 사람들의 눈에는 성적 방종과 도덕적 해이로 여겨졌을 수도 있다. 그러나 대부분의 영지주의자들이 방종했다는 것은 지나친 비약인 듯하다.

대부분의 종교는 신으로부터 부여받은 특정 계명이나 법의 준수를 구원의 필수 요소(가운데 하나)로 여긴다. 내적, 영적 체험에 기반을 둔 영지주의는 외적 행동보다는 그 행동을 유발하는 동기에 더 비중을 둔다. 마음 없이 규칙만 준수하는 것이 아무 의미가 없다는 것이다. 그리고 규칙과 법이 아니라 그 노시스가 구원을 가져온다고 가르친다.

무엇이든 과하면 모자람만 못하다. 영지주의자들이 영적인 면, 내면만 강조하다보니 외적인 모든 면은 무시하고 소홀히 하게 된다. 그들에게 성과 출산은 감옥살이를 연장시키는 수단일 뿐이다(이레네우스 『이단 논박』 1.24.2). 이 세상 사람들이 모두 충실한 영지주의자가 된다면 그야말로 세상의 끝이 도래할 것이다. 사실 그들이 바라는 일이 바로 세상의 종말일 법하다. 그들에게 세상의 종말은 곧 창조주의 멍에에서 완전히 해방되는 것을 뜻할 테니까 말이다.

영지주의자들은
환상과 미신에 빠진 사람들인가?

영지주의가 지나치게 신비주의에 기울 때도 비난을 면하지 못한다. 그노시스 체험이라는 것이 어디까지나 개인적인 체험이기에 그 체험이 진정한 신비인지 아니면 환각에 지나지 않는지 판단하는 것은 쉬운 일은 아니다. 그래서 신비주의는 마녀 사냥의 제물이 되기 쉬우며 영지주의자들 역시 이 위험에서 자유로울 수는 없었다. 특히 '영혼의 비상'을 꿈꾸며 행했을 법한 의식들은 교부들의 눈에 곱게 비칠 수 없었을 것이다. 죽은 뒤 무사히 천상계로 올라가기 위해 부적이나 이상한 주문이 적힌 종이를 품에 지니는 따위는 교부들 눈에 미신 행위와 다름없었을 것이다.

실제로 영지주의자들이 애용한 부적들이 상당수 발견되었다.[15] 부적에는 대개 뱀, 사자, 점성술적 상징들, 신화적 존재들이 조각되어 있다. 수탉의 머리, 인간의 몸통, 뱀 모양의 다리로 된 아브락사스(Abraxas 또는 아브라삭스 Abrasax)가[16] 새겨진 부적이 가장 흔하다. 이런 부적들은 마술이나 미신의 증거로 여겨진다. 그러나 그리스도인들의 십자가나 성모상도 비신자의 눈에는 우상 숭배나 미신의 흔적으로 보일 수 있다. 영지주의자들의 부적도 그들의 입장에서 해석하는 것이 공정하지 않을까?

사실 초대 그리스도교도 로마의 지식인들(타키투스, 수에토니우스, 소 플리니우스)에게는 '미신'superstitio 또는 '과도한 종교주의'라 불렸다.[17] 신앙과 미신의 경계를 지키는 것이 예나 지금이나 쉬운 일은 아닌 듯하다.

---

15) King, *The Gnostics and Their Remains, Ancient and Medieval*은 영지주의자들이 남긴 다양한 부적들을 소개한다.

16) 아브락사스는 소피아의 아들 가운데 하나로 일곱째 하늘을 다스리는 '구원된' 아르콘에게 영지주의자들이 붙인 이름이다. 아브락사스는 알렉산드리아와 시리아 등지에서 발견된 부적에 많이 새겨져 있다: Hoeller, *Gnosticism: New Light on the Ancient Tradition of Inner Knowing*, 237.

17) Crossan, *Birth of Christianity*, 3. 예를 들어 수에토니우스는 그리스도인들을 사악한 신종 미신으로 표현한다. "그리스도인들, 곧 사악한 신종 미신에 빠진 자들의 집단에 형벌이 내려졌다"(『열두 황제들의 생애』「네로」 16).

영지주의자들은
허무주의자들인가?

　　　　　　　　　　이 세상 삶과 문명의 의미를 부정하는 것이 허무주의라면 영지주의자들은 당연히 허무주의자다. 영지주의자는 언제나 이 세상 삶에 대해 한결같은 입장을 유지했다. 그들은 어떠한 세상, 어떠한 사회체제라도 그것이 세상에 있는 한 거기에 희망을 걸지 않았다. 그렇다고 그들이 순교를 열망한 것도 아니다. 물론 야고보 묵시록에는 순교를 추구하는 대목이 나오지만 자살을 찬양하거나 하는 일은 없었다. 실제로 교부들이 영지주의자들을 비난한 것 가운데 그들이 순교를 피했다는 죄목도 있다. 영지주의자들은 이 세상에 의미를 두지 않는다는 점에서 허무주의요 이 세상을 부정적으로 본다는 점에서 염세주의임에 틀림없다. 이 세상이 어리석은 악신 데미우르고스에 의해 창조되어 그의 지배를 받고 있는 한 악의 굴레를 벗어날 수 없다는 것이 그들의 생각이기 때문이다.

　영지주의자들은 이 세상의 부정적인 면을 먼저 보는 사람들이다. 구약성경이 말하는 대로 전능하신 하느님께서 이 세상을 좋게 만드시고 당신 모상대로 인간을 창조하셨다면 어떻게 해서 이 세상에 악이 존재하고 어떻게 해서 인간이 죄를 짓게 되는지 설명할 수 없다는 것이다. 그들은 이 세상에 왜 죄와 고통이 존재하는지, 왜 악한 사람이 승승장구하고 착한 사람이 고통을 받는지, 왜 무고한 어린이가 병에 걸리고 죽어 가는지, 이 모든 부조리한 일들의 원인을 인과응보나 상선벌악 개념으로도 충분히 설명하지 못한다고 여겼던 것 같다.[18] 그래서 그들은 이 세상을 존재하게 한 창조주가 불완전하고 악

---

18) 이러한 현실을 있는 그대로 자연스럽게 받아들일 수 있는 사람은 흔하지 않다. 사람들은 대부분 인생이 아름답고 행복한 것이라 여기고 싶어 하지 인생의 그림자를 보고 싶어 하지 않는다. 그래서 인생을 고해苦海라 여기는 불교 신자나 영지주의자들은 종종 세상을 혐오하는 비관론자들로 치부된다. 그들은 세상의 밝은 면이 아니라 어두운 면만

한 존재였다는 것으로 모든 부조리와 고통의 원인을 설명한다. 이 세상이 불완전한 창조주의 지배하에 있는 한 만사가 부조리할 수밖에 없으며 그러한 세상에 의미가 있을 수 없다는 것이다. 마찬가지로 인간이 창조주의 지배 사슬에 묶여 있는 한 행복할 수 없고 이유 없는 고통을 겪을 수밖에 없다는 것이다. 이 모든 악순환의 사슬을 끊는 방법은 오직 창조주의 굴레에서 벗어나는 것뿐이며, 그 방법은 그노시스 체험 곧 깨달음을 얻는 길뿐이라 그들은 가르친다. 영혼이 깨달음을 얻어 자신의 기원이 창조주가 아닌 최상의 하느님에게 있음을 깨달을 때 비로소 이 세상의 속박, 창조주의 속박에서 벗어나 참해방을 누릴 수 있다는 것이다.

이런 의미에서 염세주의와 허무주의는 영지주의자들과 떼려야 뗄 수 없는 관계라 할 수 있다. 이 세상에 의미를 두는 사람이라면 영지주의자라 할 수 없고, 거꾸로 참된 영지주의자라면 이 세상에서 의미를 찾을 수 없을 것이다. 그래서 영지주의자들은 세상을 변화시키는 데에 관심이 없다. 그보다는 세상을 벗어나는 데 주력한다.

영지주의가 지닌 위험한 요소가 바로 이 점이 아닐까? 세상에 모든 의미를 부여해서도 안 되지만 아예 세상의 의미 자체를 부정해도 안 된다는 것이 그리스도교의 가르침이다. 세상은 하느님께서 좋게 만드시고 인간에게 삶을 펼칠 장소로 주신 곳이다. 인간에게는 이 세상을 하느님께서 만드신 대로 좋게 유지하고 꾸밀 책임이 있다. 세상을 악신인 창조주의 피조물이며 우리를 가두어 두는 감옥으로만 여긴다면 이 세상도, 그곳에서 살아가는 우리의 삶

본다는 것이다. 이 말도 틀린 말은 아닌 듯하다. 그들도 인생의 고통과 무지에서 벗어날 수 있는 길이 있다고 가르치며 또 그러라고 독려하지만 결국 인생 자체는 번뇌이며 벗어나야 할 것으로 여기기 때문이다. 이처럼 영지주의가 염세주의와 허무주의인 것은 사실이지만 모든 면에서 비관적이지는 않다. 그들은 인류가 세상의 진보에 대한 헛된 희망과 착각에서 벗어난다면 영적인 것에 눈을 뜨게 되리라 낙관한다. 그리고 마침내 깊은 잠에서 깨어난 사람들에게 그노시스가 다가오리라 믿어 의심치 않는다. 이런 점에서 그들은 철저한 비관주의는 아닌 셈이다.

도 아무 의미가 없을 것이다. 이러한 사고방식은 급기야 생명의 경시나 세상에 대한 책임 회피로 이어질 위험이 있다. 세상은 우리가 책임져야 할 곳이 아니라 하루빨리 벗어나야 할 감옥일 뿐이며, 죽음만이 이 감옥을 벗어나는 길이 될 터이기 때문이다.

나가는 말

19세기부터 20세기 초까지 사람들은 사회·경제적 발전으로 인류가 역사의 절정에 도달하리라 낙관하였다. 21세기를 살아가는 오늘날, 사회경제적 발전과 진보가 인류에게 구원을 가져다주었는지 확실히 말할 수 없다. 발전과 진보의 혜택이 온 인류에게 골고루 돌아갔다고도 말할 수 없다. 경제적 성장은 나라 간, 계층 간 불균형의 심화와 함께 환경 파괴와 기후 변화라는 새로운 숙제를 인류에게 안겨 주었다. 과학, 물질과 재화, 경제와 정치 체제, 사회 문화적 진보와 발전이 대다수 인류에게 편리함을 가져다준 것은 사실이지만 그것이 인간의 근원적 결핍감을 해소해주거나 행복을 가져다주지는 못한 것 같다. 아직도 우리는 "내가 당신 안에서 쉬기까지 내 영혼은 결코 안식을 얻을 수 없습니다" 하고 말한 아우구스티누스처럼 근원적 결핍감을 느끼고 있다. 이 결핍감, 이 구원의 부재감은 어디에서 왔을까? 그리고 이를 해소할 방법은 어디에서 찾을 수 있을까?

영지주의자들은 이 세상을 살아가는 우리 안에 내재한 근원적 결핍감을 감지하고 그 결핍과 부족을 무지, 잠, 주취酒臭 혹은 망각 등으로 표현하였다. 우리는 이러한 현실에 익숙해져 우리 속에 갇힌 동물처럼 문이 열리기 전까지는 우리를 박차고 나갈 줄을 모른다. 깨달음이 주는 해방과 자유보다 잠에 빠져 있는 상태를 더 편하게 느끼기도 한다. 이집트를 탈출한 히브리 백성들이 광야를 헤매던 시절, 노예로 살 때가 더 나았다며 과거의 종살이로 돌아가고 싶어 하였듯이 우리도 마찬가지다. 자유와 해방을 찾으려는 노력보다 그저 잠에 빠져 현실에 안주하는 삶이 더 쉽다. 그래서 우리 사회가 일방적으로 제시하는 세계관을 그저 수동적으로 받아들이고 의문을 제기하지 않는다.

영지주의자들은 이 모든 사태를 그노시스의 부재로 설명한다. 그들은 인간이나 자연 세계가 가치의 근원이 될 수 없으며, 진정한 가치의 근원은 하느님뿐이라 가르친다. 그들에 따르면 인간은 세상과 그 창조주라는 장벽에 가로막혀 가치의 근원이신 참하느님께 다가가지 못하고 있으며, 이 장벽을 넘어서야만 진정한 가치를 획득할 수 있다(요한의 비전 28; 30). 그들은 자신들이 그노시스를 통해 하느님과의 거리와 분리를 극복했다고 믿는다(요한의 비전 31). 그리고 그들은 이제 이 세상에 대해 낯선 이방인이며 다른 인간들에 대해서도 마찬가지로 느낀다. 진정한 영지주의자는 진정한 이방인이라는 것이다(야고보 둘째 묵시록 51).

반대로 그노시스를 획득하지 못한 사람들에게 영지주의자들과 그들의 말은 낯설고 이상할 수밖에 없을 것이다. 그들이 가르치는 내용들이 모두 '다른' 가르침, 곧 '이단'으로 여겨질 수 있는 것이다. 교부들이 한결 같이 그들을 가리켜 '이단자들'이라고 부른 것에는 이유가 있었다.

그렇다면 영지주의자들은 어떤 점에서 정통 그리스도교 신앙과 달랐을까? 그들은 왜 기존의 그리스도교를 비판했을까? 과연 그리스도인들은 영지주의자들의 말대로 그노시스 곧 깨달음이 부족한 사람들일까? 정말로 이 세상은 하느님의 뜻대로가 아니라 악신의 뜻대로 움직이는 걸까? 그러니 이 세상에 연연할 것이 아니라 깨달음을 얻어 하늘로 비상하는 것을 꿈꾸어야 하는 걸까? 남에게서 전해 받은 것을 무조건적으로 받아들이고 믿을 것이 아니라 각자가 깨달음을 얻어야 하는 걸까?

영지주의자들에게서 배울 점은 없을까? 그들의 말이 일리가 있는지 없는지, 자신이 가진 가치관과 종교에 한 번쯤 의문을 제기해 보는 것은 어떨까? 나는 진정한 신앙을 갖고 있는가? 남의 신앙을 그저 답습하는 데서 그치지 않고 그것을 참으로 내 것으로 만들려는 시도는 해 보았는가? 종교의 가르침과 나의 실생활에 큰 격차가 생기지는 않는가? 가르침과 삶을 조화시킬 수 없고 자꾸 어긋나기만 한다면 어디서 무엇이 잘못됐는지 생각해 볼 일이다. 특히 사랑과 자비를 가르치는 종교들이 타종교인을 적대시하고 파괴한다면 신관에서부터 잘못되지는 않았는지 깊이 성찰해야 하지 않을까? 원수까지 사랑하라고 가르치는 그리스도교가 종교가 다르다는 이유만으로 누군가를 적대시한다면, 그리고 교회를 다녀야만 구원을 받을 수 있다고 한다면 그것은 어쩌면 하느님 상을 왜곡시키는 것은 아닌지 반성해야 되지 않을까? 질그릇이 옹기장이에게 무어라 탓하지 못하듯 모든 게 하느님 뜻이니 인간은 그저 따르기만 할뿐이라고 말한다면 자유의지를 주신 하느님의 뜻을 외면하는 것은 아닐까? 이교인을 몰아내야 한다며 성전聖戰을 일삼는다면 그 또한 모든 인간을 사랑으로 만들어내신 하느님의 뜻을 어기는 것이 아닐까?

지금 이 세상에 일어나는 모든 종류의 죄와 고통에 대해 하느님께 원망을 돌린다면 우리가 하느님을 데미우르고스와 같은 악신으로 여기기 때문은 아닌지 의심해 보아야 한다. 하느님을 우리를 지배하고 감시하는 재판관으로 여긴다면 이 또한 그분을 오해하는 것은 아닌지 자문해야 한다. 영지주의자들이 창조주를 변덕 심하고 인간과 세상을 제멋대로 지배하는 심술궂은 억압자로 여겼듯이 우리 또한 은연중에 하느님을 그런 신으로 생각하는 것은 아닐까? 그래서 우리가 교회에서 예배를 드리는 것이 하느님의 변덕스런 마음을 진정시켜 재앙을 피하고 궁극적으로 죽은 뒤 지옥을 피하기 위해서가 아닌지 깊이 성찰해 보아야 한다.

우리는 모두 (적어도 거의 모두) 의식적·무의식적으로 구원을 갈망한다. 이 세상에 있으면서 충만한 기쁨과 지극한 행복에 싸여 더 이상 바랄 게 없이 사는 사람은 (거의) 없다. 결핍감과 막연한 동경을 짐처럼 짊어지고, 낙인처럼 새기고 살아가는 것이 우리 인간의 운명이다. 그러니 인간이 구원을 바란다고 해서 비굴하다고 느낄 필요는 없다. 그러나 구원을 받기 위해, 아니 더 정확히 지옥을 피하기 위해 억지로 하느님을 숭배한다면 그것은 하느님을 오해하는 것일지도 모른다. 유다교와 그리스도교가 가르치는 하느님은 사랑 때문에 인간을 만드시고 그들의 구원을 바라시는 분이시다. 데미우르고스처럼 자신을 시중들라고 인간을 만들고 마음대로 지배하고 휘두르는 독재자 폭군이 아니시다.

만약 하느님을 경외하는 마음을 넘어서 하느님께 대해 증오 섞인 공포를 가지고 있다면 자신의 하느님 상이 잘못되지 않았는지 심각히 고민해 봐야 한다. 그것은 알게 모르게 영지주의자들의 창조주를 믿는 것이겠기 때문이다. 그러니 그리스도인이라 자처하면서도 실제로는 영지주의자들의 창조주를 믿고 있을지도 모르는 일이다. '깨어 있으라'는 그리스도의 가르침대로 깨어서 읽고 생각하고 물어보자. 그리고 자신이 진정한 그리스도인인지 이름만 그리스도인인지 숙고하자. 영지주의자를 이단이라고 비난하기 전에 자기가 교회의 가르침과 '다른 가르침'(이것이 이단의 본뜻이다)을 믿고 있지는 않은지 한 번쯤 자문해 볼 일이다. 탈종교의 시대라 불리곤 하는 21세기는[1] 우리가 자기 바깥 또는 자기 바깥의 다른 누군가가 아니라 자기 안에서 구원의 해답을 찾아야 하는 시기인 듯하다. 그리스도교적 언어로 표현하자면, 하느님을 다른 곳이 아닌 '자기 안에서' 찾는 노력이 필요하다는 것이다. 이는 구원자의 도움 없이 스스로의 힘으로 구원을 얻으라는 뜻이 아니다. 자기 안에서, 자기 안에 계신 하느님을 찾으라는 의미, 또는 하느님이 우리 안에 심어 주신 구원의 힘을 찾으라는 의미다.

다른 편에서의 반성도 필요하다. 평화와 관용이라는 이름으로 온갖 '틀림'에 눈감고 모른 척 덮어두는 것은 아닌가 하는 점이다. 오늘날 각종 신흥 종교들이 그리스도교라는 이름을 내걸고 사람들을 끌어당기고 있다. 종교의 옷을

---

[1] 성해영, 『내 안의 엑스터시를 찾아서』, 74-83.

입지 않은 많은 문화 운동과 뉴 에이지 운동들도 거의 종교와 같은 역할을 하고 있다.[2] 이런 운동들의 속을 들여다보면 영지주의적 사고방식이 얼마나 깊이 침투해 있는지 놀라게 된다. 물론 그런 운동들이 영지주의임을 자부하지는 않겠지만 영지주의의 영향을 직간접적으로 받았음을 감지할 수 있다.

예를 들어 베트남 출신의 채식운동가 칭하이 무상사는[3] 자신이 이끄는 운동이 종교가 아니며 특정 종교로 개종하라고 권하지 않는다고 말하면서도[4] 그가 내세우는 것은 종교에 다름 아니다. 게다가 그의 가르침의 핵심은 영지주의와 거의 똑같다. 칭하이 무상사는 이렇게 말하고 있다.

"나는 다만 여러분이 자신을 아는 방법, 여러분이 어디에서 왔는지를
아는 방법, 이 지상에서 여러분의 사명을 기억하는 방법, 우주의
비밀을 깨닫는 방법, 왜 이다지도 많은 불행이 존재하는지를 이해하는
방법 그리고 죽은 후에는 무엇이 기다리고 있는지를 아는 방법을 알려
줄 뿐입니다."[5]

이 말은 지금껏 이 책에서 살펴보았던 영지주의자들의 가르침과 똑같다. 칭하이 역시 깨달음을 참행복, 곧 구원의 길로 받아들인다. 지상과 천상의 모

---

[2] 영지주의가 오늘날 어떤 식으로 존속하고 있는지에 대해서는 Pearson, *Ancient Gnosticism: Traditions and Literature*, 333-341; Segal (ed.), *The Allure of Gnosticism: The Gnostic Experience in Jungian Psychology and Contemporary Culture*를 보라. 출판 시장에서 지속적인 베스트셀러로 꼽히는 각종 자기 계발서들도 거의 종교와 같은 역할을 한다. 몇 년 동안 계속된 '시크릿' 열풍을 기억하라.

[3] 칭하이 무상사에 대한 소식은 류제동, "칭하이 무상사 ― 채식주의의 종교화?"에서 처음 접하게 되었다. 류제동 교수의 글은 국내이주사목위원회의 요청으로 쓰였으며 공식적으로 발표되지는 않았다.

[4] "우리 수행의 길은 종교가 아닙니다. 나는 어느 누구에게도 가톨릭이나 불교 또는 다른 종교로 개종하라고 하지 않습니다": 칭하이 무상사, 『즉각 깨닫는 열쇠』, 8.

[5] 칭하이 무상사, 『즉각 깨닫는 열쇠』, 8.

든 갈망, 달리 말해 우리의 구원이 내적 깨달음에서 비롯된다는 것이다.

"완전한 만족과 지상 및 천상의 갈망을 모두 실현하는 것은 신의 왕국 — 우리의 영원한 조화와 영원한 지혜, 그리고 전지전능한 힘의 내적인 깨달음 — 에서 비롯됩니다. 우리가 이러한 것을 얻지 않고서는, 아무리 많은 부와 권력과 지위를 누릴지라도 결코 만족할 수 없을 것입니다."[6]

칭하이 무상사의 말을 영지주의자 테오도투스의 것과 비교해 보라!

"우리를 자유롭게 해방시키는 것은, 우리가 누구였으며 우리가 무엇이 되었는가, 우리가 어디에 있었으며 우리가 어디로 던져졌는가, 우리가 어디로 바삐 가고 있으며 우리가 무엇으로부터 해방되어야 하는가, 태어남은 실제로 무엇이며 다시 태어남은 무엇인가에 대한 지식이다"(알렉산드리아의 클레멘스, 『테오도투스 발췌록』 78).

자기 자신에 대한 지식, 내적 깨달음이 우리를 참해방과 행복으로 인도한다고 가르치는 점에서 칭하이는 현대의 영지주의자라 불러도 될 듯하다. "스승은 여러분이 스승이 되도록 하는 열쇠를 가진 분이며, 여러분 역시 스승이고 신과 하나라는 것을 여러분 스스로 깨닫도록 도와주는 분입니다. 그것이 전부이며 스승의 유일한 역할입니다"라는[7] 말은 영지주의자들의 구원자 개념과 상통한다. 영지주의 구원자는 무엇보다 인간으로 하여금 자기 자신이 누구인가를 깨닫고 다시 신과 결합하도록 인도해 주는 자이기 때문이다.

---

6) 칭하이 무상사, 『즉각 깨닫는 열쇠』, 3.
7) 칭하이 무상사, 『즉각 깨닫는 열쇠』, 8.

칭하이가 맡고자 한 역할이 영지주의자들의 구원자의 역할과 다를 바 없다.

이처럼 현대인들은 각종 운동과 신흥 종교에 무비판적으로 노출된 채, 자신도 모르게 영지주의의 영향을 받고 있다. 예수님께서는 "나는 세상에 불을 지르러 왔다. … 내가 세상에 평화를 주러 왔다고 생각하느냐? 아니다. 내가 너희에게 말한다. 오히려 분열을 일으키러 왔다"고 하셨다(루카 12,49-51). 예수님은 평화를 사랑하시지만 무비판적인 외면상의 평화는 반대하셨다. 필요한 싸움, 필요한 논쟁은 해야 한다. 영지주의가 정통 그리스도교 신앙에 위배된다면 평화라는 미명하에 무조건적으로 수용해서는 안 된다. 교부들이 영지주의와 싸웠던 이유도 그래서였다. 영지주의자들의 논리와 주장을 그들의 입장에서 듣고 이해하려는 노력이 필요하지만, 그들의 주장이 '다름'이 아니라 '틀림'이라면 그것을 배척하는 용기도 필요하다. '틀림'을 용인하는 것은 거짓 평화이기 때문이다.

부록

용어 사전
참고 문헌
찾아 보기

부록 1
용어 사전

남녀양성겸유 Androgynos 남성이면서 여성. 영지주의자들은 최초의 인간인 아담이 본디 남녀양성겸유로 창조되었다고 한다. 이들은 남녀로 분리된 현 상태를 벗어나 최초의 원형인 남녀양성겸유를 회복하고자 한다. 이처럼 태초의 원형을 회복하기 위해 치르는 의식 가운데 신방의 성사가 대표적이다. 천상계의 에온들도 남녀 한 쌍syzygy, 혹은 남녀양성겸유로 그려진다.

데미우르고스 Demiurgos 소피아에게서 태어난 창조주. 그에 의해 물질계가 만들어지고 인간이 탄생한다. 얄다바옷, 사마엘, 사클라 등의 이름으로도 불린다. 이 세상의 지배자.

마니교 Manichaeism 3세기 메소포타미아에서 마니와 그 추종자들에 의해 시작되었으며 극단적 이원론을 주창하였다. 이들은 아시아로 이주하여 실크로드를 따라 중국 투르키스탄에 이르는 넓은 지역에서 13세기까지 번창하였다. 마니는 자신을 예수 그리스도의 예언자로, 예수를 구원자로 간주하였다. 4세기 교부 성 아우구스티누스도 마니교도였다.

만다이즘 Mandaism '지식'이라는 뜻의 만다Manda라는 말에서 나왔으며 본디 초세기 유다교 세례 운동에서 유래했을 것으로 추정된다. 고대 영지주의의 직접적 계승자라 할 수 있다. 오늘날까지 만다교 공동체가 이라크 남부에 현존한다.

모나드 Monad '하나'라는 뜻. 단독자. 영지주의 문학에서 모나드는 한 분이신 하느님, 최상신을 가리킨다.

바르벨로 Barbelo 불가지不可知한 아버지 하느님에게서 처음 유출된 에온. 셋파 작품에서 신성한 어머니 신으로 그려진다. 눈에 보이지 않는 영(하느님)의 예지 Pronoia라 일컬어지기도 한다.

보고밀 Bogomil 10세기 중반에 생긴 영지주의 계열의 공동체로 창시자의 이름을 따서 보고밀이라 부른다. 지식과 깨달음을 구원의 길로 여겼으며 이 세상을 악신 창조주의 작품으로 보고 거부하였다.

셋 Seth 창세기에 따르면 카인이 아벨을 죽인 뒤 아담과 하와에게서 생긴 셋째 아들이지만 요한의 비전에서는 카인과 아벨은 얄다바옷이 하와를 범하여 생긴 자식들이고, 셋이 아담과 하와에게서 생긴 첫 아들이다. 영지주의자들은 자신을 셋의 후손이라 부른다.

셋파Sethians 시리아에서 생겨난 셋파는 유다교 하느님을 거부하며 선하신 하느님은 따로 계시다고 믿는다. 플라톤 학파의 영향을 받은 이들은 물질 세계를 사악한 것으로 여기고 천상의 영적 세계를 진정한 세계라 믿었다. 이들은 아담과 하와의 아들인 셋Seth을 모든 영적 인간 pneumatikoi의 아버지로 여겼기에 셋파라는 이름이 붙었다. 또한 뱀을, 하와를 물질의 사악한 힘에서 구해낸 자로 신봉하였다. 요한의 비전, 유다 복음 등이 셋파 작품에 속한다.

소피아Sophia 천상계 최하단의 여성 에온. 지혜라는 뜻. 배우자 에온의 동의를 구하지 않은 소피아의 단독 행위에 의해 창조주가 탄생하고 이는 결국 물질계의 창조를 가져온다. 소피아의 독단적 임신과 출산을 소피아의 '타락'Fall이라 부른다. 소피아의 타락이 물질계의 창조를 가져온 셈이다.

신비주의적 상승 Mystical Ascent 영혼의 신비주의적 상승. 육체 속에 갇혀 있는 동안에도 영혼(혹은 영)은 저 위로 비상하여 천상계로 올라갈 수 있다. 이러한 비상의 목적은 궁극적으로 하느님을 만나 뵙는 것, 곧 Visio Dei다. 상승 테마는 대개 영혼의 천계 여행 테마와 함께 나온다. 그리스 철학자들, 그리스 마술 파피루스, 유다교 신비주의, 헤르메스주의, 영지주의 등에서 두루 다뤄진다.

아르콘archons 보통 악의 대명사로 불리는 이 세상의 지배자, 우두머리 아르콘 archearchon 또는 데미우르고스의 수하 세력. 데미우르고스를 지배자라는 뜻으로 아르콘이라 부르기도 한다.

아브락사스Abraxas 아브락사스는 소피아의 아들 가운데 하나로 일곱째 하늘을 다스리는 '구원된' 아르콘. 아브락사스는 알렉산드리아와 시리아 등지에서 발견된 부적과 보석에 많이 새겨져 있다. 대개 머리는 수탉, 몸통은 사람, 다리는 뱀의 모습을 하고 있다. 이 책의 앞표지에 있는 그림도 아브락사스다.

아카모트 Achamoth 지혜라는 뜻의 히브리어 호크마 חכמה의 철자를 바꾸어 만든 말. 발렌티누스 신화에 등장하는 하위 소피아로 원 소피아인 상위 소피아에 대비되는 개념. 창조주를 낳은 실수에 대해 자책하는 소피아가 상위 소피아와 하위 소피아로 나뉘는데, 이때 고뇌와 후회에 싸인 소피아가 하위 소피아다. 상위 소피아는 천상계에 머물지만 하위 소피아인 아카모트는 '한계'라는 에온에 의해 천상계 바깥 특정 구역으로 거주 장소가 한정된다.

얄다바옷 Yaldabaoth 셋파 신화에서 데미우르고스를 얄다바옷이라 부른다. '혼돈의 아들', 혹은 '유치한 신'이라는 뜻을 지녔다고 하나 분명하지는 않다. 바보라는 뜻의 사클라, 혹은 눈먼 이라는 뜻의 사마엘이라고도 불린다.

에온 Aeon 최상신에게서 유출된 신적 존재. 보통 남녀 한 쌍syzygy으로 유출된다. 영원, 시대, 세계라는 의미를 지닌다. 따라서 영원한 시대, 영원의 세계라고 풀이된다.

에온쌍, 남녀 Syzygy 남녀 에온 한 쌍. 상호 보완적. 에온은 항상 단독으로서가 아니라 남녀 한 쌍으로 유출된다.

영 pneuma 인간의 몸에 내재하는 최고의 원리로 천상계에서 유래하였다. 신적 섬광 혹은 불꽃이라 불린다. 인간은 영 pneuma, 영혼 psyche, 물질 hyle 이렇게 세 요소로 구성된다.

오토게네스 Autogenes '스스로 생겨난 이'라는 뜻의 구원자. 플레로마의 신적 그리스도의 이름.

옥도아드 Ogdoad 여덟째 하늘. 일곱 하늘까지는 창조주의 지배하에 있는 지상계에 속하고 여덟째 하늘부터 천상계가 시작된다. 아홉째 하늘은 엔네아드 Ennead다. 영지주의자들은 보통 열째 하늘에 하느님이 거하신다고 생각한다.

유출 Emanation 최상신에게서 남녀 에온 쌍이 흘러나오는 것. 각 에온 쌍에게서 또 다른 에온 쌍이 유출된다. 유출이 일어날 때마다 완전성의 정도가 감소하여 아래로 갈수록 그 등급이 낮아진다.

인간 천상계에서 유래한 영이 물질로 된 몸에 갇힌 상태.

인간의 세 유형
- **육적/물질적** hylic 인간의 세 유형 가운데 최하위. 물질적인 것에만 관심을 두고 있으며 그노시스의 획득 가능성이 없으므로 구원에서 제외된다.
- **혼적** psychic 세 유형 가운데 중간. 영이 있어 그노시스 획득 가능성은 있지만 물질에 눈이 가려 그노시스를 얻지 못한 인간. 그노시스를 얻을 때까지 윤회를 반복한다.

- **영적**pneumatic 세 유형 가운데 최고. 그노시스를 획득하여 물질계를 벗어나 천상계로 돌아갈 수 있다.

지식Gnosis 자기 자신과 하느님에 대한 직관적 통찰. 영지주의자들은 지식을 구원에 필수적인 것으로 여겼다.

카발라Kabbalah 중세 때 시작되어 현재까지 이어져온 유다교 신비주의의 하나. 카발라라는 명칭은 전승과 수용을 뜻하는 히브리어 קַבָּלָה에서 유래하였다. 대개 영지주의 계열로 분류되며 무한(절대자)과 유한(절대자의 창조물)의 관계를 설명하면서 절대자와의 신비주의적 합일을 추구한다.

카타르Cathar 12세기 초반에 생긴 영지주의 계열이다. 이들 가르침의 중심에도 지식과 깨달음이 있었으며 세상의 가치를 부정하면서 극도의 금욕주의적 삶을 살았다.

프리실리아누스파Prisillianism 4세기 스페인에서 아빌라의 주교이자 신학자 프리실리아누스가 세웠다. 교의의 기초는 영지주의-마니교 이원론이다. 그에 따르면, 세상은 빛의 왕국과 어둠의 왕국으로 나뉘어 있으며, 인간은 본디 어둠의 왕국을 다스리는 존재로 만들어졌으나 타락하여 육체 속에 갇히게 되었다. 구원의 길은 금욕을 통해 물질의 구속에서 벗어나는 것이다. 프리실리아누스는 정통 교회에서 이단으로 선포되어 처형되지만 그가 세운 금욕 공동체는 6세기 후반까지 이베리아 반도에 존속하였다.

플레로마Pleroma 충만, 완전성을 뜻하는 천상의 영적 세계. 최상신인 하느님과 그분에게서 유출된 에온들로 구성된다.

페라테Peratae 유프라테스와 셀베스가 세운 시리아의 영지주의 분파 가운데 하나. 명칭은 '지나가는 사람'이라는 뜻의 그리스어 $Περατής$에서 유래했다. 이들은 자신을, 본향인 천상의 영적 세계를 떠나와 이 물질 세계에 잠시 머물다 가는 순례자로 여겼다. 셋파나 나아센파처럼 뱀을 숭배했다. 이들은 전례 때 뱀의 형상으로 만든 조형물을 이용했으며, 악의 기운을 쫓기 위해 뱀의 형상이 새겨진 부적을 지니고 다녔다. 숫자 삼의 능력을 신봉했으며, 아버지·아들(전우주적 뱀)·물질 세계가 성삼위를 구성한다고 믿었다. 내부에 삼각형이 그려진 원이 이 믿음을 상징한다. 이 분파의 창립자인 유프라테스는 점성술에 대해 조예가 깊었으며 개인의 카르마(운명)가 별자리나, 태어날 때의 태양과 행성, 달의 위치와 관련되어 있다고 믿었다.

헤르메스주의Hermetism 2-3세기 이집트인들은 그리스 신 헤르메스를 이집트 죽음의 신 토트(Thoth, 모든 지식의 아버지이자 수호자)에 연결시켜 둘의 특성이 결합된 Hermes Trismegistus로 탈바꿈시켰다. 이들은 지식을 중시하였으며 지식만이 인간의 영을 해방한다고 보았다. 그들의 목표는 지식, 곧 하느님에 관한 지식을 통해 인간이 신처럼 되는 것deification이었다. 헤르메스주의 작품 가운데 『포이만드레스』가 중요하다. 『헤르메스 전집』이라고도 하는 이 작품은 포이만드레스의 안내로 이뤄지는 환시를 묘사하는데, 우주와 인간의 창조, 타락 이후 영이 물질과 결합하는 과정, 지식을 통한 구원의 방법 등을 다룬다. 또한 우주론과 점성학적 가르침들을 담고 있으며 인간의 영혼이 일곱 천계를 지나 신께 상승해 가는 과정을 묘사하기도 한다. 학자들에 따라 헤르메스주의를 영지주의에 포함시키기도 하고 영지주의와 구분하기도 한다. 지식을 구원의 필수 요소로 보는 점이라든가 인류의 기원이 양분되어 있다고 하는 점은 비슷하다. 깨우친 영혼은 욕정의 유대를 끊어버리고 육체적인 것과 사멸하는 것을 뛰어넘어 상승하지만, 깨우치지 못한 영혼은 그렇게 하지 못한다는 것이다. 신관은 차이가 난다. 일반적으로 영지주의는 물질 세계를 다스리는 신과 그 세력을 악하게 보지만 헤르메스주의는 그렇지 않다. 반드시 천상적 계시자가 있어서 인간을 계몽하러 이 세상에 내려와야 하는 것도 아니다. 나그 함마디 문헌 가운데 '여덟째와 아홉째에 대한 담화'와 '감사의 기도'가 헤르메스주의를 표방한다.

부록 2
참고 문헌

교부 및 고전 문헌

락탄티우스,
『하느님의 진노』 *De ira Dei*,
P. Schaff (ed.), *Ante Nicene Fathers, Vol 7: Fathers of the Third and Fourth Centuries* (Grand Rapids 2000), 590-641.

바르 다이산,
『나라들의 법률들에 관한 책』,
H.J.W. Drijvers (ed.), *The Book of the Laws of the Countries: Dialogue on Fate of Bardaisan of Edessa* (Piscataway 2007).

수에토니우스,
『열두 황제들의 생애』 *De Vita Caesarum*,
M. Ihm (ed.), C. Suetonius Tranquillus, De Vita Caesarum (Latin) (Lipsiae 1907).
http://www.perseus.tufts.edu/hopper/searchresults?q=suetonius.

에피파니우스,
『구급상자』 *Panarion*,
J.P. Migne (ed.) (PG 41).

오리게네스,
『요한 복음서 강해』
Comment. in Johannem,
C. Blanc (ed.) (SC 120bis, 157, 222, 290, 385).
『헤라클리데스와의 대화』
Dialogus cum Heraclide,
J. Scherer (ed.) (SC 67).

요세푸스,
『유다 고대사』 *Antiquitates Judaicae*,
W. Whiston (tr.), *The New Complete Works of Josephus: Commentary by P.L. Maier* (Grands Rapid 1999), 47-661.

유스티누스(순교자),
『첫째 호교론』 *Apologiae*,
J.P. Migne (ed.) (PG 6).
『둘째 호교론』 *Apologiae*,
J.P. Migne (ed.) (PG 6).
『트리폰과의 대화』 *Dialogue cum Tryphone Judaeo*,
J.-P. Migne (ed.) (Cursus Completus Patrologiae Graecae Vol.6; Paris 1887).

이냐시우스(안티오키아),
『에페소인들에게 보낸 편지』
Epistula ad Ephesios,
J.P. Migne (ed.) (PG 5).
『마그네시아인들에게 보낸 편지』
Epistula ad Magnesios,
J.P. Migne (ed.) (PG 5).
『트랄리스인들에게 보낸 편지』

Epistula ad Trallianos,
　　J.P. Migne (ed.) (PG 5).
　『로마인들에게 보낸 편지』
　　Epistula ad Romanos,
　　J.P. Migne (ed.) (PG 5).
　『필라델피아인들에게 보낸 편지』
　　Epistula ad Philadelphenses,
　　J.P. Migne (ed.) (PG 5).
　『스미르나인들에게 보낸 편지』
　　Epistula ad Smyrnaeos,
　　J.P. Migne (ed.) (PG 5).
　『폴리카르푸스에게 보낸 편지』
　　Epistula ad Polycarpum,
　　J.P. Migne (ed.) (PG 5).
이레네우스(리옹),
　『이단 논박』 *Adversus haereses*,
　　A. Rousseau (ed.) (SC 263, 264,
　　293, 294, 210, 211, 100, 152).
클레멘스(알렉산드리아),
　『그리스인들에 대한 권고』 *Protrepticus*,
　　C. Mondesert (ed.) (SC 2bis).
　『교사(교육자)』 *Paedagogus*,
　　H.-I. Marrou (ed.) (SC 70, 108,
　　158).
　『잡록』 *Stromateis* 1-6,
　　O. Stählin (ed.) (GCS 2).
　『테오도투스 발췌록』
　　Excerpta Theodoti,
　　F.-M. Sagnard (ed.) (SC 23).
폴리카르푸스,
　『필리피인들에게 보낸 편지』
　　Epistula ad Philippenses,
　　P.Th. Camelot (ed.) (SC 10bis).
테르툴리아누스,
　『이단자들에 대한 처방』

　　De praescriptione haereticorum,
　　R.F. Refoule (ed.) (SC 46).
　『마르키온 반박』 *Adversus Marcionem*,
　　R. Braun (ed.) (SC 365, 368, 399,
　　456, 483).
　『발렌티누스파 논박』
　　Adversus Valentinianos,
　　J.-C. Fredouille (ed.) (SC 280,
　　281).
　『여자들의 예배에 관하여』
　　De Cultu Feminarum,
　　M. Turcan (ed.) (SC 173).
포르피리우스,
　『금욕』 *De abstin*,
　　Porphyry, *Select Works of Porphyry;
　　containing his four books On
　　abstinence from animal food; his
　　treatise On the Homeric cave of the
　　nymphs; and his Auxiliaries to the
　　perception of intelligible natures*,
　　T. Thomas (tr.) (London 1823).
플라톤,
　『티마이오스』 *Timaeus*,
　　J. Burnet (ed.) (Platonis Opera 1-5;
　　Oxford 1900).
히에로니무스,
　『반 루피누스 호교론』
　　Apologia adversus Rufinum,
　　P. Lardet (ed.) (SC 303).
히폴리투스,
　『모든 이단에 대한 논박』
　　(= 『이단 논박』)
　　Refutatio omnium haeresium,
　　P. Wendland (ed.) (GCS 3).

일반 문헌

Berglund, C.J., *Origen's References to Heracleon* (Tübingen 2020).

Brakke, D., *The Gnostics: Myth, Ritual, and Diversity in Early Christianity* (Cambridge 2010).

Brooks, C., "Walter Percy and Modern Gnosticism", *The Art of Walter Percy*, P.R. Broughton, B. Rouge (eds.) (Louisiana 1979), 260-279.

Burkert, W., *Greek Religion* (Cambridge 1985).

Le Boulluec, A., "Hétérodoxie et orthodoxie", *Histoire du Christianisme (Des Origines à 250)*, J.-M. Mayeur, Charles et Luce Pietri (eds.) (Desclée 2000), 269-270.

Bullard, R.A., **Layton**, B., "The Hypostasis of the Archons", *The Coptic Gnostic Library Vol. 2* (Leiden 2000), 220-259.

Churton, T., *The Gnostics* (New York 1987).

Conze, B., "Buddhism and Gnosticism", *Le Origini dello Gnosticismo. Colloquio di Messina 13-18 Aprile 1966*, U. Bianchi (ed.) (Leiden 1967), 651-667.

Crossan, J.D., *Birth of Christianity* (Edinburgh 1999).

Cross, F.L., **Livingstone**, E.A. (eds.), "Sacrament", *The Oxford Dictionary of the Christian Church* (Oxford 1997), 1435-1436.

Dirkse, P.A., **Brashler**, J., **Parrott**, D.M., "The Discourse on the Eighth and Ninth", J.R. Robinson (ed.), *The Coptic Gnostic Library, Vol. 3* (Leiden 2000), 341-342.

Donovan, J., *Gnosticism in Modern Literature: A Study of the Selected Works of Camus, Sartre, Hesse, and Kafka* (Madison 1990).

Drijvers, H.J.W.,
The Book of the Laws of Countries: Dialogue on Fate of Bardaisan of Edessa (Assen 1965).
Bardaisan of Edessa (Assen 1966).

Ehrman, B.D., *Lost Christianity: Christian Scripture and the Battle over Authentication* (The Teaching Company, Part I; Virginia 2004).

Evans, E., *The Books of Jeu and the Pistis Sophia as Handbooks to Eternity* (Leiden 2015).

Filoramo, G., *A History of Gnosticism*, A. Alcock (tr.) (Oxford 1990).

Frances, F-D., **Wagner**, R., "Wake up! Gnosticism and Buddhism in the Matrix", *Journal of Religion and Film, Vol. 5, No. 2* (2001).

Galbreath, R., "Problematic Gnosis: Hesse, Singer, Lessing and the Limitations of Modern Gnosticism", *Journal of Religion 61* (1981), 20-36.

Goodall, J., *Artaud and the Gnostic Drama* (Oxford 1994).

Goodrick-Clarke, C., *G.R.S. Mead and*

the Gnostic Quest (Berkeley 2005).
Grimstad, K.J., "Introduction: Thomas Mann and Gnosticism in the Cultural Matrix of His Time", http://www.ntslibrary.com/Introduction%20Thomas%20Mann%20and%20Gnosticism.pdf.
Guralnik, D.B., **Friend**, J.H. et al. (eds.), *Webster's New World Dictionary of the American Language* (Cleveland 1968).
Haar, S., *Simon Magus: The First Gnostic?* (New York 2003).
Hanegraaff, W.J. et al. (eds.), *Dictionary of Gnostics and Western Esotericism* (2 Vols.) (Leiden 2005).
Head, P., "The Foreign God and the Sudden Christ: Theology and Christology in Marcion's Gospel Redaction", *Tyndale Bulletin 44.2* (1993), 307-321.
Hedrick, C.W., **Hodgson**, R. (eds.), *Nag Hammadi Gnosticism and Early Christianity* (Peabody 1986).
Hoeller, S.A.,
The Gnostic Jung and the Seven Sermons to the Dead (Wheaton 1982).
Jung and the Lost Gospels (Wheaton 1989).
Gnosticism: New Light on the Ancient Tradition of Inner Knowing (Wheaton 2002).
Holroyd, S., *The Elements of Gnosticism* (Shaftesbury 1994).
Jefford, R., "Jung the Gnostic?"; http://www.EarlyChurch.co.uk/Aboutme.asp (2007).
Jonas, H.,
The Gnostic Religion: The Message of the Alien God and the Beginnings of Christianity (Boston 1963).
The Phenomenon of Life: Toward a Philosophical Biology (Chicago 1966).
Jovanović, Z, "St Irenaeus, Regula Fidei and the Ecclesiological Context of Interpretation", *Philotheos 13* (2013), 134-140.
Jung, C.G., *Memories, Dreams, Reflections* (New York 1963, London 1995).
Kahn, J.S., "Gnosticism and the Pursuit of the Sacred", *Asia, Modernity, and the Pursuit of the Sacred* (New York 2016), 15-28.
King, C.W., *The Gnostics and Their Remains, Ancient and Medieval* (1887 Reprint, San Diego 1982).
King, K.L.,
The Gospel of Mary Magdala: Jesus and the First Woman Apostle (California 2003).
What Is Gnosticism? (Cambridge 2003).
Klijn, A.F.J., *Seth in Jewish, Christian and Gnostic Literature* (Leiden 1977).
Koslowski, P., *The Origin and the Overcoming of Evil and Suffering in the World Religions* (Springer 2001).
Layton, B., *The Gnostic Scriptures* (New York 1987).
Lester, M., *The Everything Gnostic*

Gospels Book: A Complete Guide to the Secret Gospels (Avon 2007).

Linjamaa, P., *The Nag Hammadi Codices and Their Ancient Readers* (New York 2024).

Marjanen, A., "What is Gnosticism? From the Pastorals to Rudolph", *Was There a Gnostic Religion?*, A. Marjanen (ed.) (Göttingen 2005), 1-53.

Matkin, J.M., *The Complete Idiot's Guide to The Gnostic Gospels* (New York 2005).

Mead, G.R.S.,
Fragments of a Forgotten Faith (London 1906).
Pistis Sophia: A Gnostic Miscellany (1896 Reprint New York 1973).

Merkur, D., *Gnosis: An Esoteric Tradition of Mystical Visions and Unions* (Albany 1993).

Middleton, D., **Finlay**, J., *Hermetic Light: Essays on the Gnostic Spirit in Modern Literature and Thought* (Santa Barbara 1994).

de Montfaucon, B., *L'antiquité expliquée et representée en figures Vols. 1-15* (Paris 1719-1724).

Nuttall, A.D., *The Alternative Trinity: Gnostic Heresy in Marlowe, Milton, and Blake* (Oxford 1998).

Oliver, W.H., "The Catechetical School in Alexandria", *Verbum et Ecclesia 36.1* (2015), 1-12.

O'Reagon, C., *Gnostic Return in Modernity* (New York 2001).

Pagels, E.,
The Gnostic Paul: Gnostic Exegesis of the Pauline Letters (Philadelphia 1975).
The Gnostic Gospels (New York 1979).

Patai, R., *The Hebrew Goddess 3rd Enlarged Edition* (Michigan 1990).

Pearson, B.A.,
"The Testimony of Truth", *The Coptic Gnostic Library, Vol. 5* (Leiden 2000), 101-203.
"Gnosticism as a Religion", A. Marjanen (ed.), *Was There a Gnostic Religion?* (Göttingen 2005), 81-101.
Gnosticism and Christianity in Roman and Coptic Egypt (New York 2004).
Ancient Gnosticism: Traditions and Literature (Minneapolis 2007).
"Basilides the Gnostic", A. Marjanen, P. Luomanen, (eds.), *A Companion to Second-Century Christian Heretics* (Leiden 2008), 1-31.

Pearson, J., *Wicca and the Christian Heritage* (New York 2007).

Perkins, P., *Gnosticism and the New Testament* (Minneapolis 1993).

Pétrement, S., *A Separate God: The Origin and Teachings of Gnosticism*, C. Harrison (tr.) (New York 1990).

Phil, H.L., *Jung and the Problem of Evil* (London 1958).

Quasten, J., *Patrology Volume 1: The Beginnings of Patristic Literature* (Allen 1983).

Quispell, G., "Gnosis and Psychology",

R.A. Segal (ed.), *The Gnostic Jung: Including Seven Sermons to the Dead* (New York 1978), 239-256.

Raschke, C.A., *The Interruption of Eternity: Modern Gnosticism and the Origins of the New Religious Consciousness* (Chicago 1980).

Robinson, J.T. (ed.), "The Tripartite Tractate", *The Nag Hammadi Library in English* (New York 1978), 60.

Roukema, R., *Gnosis and Faith in Early Christiany* (Harrisburg 1999).

Rudolph, K., *Gnosis: The Nature and History of Gnosticism*, R. McL. Wilson (tr.) (San Francisco 1986).

Schlamm, L., "Jung, Carl Gustav, and Gnosticism", D.A. Leeming (ed.) *Encyclopedia of Psychology and Religion* (Boston 2014).

Schmidt, C., *The Books of Jeu and the Untitled Text in the Bruce Codex* (Leiden 1978).

Scholem, G.G., *Jewish Gnosticism, Merkabah Mysticism, and Talmudic Tradition* (New York 1965).

Segal, R.A. (ed.),
The Gnostic Jung: Including Seven Sermons to the Dead (New York 1978)
The Allure of Gnosticism: The Gnostic Experience in Jungian Psychology and Contemporary Culture (Chicago 1995).

Sherry, P., "Problem of Evil" (https:// www.britannica.com/topic/problem-of-evil).

Smith, A.P., *A Dictionary of Gnosticism* (Wheaton 2009).

Smith, J.Z. et al. (eds), *The Happercollins Dictionary of Religion* (San Francisco 1995).

Smith, M. "The Revival of Ancient Gnosticism", *The Allure of Gnosticism: The Gnostic Experience in Jungian Psychology and Contemporary Culture*, R.A. Segal (ed.) (Chicago 1995), 204-223.

Spierenburg, H.J. (ed.), *H.P. Blavatsky: On the Gnostics* (San Diego 1994).

Stoyanov, Y., *The Other God: Dualist Religions from Antiquity to the Cathar Heresy* (New Haven 2000).

Toms, M., *An Open Life* (New York 1989).

Valantasis, R., *Gnosticism and Other Vanished Religions* (New York 2006).

Williams, M.A., *Rethinking "Gnosticism": An Argument for Dismantling a Dubious Category* (Princeton 1996).

Williams, P., **Tribe**, A., **Wynne**, A., *Buddhist Thought: A Complete Introduction to the Indian Tradition* (Routledge 2012), 30-52.

Webster's New Collegiate Dictionary, www.merriam-webster.com/dictionary

김소연, 『마음사전』 (마음산책 2010).
드롭너, H.R., 『교부학』, 하성수 옮김 (분

도출판사 2001).
류시성/손영달, 『갑자서당』 (북드라망 2011).
류제동, "칭하이 무상사 ― 채식주의의 종교화?"
성해영, 『내 안의 엑스터시를 찾아서』 (불광출판사 2025).
손희송, 『일곱 성사, 하느님 은총의 표지: 성사 각론』 (가톨릭대학교출판부 2011).
송혜경,
　『신약 외경 1』 (한남성서연구소 2024).
　『영지주의자들의 성서』 (한남성서연구소 2022).
알렉상드르 졸리앙, 『나를 아프게 하는 것이 나를 강하게 만든다』, 성귀수 옮김 (책읽는수요일 2013).
어빈 얄롬, 『니체가 눈물을 흘릴 때』, 임옥희 옮김 (리더스북 2006).
위앤커, 『중국의 고대신화』, 정석원 옮김 (문예출판사 2012).
윌리엄 블레이크, 『천국과 지옥의 결혼』 *The Marriage of Heaven and Hell*, 김종철 옮김 (2012 민음사).
이븐 알렉산더, 『나는 천국을 보았다』, 고미라 옮김 (김영사 2012).
이태영, 『요가철학』 (여래 2007).
이호근, 샹카라의 해탈론에서 갸나(知)와 요가(行), http://blog.daum.net/bolee591/8132028.
조지프 댄, 『유대교 신비주의 카발라』, 이종인 옮김 (서울 안티쿠스 2010).
칭하이 무상사, 『즉각 깨닫는 열쇠』, 편집부 옮김 (SM출판사 2012).

칼 구스타프 융,
　『죽은 이들에게 보내는 일곱 연설』 *Septem Sermones ad Mortuos*, gnosis.org/library/7Sermons_hoeller_trans.htm
　『레드 북』, 김세영 옮김 (부글북스 2012).
케네스 솅크, 『필론 입문』, 송혜경 옮김 (바오로딸 2008).
헤르만 멜빌, 『모비딕』, 강수정 옮김 (열린책들 2013).

주요 웹사이트

www.gnosticschristians.com
www.merriam-webster.com/dictionary/gnosticism
www.ccel.org
www.earlychristianwritings.com
www.gnosis.org

부록 3
찾아 보기

성경

창세기
1—6　　　　　145
1—2　　　146, 160
1　　　　　　143
1,26–27　　171, 175
1,31　　　　　155
2　　　　143, 145
2,7　　　　145, 172
2,21　　　　　175
3　　143, 145, 176

탈출기
20,3-5　　　　168

민수기
21,4-9　　　　177

시편
34,20　　　　　63
137,9　　　　　63

잠언
8,22-31　　186, 187

집회서
24　　　　　　187
24,3-22　　187, 188

에제키엘서
16　　　　　　63
23　　　　　　63

마르코 복음
16,12　　　　　199

마태오 복음
4,16　　　　　195

루카 복음
12,49-51　　　232
24,16　　　　　199
24,31　　　　　199
24,37　　　　　199
24,39-41　　　199
24,42-43　　　199

요한 복음
8,12　　　　　195
10,14-15　　　124
10,15　　　　　124
14,7　　　　　124
14,17　　　　　124
20,14　　　　　199
20,16　　　　　199
20,19.26　　　200
20,26-27　　　200

사도행전
8　　　　　　　18
8,9-12　　　　43
8,10　　　　　18
8,13-21　　　　43
8,22-24　　　　43

11,26　　　　　67
14,21-28　　　　67
15,30-41　　　　67
18,22-23　　　　67
20　　　　　　18
20,29-30　　　　18

로마서
5,14-19　　　160
8,22-23　　　207
16,25　　　　　129

코린토 1서
8,1-3　　　　　17
8,7.10　　　　　17
8,9　　　　　　17
10,23　　　　　17
11,18-19　　　　26
13,2　　　　　129
15,3　　　　　196
15,12　　　　　18

코린토 2서
2,14　　　　　123
4,6　　　　　123
10,5　　　　　123
12,2-4　　　　　55

갈라티아서
1,4　　　　　196
5,19-20　　　　25

에페소서
1,21　　　　　194
3,3　　　　　129

6,12　　　　　210

필리피서
3,8　　　　　123

콜로새서
1,26-27　　129, 130
2,2　　　123, 129
2,3　　　　　123
4,3　　　　　129

티모테오 1서
3,16　　　　　129
6,20　　　123, 124

히브리서
7,27　　　　　196
10,12　　　　　196

베드로 1서
2,24　　　　　196
3,18　　　　　196

베드로 2서
2,1　　　　　26
3,16　　　　　145

요한 1서
2,2　　　　　196
2,4　　　　　19
2,19.22　　　　19
4,2-3　　　　　19
4,10　　　　　196

외경·영지주의 문헌

감사의 기도	111, 122, 123
노레아의 생각	147, 178
마르사네스	147
마리아 복음	29, 108
바실리데스 복음	60
바오로 묵시록(콥트어)	29
베드로가 필립보에게 보낸 편지	147
베드로 묵시록(콥트어)	112, 113
베드로 행전	45, 108
부활에 관한 논고	147, 201, 202
삼부작 논고	147
셋의 세 지팡이	147, 180
아담의 묵시록	147, 179, 180
아르콘들의 실체	145, 146, 147, 166, 172, 176, 177, 178
알로게네스	147
야고보의 비전	29, 113, 122, 147, 174, 175
야고보의 묵시록	
첫째	147
둘째	147, 227
여덟째와 아홉째에 대한 담화	29, 38, 111, 125, 126, 134, 135
예수 그리스도의 지혜	108
예우의 책	107, 108, 133
요한의 비전	108, 115, 145, 147, 155, 166, 167, 168, 171, 172, 173, 178, 180, 181, 182, 183, 184, 185, 208, 209, 227
요한 행전	105, 106
용사 토마의 책	52
유다 복음	147, 155
이집트인들의 복음(콥트어)	111, 147, 180
조스트리아노스	147
진리의 복음	56, 58, 111, 113, 146, 147, 153, 173, 174, 195, 197, 198, 199
진리의 증언	146, 147, 177
토마 복음	52, 111, 112, 113, 114, 131, 162, 163, 164, 165, 191, 192, 193, 194, 195
토마 행전	52, 53, 105
피스티스 소피아	94, 107, 133, 184, 186, 190
필립보 복음	56, 111, 113, 131, 132, 134, 135, 136, 137, 146, 147, 166, 191, 195, 196, 202

고전·교부 문헌

락탄티우스,
  『하느님의 진노』　　　　　　　　203
바르 다이산,
  『나라들의 법률들에 관한 책』　　51
수에토니우스,
  『열두 황제들의 생애』　　　　　222
에우세비우스,
  『교회사』　　18, 60, 65, 68, 70, 71, 72, 82, 83, 84, 85, 86
에피파니우스,
  『구급상자』　　　　　　　　　　65
오리게네스,
  『요한 복음서 강해』　　　　　22, 85
  『헤라클리데스와의 대화』　　　　86
요세푸스,
  『유다 고대사』　　　　　　　　179

유스티누스(순교자),
　『첫째 호교론』　　　　43, 46, 71
　『트리폰과의 대화』　　　　　46
이냐시우스(안티오키아),
　『로마인들에게 보낸 편지』　　68
　『마그네시아인들에게 보낸 편지』　68
　『스미르나인들에게 보낸 편지』 68, 69
　『에페소인들에게 보낸 편지』　　68
　『트랄리스인들에게 보낸 편지』 68, 69
　『폴리카르푸스에게 보낸 편지』 68, 70
　『필라델피아인들에게 보낸 편지』　68
이레네우스(리옹),
　『이단 논박』　　　18, 22, 43, 44,
　　　　46, 48, 49, 56, 57, 58, 62,
　　　　64, 72, 73, 74, 75, 76, 120, 121,
　　　　　　135, 149, 150, 151, 152,
　　　　　　　　153, 185, 186, 221
클레멘스(알렉산드리아),
　『교사(교육자)』　　　　　　　83
　『그리스인들에 대한 권고』　　83
　『잡록』　　　　　48, 60, 80, 82, 83
　『테오도투스 발췌록』　　83, 126
테르툴리아누스,
　『마르키온 반박』　　　　64, 78
　『발렌티누스파 논박』　56, 78, 149
　『여자들의 예배에 관하여』　　175
　『이단자들에 대한 처방』 74, 77, 78

포르피리우스,
　『금육』　　　　　　　　　　50
폴리카르푸스,
　『필리피인들에게 보낸 편지』　70
플라톤,
　『티마이오스』　　　　　　140
　『공화국』　　　　　　　　111
　『향연』　　　　　　　　　163
히에로니무스,
　『반 루피누스 호교론』　　　85
히폴리투스,
　『모든 이단에 대한 논박』(=『이단 논박』)
　　　　　45, 46, 48, 49, 56, 57,
　　　　　60, 61, 79, 150, 151, 165,
　　　　185, 194, 207, 208, 214, 215

『폴리카르푸스의 순교록』　　　70
『차명-클레멘스』　　　　　　　45
『헤르메스 전집』　　　　　　　93